ARCHITECTURE

DU

VERBE

Collection dirigée

par

Francis Lalanne

LA FLEUR
INVERSE

Du même auteur

∈, Gallimard, 1967, poésie.
Mono no aware : le sentiment des choses, cent quarante-trois poèmes empruntés au japonais, Gallimard, 1970, poésie.
Trente et un au cube, Gallimard, 1973, poésie.
Etoffe, poèmes accompagnant quatre sérigraphies de Vasarely, Editions G. K., Genève, 1975.
Mezura, Ed. d'Atelier, 1975, poésie.
Chute de langue en autre, Orange, Export Ltd. Coll. Chutes, 1976, poésie.
Autobiographie, chapitre dix, Gallimard, 1977, poésie.
Graal fiction, Gallimard, 1978, prose.
La vieillesse d'Alexandre : essai sur quelques états récents du vers français, Maspero, coll. Action poétique, 1978, essai (2e éd. Ramsay, 1985).
Je dis, à moins que sel ne la roue, coll. La Répétition n° 20, 1979.
La princesse Hoppy ou le conte du Labrador, chapitre deux : *Myrtilles et Béryl*, Bibliothèque oulipienne n° 7, 1978.
Poème commençant « l'arbre le temps... », Orange Export Ltd, 1979, poésie.
Les troubadours, Seghers, 1980, anthologie.
Lewis Carroll : *La chasse au Snark*, Slatkine/Garance, 1981, traduction.
Charles Reznikoff : *Témoignage*, Hachette/P.O.L., 1981, traduction.
Dors précédé de *Dire la poésie*, Gallimard, 1981, poésie.
Le roi Arthur, Hachette/échos personnages, 1983, récit.
Les animaux de tout le monde, Ramsay, 1983, poésie (avec ill. Marie Borel et Jean-Yves Cousseau, éd. augm., Seghers, 1990).
La belle Hortense, Ramsay, 1985, roman ; Seghers, 1990.
Quelque-chose noir, Gallimard, 1986, poésie.
L'enlèvement d'Hortense, Ramsay, 1987 ; Seghers, 1990.
L'image même (photographie de Laure Durien), éd. Limon, 1987.
Tom Raworth : *Six jours et six poèmes*, traduction avec Marie Borel, Spectres Familiers, 1988.
Le Grand Incendie de Londres : récit avec incises et bifurcations. Seuil, coll. Fiction & Cie, 1989.
Traktat von der Licht (Traité de la lumière), éd. bilingue (trad. Alexandre Metraux), Neue Bremer Presse, 1989.
La Forme du sonnet français de Marot à Malherbe, Cahiers de Poétiques comparées nos 17-18-19, 1989.
Oulipo. La Bibliothèque Oulipienne, I-II-II, collaboration, Seghers, 1990.
L'Exil d'Hortense, Seghers, 1990.
Echanges de la lumière, éd. Metaillié, 1991.
Soleil du Soleil, anthologie du sonnet français de Marot à Malherbe, P.O.L., 1990.
La Princesse Hoppy ou le Conte du Labrador, Hatier, 1990.
Rosmarie Waldrop : *La reproduction des profils*, La Tuilerie Tropicale, 1991, traduction.
Les Animaux de Personne, (ill. Marie Borel et Jean-Yves Cousseau), Seghers, 1991.

(Suite à la fin du volume)

Jacques Roubaud

LA FLEUR INVERSE

L'ART DES TROUBADOURS

2e tirage
de la 2e édition révisée et augmentée d'une postface

LES BELLES LETTRES

2009

www.lesbelleslettres.com

Pour consulter notre catalogue
et être informé de nos nouveautés
par courrier électronique

Deuxième édition 1994

ISBN : 978-2-251-49019-9

Préface

Ab la dolchor del temps novel . foillo li bosc e li aucel . chanton chascus en lor lati . segon lo vers del novel chan .

A la douceur du temps nouveau les bois feuillissent les oiseaux chantent chacun en son latin selon les vers du nouveau chant

Entre ces mots et nous, il y a presque neuf siècles. Ils sont au début d'un «poème», une «chanson» de Guillaume IX d'Aquitaine, le père et le premier des troubadours. Les mots nous sont presque compréhensibles : *dolchor*, douceur *temps*, temps *novel*, nouveau *chan*, chant. Printemps, oiseaux, nouveau, le chant qui commence ; il y a de telles ouvertures printanières depuis des siècles dans toutes les langues de l'Europe. Et à la suite de ces mots, le désir, l'amour :

La nostr'amor va enaissi . com la brancha de l'albespi . qu'esta sobre l'arbr' en creman . la nuoit ab la ploi'ez al gel . tro l'endeman que-l sols s'espan . per la fueilla vert el ramel .

De notre amour il va ainsi que de la branche d'aubépine qui est dessus l'arbre en tremblant la nuit dans la pluie et le gel le lendemain le soleil se répand par les feuilles vertes les rameaux

On sort de l'hiver et du froid, à la lumière : amour, soleil, feuilles vertes. On a peine à saisir combien tout cela fut neuf, surprenant, inouï, il y a neuf siècles. La langue neuve de l'amour parla, en langue romane. Il y avait le «latin» des oiseaux, et la voix de poésie qui se fait entendre, par Guillaume IX, a son propre latin, l'oc, le provençal, l'occitan, comme on voudra. Une manière neuve d'être dans la poésie, qui n'est pas celle de *la Chanson de Roland*, naît alors, en langue provençale.

La poésie des troubadours naît pénétrée de lumière et d'oiseaux. Et si on associe inévitablement à leur nom la Provence, *proensa*, c'est qu'eux-mêmes, en une migration intérieure à l'Occitanie, se sont peu à peu, venus de Poitiers, du Limousin, de Toulouse, entendus pour converger vers le Languedoc et la Provence, la Provence enfin, au tournant du XIIIe siècle, dans les courtes années qui marquent à la fois l'apogée du *trobar*, et le moment de son assassinat. La Provence fut le cœur géographique du *trobar*, de l'art de poésie :

> *Ab l'alen tir vas me l'aire . qu'ieu sen venir de Proensa . tot quant es de lai m'agensa .*
> En respirant j'attire vers moi l'air que je sens venir de Provence tout ce qui est de là me plaît
>
> *Qu'om no sap tan dous repaire . cum de Rozer tro c'a Vensa . si cum clau mars et Durensa . ni on tant fins jois s'esclaire .*
> On ne connaît plus douce contrée que celle qui va du Rhône à Vence qu'enferment mer et Durance pas une où tant de pure joie s'éclaire

Il n'est pas inutile, pour entendre les troubadours, de se placer par la pensée dans le *rectangle pur* ainsi défini par Peire Vidal : entre le Rhône et Vence, entre la mer et la Durance. Le paysage, les vents, ces denrées de l'œil et du chant que sont les pins, les cyprès, les vignes, les oliviers, les amandiers, les herbes, certaines couleurs de pierres, la mer, une seule mer (avoir des « yeux où bat la mer », dit Giraut de Bornelh), tout cela semble indispensable à l'accord nécessaire du lieu et des syllabes sous la lumière. Et il s'agit bien du paysage du XIIIe siècle, pas de la Méditerranée antique, sans cyprès ni châteaux.

L'imagination du lieu, qui était encore possible, accompagnant l'écoute des poèmes, il y a trente ans, est aujourd'hui sans doute définitivement perdue. Le décor naturel a plus changé en ce dernier quart de siècle qu'en les huit cents années qui précédèrent. Sans oublier l'effet de la nouvelle Croisade des Albigeois, celle des résidences secondaires.

L'Aude seule, dans sa partie méditerranéenne, et éloignée de la mer, l'ouest des Corbières, la frange sud de la montagne Noire, donne encore cette image, presque pas bougée. Je connais cette terre, par la marche (la marche seule permet le déplacement suffisamment lent des lignes dans le paysage du trobar) depuis près de cinquante ans. J'ai été à Puivert, Saissac, Miraval, Lastours. Les *vidas* des troubadours, ces biographies mélangées de contes qui disent la vie de poésie de ce temps sont remplies de l'onomastique audoise. C'est là qu'il faut marcher, pour quelque temps encore.

Et ce n'est pas seulement que le décor maçonnier a été détruit sans remède, en Provence, que les essences végétales qui font le parfum sous-jacent aux rimes rares des troubadours ont disparu. Plus grave encore peut-être, et simultanément, frappe le terrible silence des matins, dans les débuts du soleil. Cette terre n'a plus d'oiseaux : quand j'avais dix, douze, quinze ans, je ne pouvais me réveiller, à l'heure où le « soleil *s'espan* » (je me suis toujours réveillé tôt) sans être abasourdi d'oiseaux. Le chant des troubadours, et il se chantait à l'air, en la saison douce ou chaude, dans des lieux ouverts, dans les décors naturels, était un chant qui concurrençait les oiseaux. Il s'élevait entre leurs voix, qui toutes chantent, pour eux, de la seule raison de chanter, de la première, l'amour.

La disparition du visible et de l'audible naturel n'est pas la seule : les mots de Guillaume IX, les premiers mots du lyrisme amoureux moderne, qui nous sont proches, pas trop étranges, ne sont pas du français, même ancien. La langue des troubadours, l'oc, l'occitan, le provençal, est une langue romane singulière : à la différence du français, de l'italien, du catalan même (qui en est le plus proche) elle n'a jamais, depuis le XIIIe siècle précisément, été associée à une unité politique ou territoriale quelconque. Et aujourd'hui, après avoir survécu, difficilement, à la Royauté française et à l'école publique, elle est, elle aussi, menacée de disparition. Entendre les troubadours, en ces années, ne peut se faire qu'en tenant compte de ce triple assombrissement.

On a dit : *l'amour est une invention du XIIe siècle*. Et si invention de l'amour il y a, les inventeurs en furent les « trouveurs », les *trobadors*. On leur reconnaîtra ici, dans cet essai, une invention à la fois plus limitée et plus singulière, plus particulière, plus orgueilleuse et plus bouleversante : l'invention, ou découverte, des troubadours, n'est pas l'amour ; elle est que l'amour est inséparable de la poésie, est le moteur de la poésie dans le chant. Les troubadours ont inventé qu'il est un lien indissoluble : celui qui unit l'amour à la poésie.

On appellera le résultat de cette découverte, de son affirmation, répétée infiniment en poèmes, le *grand chant* plutôt que le *chant courtois*, désignation sans fondement dans les textes, à la fois limitative et critique (de la fin du XIXe siècle). On soulignera ainsi qu'il est d'autres grands chants, chez les Indiens d'Amérique par exemple, et que la poésie des troubadours présente avec d'autres traditions fort éloignées dans le temps et l'espace des parentés évidentes.

L'originalité, la spécificité propre du grand chant des troubadours tient en premier lieu en cette affirmation : la poésie ne se peut pas sans amour. L'amour n'existe pas sans la poésie qui le chante. La poésie d'amour est la première ; elle l'emporte sur toutes les autres manières de dire. L'amour suscite le chant. Il commande de dire ; et de dire en poésie. Il est ce qu'on peut atteindre de plus haut, de plus essentiel.

En second lieu, les troubadours ont inventé que le chant d'amour serait plus qu'une union indissoluble de mots et de sons disant l'amour, le révélant, en son essence et en ses effets sur l'homme et sur la femme ; ils ont donné un support, un lieu et une marque à ce lien, à cet *entrelacement* : c'est la *rime*.

La rime en poésie n'existe pas, ou existe pauvrement, avant les troubadours. Après eux, et pour tous les siècles jusqu'au nôtre et dans toutes les langues romanes (et en grande partie les langues germaniques) où la tradition poétique procède des troubadours, la poésie ne se conçoit pas sans rimes (ce qui suppose qu'elle ne se conçoit pas sans vers).

Mais il ne suffit pas de dire que la poésie des troubadours est une poésie rimée. La rime est plus pour eux qu'une marque de fin de vers. Elle est au centre, au cœur même de la composition poétique et musicale qui chante l'amour, la *canso* ; c'est la disposition des rimes, leurs timbres, le jeu de leurs sonorités, la décomposition, mise en valeur, heurt et recombinaison des mots de l'amour, des mots du grand chant, *amors, joi, dona*... qui fait de chaque canso une création unique, un moment unique dans l'affirmation et la révélation de l'amour. Les troubadours font de la rime l'élément moteur d'une *forme*, et de cette forme, la canso, « chanson », une manifestation et un manifeste à la fois de l'amour et de la poésie.

L'invention d'une forme poétique, à la fois complexe, savante, démonstrative, mais aussi ludique, séduisante, persuasive, chantante, repose sur le *jeu et la joie des rimes*. On a peine à saisir aujourd'hui la variété, la richesse, l'étendue de l'exploration du champ des rimes que représente sur un siècle et demi environ, de génération en génération, par transport de bouche en bouche, d'oreille en oreille et de mémoire à mémoire, cette tradition poétique. Tout ce qui l'accompagne à l'époque, trouvères français, troubadours portugais, poètes siciliens et italiens jusqu'à Dante et Pétrarque, minnesänger allemands, est écho. Tout ce qui vient ensuite est chute, ou résurgence. C'est un moment polyphonique inégalé.

Il apparaît alors qu'en soutenant le grand chant, donc à la fois la poésie et l'amour, d'un jeu de langage très particulier qu'est le jeu des mètres et des rimes, les troubadours inventent une figure du poète et de son engagement dans la poésie. Le poète est le « trouveur ». Il trouve les mots, et sons, et rimes pour dire l'amour ; le dire pour ceux qui aiment et pensent et vivent l'amour en même temps que le chant de poésie. Il parle pour eux, il est un d'eux. La poésie est une forme de vie.

La nature même du jeu de la poésie fait du troubadour avant tout un artisan, un « facteur » (selon la désignation des grands rhétoriqueurs au XVe siècle), un forgeron, un « fabbro » (Dante). Il forge les mots du dire d'amour, il trempe la poésie au feu d'amour, il l'affine comme un or ; cette métaphore revient sans cesse dans le trobar. La poésie est un métier, où intervient aussi bien l'art musical que l'art verbal, et la mise en valeur de la personnalité poétique, de sa voix. Chaque voix de troubadour est farouchement individuelle. Le troubadour est un auteur ; il signe et annonce et signale son nom de poète. Chaque nom de poète est pour la première fois *un nom propre* comme chaque choix de rimes, de jeu de rimes est une signature, un nom propre de l'amour. Le nom du troubadour, ses chansons, portées par lui ou par les chanteurs qui les chantent, suscite l'amour, incite à l'amour, répand l'amour dans le monde. En provençal.

Se disant en rimes, se disant en vers où souvent surgit la concaténation inoubliable d'axiomes, de vérités d'amour, il apparaît que l'amour, s'il est amour d'un amoureux pour une dame, dissimulant dans l'universel l'amour de tel amoureux réel pour telle dame peut-être, est aussi, en même temps, sans qu'il soit possible de séparer l'un de l'autre, *amour de la langue*. L'amoureux le plus parfait est celui qui aime le mieux ; qui aime le mieux parce qu'il chante le mieux, qui chante le mieux parce qu'il aime le mieux ; et d'aimer mieux il grandit la gloire de celle qu'il aime, son *pretz*, son *prix*, grandit la *gloire de la langue*. Là est une fonction essentielle, la première fois dite en poésie par la poésie, de la poésie même : la gloire et mémoire de la langue.

Le dire de la poésie qui est dire d'amour n'est pas une théorie de l'amour. Il n'y a pas de théorie de l'amour des troubadours, ou encore : tout le grand chant est théorie d'amour ; le vrai de l'amour est dit d'évidence, est dit en rimes, en rapprochements, en oppositions, en échos de rimes, est dit en rythme. La maladie explicative ne les atteint pas.

Approcher la théorie d'amour des troubadours exige un effort indirect, une confrontation de canso à canso : elles se répondent d'un bord à l'autre du champ des rimes ; saisir le sens dans les ombres entre deux strophes, dans la réfraction de toutes ces voix : Jaufre Rudel et Bernart de Ventadour, Giraut de Bornelh et Raimbaut d'Orange, Arnaut Daniel, Peire Vidal ou Raimbaut de Vaqueiras. C'est interroger les « biographies », les *vidas* et *razos* (des « commentaires » des cansos les plus célèbres), où à travers les récits et les contes ce n'est pas la vérité documentaire (celle que cherchent patiemment les spécialistes de la poésie provençale) qui importe seule mais la leçon, l'« exemple », la mise en évidence didactique des fondements de l'amour que de manière oblique, subtile, ironique ou polémique les rédacteurs des vidas (des troubadours sans doute eux-mêmes) ont insinués dans leur prose, inventant du même coup un genre, celui de la fiction courte en prose, cette *petite forme de prose* destinée à une faveur considérable elle aussi, à une postérité immense (le *décaméron*, par exemple, en procède), sous divers noms : nouvelle, cuento, « vies brèves »...

On peut enfin lire quelque chose du sens de la théorie d'amour en dehors du trobar, car les réactions, les influences du grand chant sur les littératures médiévales ont été immenses. On peut envisager, et c'est l'hypothèse qui est retenue ici, que la première prose de roman, celle du Lancelot en prose, à la suite du roman en vers, octosyllabiques, de Chrétien de Troyes est une immense illustration polémique de l'*amors*. La théorie de l'amors ne s'explique pas, elle n'est pas dicible en des termes autres que les poèmes mêmes où elle apparaît, mais on peut, indirectement, la montrer. Le roman d'amour médiéval est, très largement, la mise en œuvre de cette « monstration », la *manifestation romanesque* de l'amors.

Mais la mise en évidence dans le récit que crée la prose s'accompagne, aussi bien chez Dante que chez les auteurs du *Lancelot* d'une tentative plus ou moins aboutie d'annuler, de retourner, d'effacer, de détruire ce qui est apparu sans aucun doute comme un scandale à leurs yeux. Car l'amour des troubadours est une morale, mais une morale essentiellement profane. S'il n'y a pas de trace chez eux d'une intention antireligieuse (et sans doute pas, ou très peu de tentations hétérodoxes) il reste que l'amors est quelque chose de ce monde, que la *joie*, même si elle doit se continuer dans l'autre monde, est un état atteint en celui-ci, ici et maintenant, par le seul effet de la lumière émanant de la dame et illuminant le chant. Le grand chant des troubadours, comme l'univers laplacien, n'a pas besoin de l'hypothèse Dieu, sinon pour la création du monde, et dans le monde de la beauté et de l'amour. Les troubadours ne sont pas athées, ils ne sont pas païens, ils n'ont pas de « dieu amour » ; ils sont, avant tout, du monde, pour l'amour et pour le chant.

La réaction chrétienne, multiple, n'a pas cessé depuis. Elle va de la condamnation théologique ou poétique (*la Divine Comédie* est avant tout une machine de guerre contre *l'amors*) à la captation mystique (que parfois on a été tenté de lire, anachroniquement, chez les troubadours eux-mêmes). On ne citera que saint Jean de la Croix comme exemple d'une poésie religieuse qui ne se serait pas frayée son chemin dans la langue sans l'impulsion donnée par le trobar.

Que l'amour soit joie, illumination, extase, beauté, beauté des rimes, extase de la création formelle dans la canso ne veut pas dire que les troubadours n'ont pas connu son envers noir, qu'ils sont restés dans la béatitude amoureuse, qu'ils n'ont chanté de la douleur d'amour que celle qui se résout enfin dans le plaisir ou le renoncement.

Comme autrefois la philosophie et la médecine antique, puis chrétienne, ils ont identifié à leur manière la *maladie de l'âme*, le soleil noir qui menace l'âme, la *mélancolie*. Mais pour eux, bien sûr, la mélancolie est avant tout l'*éros mélancolique*, l'ennemi démesuré qui mène à l'excès d'amour, à l'absolu vide de l'amour, à la folie. La seule folie d'amour qui ne mène pas à la mort (l'amors n'exalte pas la mort) est celle que le chant parvient à maintenir dans la *mesure* des rimes et du rythme. La *mezura*, un des concepts les plus riches du trobar, est ce qui permet la lutte contre la menace sans cesse présente de la mélancolie. Certains des troubadours étaient, comme on peut l'être de leur temps, « savants » en la philosophie ; on a pu mettre en évidence chez eux des échos de la « théologie négative », *la via negativa* ; mais la figure du *néant d'amour,* du *néant mélancolique* est inscrite par eux dans le chant sans aucun recours à une théorisation extérieure. L'envers de la joie, la mort d'amour, sa néantification dans la démesure et la folie, est vu et présent dès le début du trobar, en ironie, ou en désespoir. L'hypothèse sera défendue ici d'un lien intrinsèque entre cette tension (qui ne peut pas être résolue sinon par dénégation) interne de l'amour et la coexistence antagoniste tout au long de l'histoire du trobar entre deux *voies poétiques* qui portent les noms de *trobar clus* (secret, fermé) et de *trobar leu* (léger, clair). L'opposition de deux styles va bien au-delà d'un problème d'obscurité ou compréhension (polémique éternelle de la poésie pour tous et de la poésie difficile que les troubadours ont connue et exprimée en des termes qui n'ont guère été améliorés depuis), c'est une opposition dont la racine est dans l'amour même, dans le paradoxe de l'amour s'obstinant à l'affirmation réitérée du lien amoureux que la mélancolie sans cesse présente comme impossible. Les créations les plus orgueilleuses du trobar, celles de Raimbaut d'Orange ou d'Arnaut Daniel (et l'orgueil a beaucoup à voir avec l'éros mélancolique), sont presque sans équivalent dans les autres traditions médiévales (sauf chez Guido Cavalcanti, seul Italien de stature poétique égale aux plus grands des troubadours).

Cet essai tente, dans l'esprit de ce qui vient d'être dit, non une explication mais une mise en évidence, une « monstration » du trobar, de l'intérieur. Les mots sont les mots des troubadours, les mots du grand chant, les axiomes, les vérités de l'amour non séparées de leur mode d'existence, le vers, et le vers en rimes, en mesures plus complexes, les strophes, la canso. Traitant l'héritage des troubadours, les traces écrites dont nous disposons, les « chansonniers », comme une seule grande canso, la *chanson du grand chant*, il s'efforce de *raconter* le lien de l'invention dans le trobar, les mots, les sons et les rimes, l'amour, le chant, la poésie. De troubadour à troubadour, de poème à poème, on peut suivre le fil du mot « chant », du mot « amour », du mot « dame »... ; on peut pénétrer dans le *comment* du trobar, la combinatoire immensément complexe et novatrice du *champ* des rimes, ces architectures de timbres où chacun des mots du grand chant reçoit son poids de sens et de persuasion à l'amour. Cette tentative de description et de plus qu'une description (puisque reposant sur des mises en rapport à la fois formelles et sémantiques) pourra paraître parfois, je le sais, ardue. Il est difficile de faire plus simple sans trahir.

La prééminence revendiquée pour les troubadours pourra surprendre. Il est vrai que cette poésie, longtemps invisible dans les manuscrits, longtemps le domaine partagé des interrogations philologiques savantes et des à-peu-près romantiques a souffert de son orgueil, de sa difficulté, de son éloignement, de sa langue, de sa morale, de son immensité même, de sa difficulté. Les balourdises nationalistes n'y sont certes pas étrangères. On n'en citera que deux exemples : l'obstination bête et durable à faire de la poésie des troubadours un petit secteur de la littérature médiévale française ; la paralysie quasi générale des spécialistes italiens, contre l'exemple de Cavalcanti et le témoignage de Dante et de Pétrarque, devant la douloureuse nécessité d'admettre tout ce que la littérature italienne doit aux troubadours. Et il ne s'agit pas là d'une querelle de priorité et de propriété. L'aveuglement et la surdité, l'ignorance en somme, conduisent à d'énormes incompréhensions, à la négation de la dimension formelle. On pourrait y voir un exemple de cette deuxième grande maladie de l'âme, que Platon désigne comme étant l'ignorance et à laquelle les troubadours, dans l'univers de l'amour, ont donné un nom : la jalousie.

La fleur inverse, essai sur l'art formel des troubadours suit et complète un choix de poésies des troubadours, qui date de 1980 (cf. bibliographie) ; il peut, bien sûr, se lire indépendamment, tous les textes nécessaires à la compréhension y figurent. Il me reste, pour conclure, à dire quelques mots de mon propre intérêt pour la poésie des troubadours, qui n'est pas sans influence sur un certain ton de passion qu'on a déjà pu déceler dans cette préface.

Je suis d'origine provençale. La langue provençale, que je n'ai pas parlée enfant (qu'aujourd'hui je lis mais ne parle pas) joue un rôle particulier dans ma mémoire familiale (et je ne dois pas être le seul dans ce cas) ; elle a disparu plus vite dans la famille de ma mère, dont les parents étaient instituteurs, que dans celle de mon père qui l'a entendue, avec l'accent rauque si particulier du Toulonnais, de la bouche de son grand-père, avant l'âge du lycée (et elle remonte aujourd'hui, dans sa vieillesse, par grands pans). A la fois proche et absente, elle est pour moi la langue d'origine, la langue perdue de l'âge d'or des langues, le jardin du parfum des langues dont Dante parle. Le français, qui est ma langue maternelle comme ma langue de pensée et de travail, qui est aussi ma langue de poésie, est en même temps langue d'exil, parce qu'il y a cela, en arrière, en écho, le provençal (je dis provençal par provincialisme familial, je sais bien qu'il s'agit de la langue d'oc, de l'occitan ; si j'étais catalan de France, je dirais peut-être le « lemosi »).

Ecrire des poèmes, composer de la poésie dans les conditions contemporaines est un exercice un peu difficile, on en conviendra. S'obstiner dans cette voie suppose (en tout cas pour moi) le choix d'un modèle, la référence à une époque favorisée, où la poésie fut, et brilla. J'ai choisi la Provence du XIIe siècle. On peut penser la poésie à travers les troubadours, leur exemple. La poésie la plus contemporaine, pour survivre, doit se défendre de l'effacement, de l'oubli, de la dérision par le choix d'un archaïsme : l'archaïsme du trobar est le mien.

L'idée de poésie comme art, comme artisanat et comme passion, comme jeu, comme ironie, comme recherche, comme savoir, comme violence, comme activité autonome, comme forme de vie, idée qui fut celle de bien des poètes (ceux que je préfère) dans la tradition européenne, et tout récemment encore celle de Raymond Queneau, je l'ai faite mienne, et j'en vois l'exemple premier chez les troubadours.

Aussi ce livre est-il un hommage ; et, même indirectement, parle de la poésie de notre temps.

Première partie

Chapitre 1

La tenson du néant et le dilemme du trobar

1. Quelque part, vers 1230

Quelque part, vers 1230, pendant l'automne du *trobar*, Aimeric de Peguilhan et Albertet de Sisteron s'affrontent poétiquement :

> Ami Albert tensons souvent   font beaucoup tous les troubadours   et proposent débats d'amour   et d'autres s'il leur plaît aussi   mais moi je fais ce que jamais homme ne fit   tenson sur ce qui n'existe pas   sur tout sujet aisément vous me répondriez   mais à rien je veux votre réponse   et ce sera la *tenson du néant*
>
> *Amics Albertz tenzos soven . fan assatz tui li trobador . e partisson razon d'amor . e d'als qan lur platz eissamen . mas ieu faz zo q'anc om non fes . tenzon d'aizo qi res non es . q'a razon pro-m respondrias . mas al nien vueil respondatz . et er la tenzos de non re .*
>
> Seigneur Aimeric puisque du pur néant   vous me voulez vous faire réponse   je ne veux d'autre raisonneur   que moi-même il m'apparaît   clair qu'à toute question il y a réponse   mais qui répond sur ce qui n'est pas ?   un néant est par un autre payé   aussi au rien que vous me proposez   je réponds que je vais me taire
>
> *N'Aimerics pueis del dreg nien . mi voletz far respondedor . non vuoil autre razonador . mas mi metueus mon eiscien . be-m par q'a razon respondes . qi respon zo qe res non es . us nienz es d'autre compratz . per q'al nien don m'apellatz . respondrai com calarai me .*
>
> Albert un silence je ne crois pas   qu'il ait comme réponse valeur   le muet ne répond pas au seigneur   le muet ne

dit vérité ni mensonge   si vous vous taisez comment répondrez-vous ?   moi j'ai déjà parlé en vous défiant   le néant a un nom donc si vous le nommez   vous parlerez même si cela doit vous déplaire   ou vous n'aurez répondu ni mal ni bien

Albertz ges callan non enten . qe-l respondres aja valor . ni mutz non respon a segnor . et muz non diz vertat ni men . s'ades callatz con respondres . ja parlei qe-us ai escomes . nient a nom donc si-l nomatz . parlares mal grat qe n'ajatz . e no-i respondretz mal ni be .

Seigneur Aimeric aucune chose qui ait un être   je ne vous entends dire mais erreur   folies on doit à folies   répondre et sagesse à sens   je réponds à je ne sais quoi   comme celui qui en la citerne s'est mis   il regarde ses yeux et son visage   s'il appelle il sera appelé   par lui-même car nul autre il n'y voit

N'Aimerics nuil essernimen . no-us aug dir anz parlatz error . folia deu hom a follor . respondre e saber a sen . eu respon a non sai que s'es . con cel q'en cisterna s'es mes . qe mira sos oils e sa faz . e s'el sona sera sonatz . de si meteus c'als non i ve .

Albert celui-là je suis véritablement   qui appelle et regarde son visage   et vous la voix de celui qui répond   puisque j'ai fait le premier appel   or l'écho est néant il me semble   donc vous n'avez et j'espère que cela ne vous ennuie pas   fait qu'un néant si vous répondez ainsi   et si c'est ainsi que vous raisonnez   il est fou qui en rien vous croit

Albertz cel sui eu veramen . qi son' e mira sa color . et aug la voz del sonador . pueis ieu vos son primeiramen . e-l resonz es mienz so-m pes . donc es vos e no-us enoi ges . nienz s'aissi respondiatz . et si per tal vos razonatz . ben es folz qi de ren vos cre .

Seigneur Aimeric l'entrelacement   vous savez et on vous en fait louange   la plupart ne vous comprennent pas   ni vous-même comme il apparaît   vous vous êtes en tel raisonnement mis   dont je me sortirai moi quoi qu'il vous pèse   mais vous y resterez embarrassé   et vous avez beau me *matrasser*   je vous réponds mais je ne vous dis pas quoi

N'Aimerics d'entrecimamen . sabetz e fai vos hom lauzor . si no-us

entendon li pluzor . ni vos mezeus zo es parven . et es vos en tal razon mes . don ieu issirai mal qe-us pes . e vos remanretz essaratz . e sitot mi matracejatz . ieu vos respon mas no-us dic qe .

Albert ce que je vous dis est vrai donc je dis que le néant est visible car si un fleuve du pont fixement vous regardez vos yeux vous diront que vous avancez sans cesse et que l'eau qui court reste immobile

Albertz zo q'eu vos dic vers es . doncs dic eu qe om ve non res . qar s'un flum d'un pont fort gardatz . l'ueil vos diran q'ades anatz . e l'aiga can cor s'i rete .

Seigneur Aimeric cela n'est ni mauvais ni bon ce que vous avez entrepris car vous avancez aussi peu que le moulin sa roue sur le côté qui bouge tout le jour et n'avance en rien

N'Aimerics non es mals ni bes . aizo de qe-us es entremes . q'atrestan petit issegatz . co-l molinz q'a roda de latz . qe-s mou tot jorn e non vai re .

2. *Jeu parti*

Il y a deux troubadours, qui débattent : c'est une *tenso*. Et, parmi les tensons, c'est un *partimen* : parce qu'Aimeric de Peguilhan, qui chante le premier, propose une question, à laquelle il demande une réponse de son partenaire, Albertet de Sisteron.

Mais ce partimen ne sera pas comme les autres. Ce ne sera pas un *débat d'amour*, ni d'autre chose, « als », de ces choses dont disputent les troubadours. Un partimen comme celui qu'invente Aimeric, on n'en a jamais vu de pareil. C'est lui-même qui nous le dit : «jamais homme n'en fit un pareil. »

Car le sujet, la question, est « ce qui n'existe pas », la chose qui n'est rien, ce qui « res non es » ; ce qui « n'est pas une chose », n'est aucune chose. La tenson qui commence doit être au sujet de ce « qi res non es ». La « chose qui n'est pas » est, au moins en apparence, la même chose que le rien, le *nien*, un « néant ». Et de ce néant, la tenson qu'invente Peguilhan recevra son nom, un nom, elle sera la tenson de « non-chose », la *tenson du néant*, du « non re ».

Il s'agit d'un jeu, le partimen est un jeu toujours, un *jeu parti*, disent les trouvères, et les troubadours *joc partit*, un jeu partagé, comme cet autre jeu qui est son sujet par excellence, l'amour, à la fois *jeu* et *joie*. Pourtant il faut prendre aussi Aimeric de Peguilhan au sérieux, et le sujet de la tenson apparaît, en même temps que jeu, paradoxe.

Un partimen, en effet, à deux partenaires, deux joueurs, comme celui-ci, comme la plupart des partimens, propose une dispute, et, s'il s'agit d'amour, qui est la « raison » des plus nombreux partimens, une dispute d'amour, une « razon d'amor ». Elle se présente sous la forme d'une question à laquelle il doit être donné l'une de deux réponses qui s'excluent.

Aimeric, puisqu'il introduit le partimen, en a choisi le sujet, devrait le proposer à Albertet comme un dilemme, énoncer à la fois la question et ses deux réponses antonymes possibles. Il dirait alors (c'est ainsi que l'on fait d'habitude) choisissez le *parti* qui vous plaira, raisonnez (il y a raisonner dans le mot « razo »), moi je défendrai l'autre parti.

Gaucelm Faidit, ainsi, au début de son partimen bilingue avec le comte de Bretagne, un trouvère, devra choisir entre deux *joies*.

Gaucelm dites-moi votre avis   quel est le choix qu'il faut défendre   tant a conquis un fin amant   qu'il en est venu au coucher   et sa dame l'honore tant   qu'elle met sur lui le choisir   un doux faire et prendre en baisant   au commencer ou au partir   dites-moi quel est votre désir   lequel prendriez-vous de préférence   au congé ou en arrivant ?

Jauseume quel vos est semblan . que l'om or doi mieus mantenir . cant tant a conquis fins amant . q'il en est venuz au jezir . e sa dame l'onore tant . qu'elle met sor lui le choizir . d'un dous fere et penre en beizant . al comensar o al partir . sens plus dites vostre talant . le quel penriez vos avant . al conje o a l'avenir .

3. *Bac à sable*

Si donc Aimeric de Peguilhan commence un partimen, la question qu'il pose est un dilemme, et il doit se présenter deux réponses contradictoires, entre lesquelles Albertet choisira. Il défendra l'une d'elles, qu'attaquera Aimeric quand il reprendra la parole, pour défendre l'autre. L'objet de la tenson, le « cela qui chose n'est pas », doit donc être contradictoire, doit être une interrogation, posant une question qui doit être susceptible de deux réponses antinomiques : en choisissant l'une d'elles, en argumentant pour défendre son choix, et dans ce cas seulement, Albertet pourra être considéré comme ayant réellement répondu « au néant ».

Le « néant », par conséquent, doit être à la fois une question et une réponse à cette question prenant la forme d'une antinomie.

C'est parce qu'il s'agit d'un partimen, parce que la tenson du « non re » mérite cette désignation, que nécessairement le « néant » dont il s'agit doit être définissable ainsi : par une question et une couple de réponses contradictoires à cette question.

Un premier aspect du paradoxe de ce partimen, jamais vu, est qu'Aimeric ne dit pas *quelle* est exactement la *contradiction* à laquelle il pense pour dire ce qu'est le néant, ni quelle est la question qu'il pose à travers le « nien », ni même en quoi le « nien » est même susceptible de deux définitions entre lesquelles Albertet serait amené à choisir.

Et il attire l'attention d'Albertet sur ce point : « Si je vous avais posé une question ordinaire, une *razo* semblable à celle de tous les autres troubadours, vous n'auriez eu aucun mal à me répondre : mais répondez donc à "rien", si vous le pouvez. »

Cela est si difficile, que le partimen lui-même risque de *n'être pas*. En même temps que la *question du néant*, qu'il pose directement, et puisque tout partimen est une question, Peguilhan pose la *question du néant de sa question*, la question de la possibilité même du partimen, au moment même où il commence. La question du partimen est donc aussi (cela apparaît explicitement dans les envois) : est-ce un partimen ? avons-nous composé un partimen ? Ce qui fait que, comme le partimen est le poème du néant, que le néant, ici, est antinomie, la réponse doit être aussi : ce partimen est *ceci*, et *cela*, son contraire.

Il est alors de la responsabilité d'Albertet, en sa première *cobla* (strophe) réponse, non seulement de répondre, mais de répondre de façon à ce que l'ensemble de ce qui est dit fasse un partimen, et un néant. Aimeric, ensuite, répondra, et ainsi jusqu'à la fin de l'échange des chants. La tâche est rude. Aimeric, qui est le *contraire* d'Albertet dans cet échange, est un contraire redoutable. On pense au poème d'Oskar Pastior, sorte de partimen solipsiste sur un sujet voisin.

Bac à sable

Mon contraire est si dur à cuire que, si
j'étais son contraire, je n'existerais pas, au cont-
raire ; il est si indéracinable et coriace que, si

moi je n'existais pas, il existerait encore, je ne
suis même pas son contraire. Lui, au contraire : tellement
plus contraire que je ne serai jamais. Alors me

voilà et je m'imagine avec jalousie qu'il est
mon contraire. Comme ça serait bon d'avoir un contraire
qui ne serait pas comme ça. Dans mon bac à sable il

y a un personnage qui ne me plaît pas du tout, mais
c'est mon contraire ; mon bac à sable est ainsi
fait que mes personnages y sont, et jouent,

moi, et mon contraire. Même si c'est un contraire qui
fait marcher les personnages, c'est dans le bac
à sable que nous sommes, et pas ailleurs. Je suis un

personnage de sa pensée et je pourrais bien, à mon avis, être
aussi mon contraire. Supposons que je sois si coriace si in-
déracinable, que je puisse être mon contraire ;

supposons que lui soit mon contraire ; supposons
que je ne sois pas le sien. Ça serait si beau d'avoir
pour une fois un contraire un petit peu moins dur à cuire.

En recherchant le contexte philosophique du partimen d'Aimeric de Peguilhan, on a trouvé la tradition de la *théologie négative*, avec ses innombrables étincelles et illuminations paradoxales autour du concept de *néant*. Dans la *Disputatio Pippini cum Albino*, par exemple, dialogue supposé entre Alcuin et son disciple princier Pépin, le néant, clairement, est contradiction.

Le dialogue, de questions et réponses, parcourt les objets du monde, les définissant :

Qu'est-ce que la lettre ?
La gardienne de l'histoire.
Qu'est-ce que le mot ?
Le révélateur de l'esprit.
Qui engendre le mot ?
La langue.
Qu'est-ce que la langue ?
Le fouet de l'air.

De la lettre au mot, du mot à la langue, de la langue à l'air, de l'air à la vie, à la mort, à l'homme, l'enchaînement des interrogations conduit enfin au néant :

Qui est quod est et non est ?	Qu'est-ce qui est et qui n'est pas ?
Nihil.	Rien.
Quomodo potest esse et non esse ?	Comment cela peut-il être et ne pas être ?
Nomine est et re non est.	C'est un nom et ce n'est pas une chose.

Les ressemblances de la théologie négative et du partimen sont indéniables, les convergences sont convaincantes. Mais elles n'éclairent vraiment le poème, et les nombreux autres que nous verrons s'y attacher, *qu'à travers la forme même du partimen.* C'est parce que la forme du partimen suppose une question à réponse antinomique que la définition du néant comme lieu de toute antinomie peut servir à pénétrer un peu le sens de la *tenso de non re.*

Je reviens dans le « bac à sable » d'Aimeric et Albertet.

4. Le néant n'est pas une question

Dans leurs échanges, Aimeric et Albertet disputent, s'affrontent, « raisonnent » sur deux terrains : d'une part chacun s'efforce de présenter un meilleur néant que son adversaire, une meilleure illustration du *non re* comme couple de notions contradictoires ; d'autre part de montrer qu'il répond mieux à la question implicite seconde, qui est celle de la nature même du *partimen*. Chacun dit : voilà ma réponse, voilà en quoi elle est une réponse ; voilà pourquoi la vôtre n'en est pas une. Mais en même temps il faut que chacune de ces réponses soit, elle aussi, un *néant*.

« Seigneur Aimeric, dit Albertet, si vous aviez vraiment posé une question je vous aurais répondu ; mais le *néant n'est pas une question* ; à une non-question comment répondre sinon par une non-réponse. Le silence sera ma non-réponse ; puisque ce sera le néant d'une réponse au néant d'une question. Votre partimen, tel que vous l'avez posé, n'existe pas ; mais en répondant par le silence, je le fais être. Ainsi je réponds et je réponds mieux. »

La *cobla* d'Albertet de Sisteron explicite et répond en même temps à la double question de la tenson. Et sa réponse est la même pour chaque pan de la double question. Et sa réponse est contradictoire.

Il revient à Peguilhan de réfuter d'abord la cobla d'Albertet : c'est la règle du jeu dans la forme du partimen ; et comme Albertet a répondu qu'il répondait à une question en n'y répondant pas, Aimeric le réfute en lui faisant remarquer qu'une non-réponse à une non-question est avant tout ce qu'elle est, c'est-à-dire une non-réponse, ce dont l'auditoire sera aisément persuadé ; ce faisant, d'ailleurs, il reste dans l'esprit du jeu formel qu'est le partimen.

Dans chaque partimen, en effet, reprenant la parole, le troubadour commence par réfuter ce que vient de dire son adversaire, lui montre que ce qu'il vient de dire est une non-réponse, n'est pas la bonne réponse, qu'il n'a pas fait le bon choix ; mais dans un partimen, ce qu'un troubadour vient de dire ne saurait être un bon choix pour l'autre. Toute réponse, tout argument présenté par l'un est preuve du contraire pour l'autre ; chaque auditeur, écoutant la *tenson du néant*, se trouve en présence, en quelque sorte, d'un partimen abstrait, du squelette de tout partimen.

On observera que le début de la réponse d'Aimeric, la réfutation proprement dite, est facile, élémentaire ; c'est à la fin de la cobla seulement qu'il énonce brusquement et de manière beaucoup plus dense son argument en faveur de sa propre réponse. Mais cela aussi place le poème dans la *forme partimen* : car chaque début de strophe d'un partimen est un temps de repos relatif aussi bien pour le troubadour que pour l'auditeur. Le troubadour prépare, ou fait semblant de préparer sa réponse, qui est tout autant faite de rimes et syllabes comptées que de « raisons » ; et tout cela apparaît improvisé ; même si cela ne l'est pas réellement, il semble en être ainsi, c'est dans le jeu. Et l'auditeur pendant ce temps est encore en train d'absorber ce qui précède, évalue les vers qui lui ont été donnés. Et en même temps que la cobla débute sans surprise et avance vers une fin plus nouvelle et plus aiguë, l'intérêt immédiat, qu'un art oral ne peut jamais négliger, est maintenu vif par les friandises de l'*allusion*.

5. Le vers de dreit nien

Car la *tenson de non re* est, comme les meilleurs partimens, comme les meilleurs cansos, un tissu dense d'échos d'autres poèmes, célèbres dans la tradition. Dès le premier vers de sa première réponse, Albertet prend soin de faire se lever la figure du premier des troubadours, placé par le trobar aux origines,

Guillaume IX d'Aquitaine, le « comte de Poitiers », cela, par les mots « dreg nien », le « pur néant » :

Je ferai un poème de pur néant   il ne sera ni de moi ni d'autres gens   il ne sera ni d'amour ni de jeunesse   ni de rien autre   je l'ai composé en dormant   sur un cheval

Farai un vers de dreit nien . non er de mi ni d'autra gen . non er d'amor ni de joven . ni de ren au . qu'enans fo trobatz en durmen . sus un chivau .

Je ne sais quelle heure je suis né   je ne suis ni joyeux ni triste   ni sauvage ni familier   je ne sais pas être autrement   doué la nuit par une fée   sur un mont haut

No sai en qual hora-m fui natz . no soi alegres ni iratz . no soi estranhs ni soi privatz . ni no-n puesc au . qu'enaisi fui de nueitz fadatz . sobr'un pueg au .

Je ne sais quand je suis endormi   ni quand je veille si on ne me le dit   à peu ne m'est le cœur parti   d'un deuil au cœur   tout ça ne vaut pas une fourmi   par saint Martial

No sai cora-m sui endormitz . ni cora-m veill s'om no m'o ditz . per pauc no m'es lo cor partitz . d'un dol corau . e no m'o pretz una fromitz . per Saint Marsau .

Je suis malade je vais mourir   je n'en sais que ce que j'entends dire   je cherche un médecin à ma fantaisie   je ne sais lequel   il sera bon s'il me guérit   si je meurs mauvais

Malautz soi e cre mi morir . e re no sai mas quan n'aug dir . metge querrai al mieu albir . e no-m sai tau . bos metges er si-m pot guerir . mor non si amau .

J'ai une amie je ne sais laquelle   car je ne l'ai jamais vue   elle n'a rien qui me plaise ou pèse   et ça m'est égal   je n'ai ni Normand ni Français   dans ma maison

Amigu'ai ieu non sai qui s'es . c'anc no la vi si m'aiut fes . ni-m fes que-m plassa ni que-m pes . ni no m'en cau . c'anc non ac norman ni franses . dins mon ostau .

Sans l'avoir vue je l'aime fort   je n'ai rien eu d'elle elle ne m'a fait aucun tort   si je ne la vois pas ça va bien   tout ça ne vaut pas un coq   j'en connais une plus noble et belle   qui vaut bien mieux

Anc non la vi et am la fort . anc no n'aic dreit ni no-m fes tort . quan no la vei be m'en deport . no-m prez un jau . qu'ie-n sai gensor e belazor . e que mais vau .

Je ne sais pas où elle vit   si c'est en montagne ou en plaine   je n'ose dire comme elle me blesse   aussi je me tais   je suis triste si elle reste ici   quand je m'en vais

No sai lo luec ves on s'esta . si es en pueg ho es en pla . non aus dire lo tort que m'a . abans m'en cau . e peza-m be quar sai rema . per aitan vau .

J'ai fait ce «vers» je ne sais de quoi   et je le transmettrai à quelqu'un   qui le transmettra à un autre   jusqu'à Poitiers   pour qu'il m'envoie de son étui   la contre-clé

Fait ai lo vers no sai de cui . e trametrai lo a celui . que lo-m trametra per autrui . enves Peitau . que-m tramezes del sieu estui . la contraclau .

6. *Le néant énigme*

Albertet, c'est clair, tient à se montrer le plus «dur à cuire» possible. Il commence donc par se signaler en faisant remarquer sans en avoir l'air à Aimeric que ce qu'il fait n'est pas si nouveau que ça : c'est même aussi vieux que la poésie, ou presque, puisque le premier des troubadours, Guillaume IX soi-même, a déjà posé la «question du néant».

Le poème du «pur rien», du «pur néant», se présente en apparence comme appartenant au genre classique de l'*énigme* qui, dans la tradition des troubadours, reçoit le nom de *devinalh*. Dans l'énigme traditionnelle, d'ascendance antique, l'objet solution est dissimulé sous un faux objet évident, qu'il faut écarter de l'esprit pour découvrir le vrai. Le plus ancien texte conservé en langue romane, «L'énigme de Vérone», est de ce type et, comme l'a signalé justement Paul Zumthor, présente cette particularité d'avoir pour solution l'écriture, l'écriture de poésie, qui laboure les plaines de la page avec la charrue du vers.

Mais l'énigme de Guillaume IX est une énigme elle-même paradoxale, puisque sa solution est donnée à l'avance, le « nien ». L'énigme paraît être alors de comprendre en quoi le néant est une solution, en quoi il se dissimule sous l'objet ou les êtres paradoxaux que le « comte de Poitiers » offre avec ironie à l'oreille.

De plus, bien qu'il prenne soin de le dissimuler sous une dénégation initiale, affirmant que le poème ne parlera « ni d'amour ni de jeunesse », il apparaît qu'il y a bien quelque chose de caché sous la chaîne des exemples de « néant » ; et ce quelque chose, c'est l'amour même : car celui qui est « doué par les fées », qui est « fada », comme on dit encore aujourd'hui en Provence, celui qui n'est « ni joyeux ni triste », qui ne se connaît plus lui-même, qui peut-il être, sinon l'amoureux ? De quelle maladie souffre-t-il, sinon d'amour ? Il aime, mais *il ne sait qui*. Il ne sait qui « son amie » est, ni où elle habite. L'identification de l'amour comme solution seconde de l'énigme, donc l'équation « amour est néant », à travers la caricature du troubadour amoureux et des topos du trobar, est facile. Le poème contient même la strophe, si familière, du *congé* : « j'en connais une plus noble et belle/et qui vaut mieux. »

C'est donc *Amors*, le « seigneur Amour », qui est visé par le poème du « nien », et c'est cela aussi que signale Albertet par son allusion : il dit que si le partimen est bien au sujet du « non re », du néant, ce néant est nécessairement aussi ce dont s'occupe préférentiellement le partimen, c'est-à-dire de l'amour.

La « razo » que je viens de faire, un « raisonnement par allusion » en quelque sorte, et que j'attribue à Albertet, reçoit en grande partie sa vraisemblance éventuelle d'un fait bien connu concernant la poésie des troubadours, le trobar : l'extrême proximité l'un à l'autre de tous les textes, que ce soit par le vocabulaire, les sons, les échafaudages et timbres des rimes. Avec, en même temps, une extrême individualité orgueilleuse, pour laquelle on peut trouver des axiomes qui sont quelque chose comme les principes d'une forme vivante, en mouvement, forme de vie et jeu de langage, que j'essayerai de décrire plus loin. Dans le trobar, pour cette raison, tout, ou presque, renvoie à tout, ou presque, d'une manière qui n'est pas vague le moins du monde.

Si Albertet parle de « dreit nien », il est raisonnable de supposer, le trobar étant ce qu'il est, qu'il fait allusion au « vers de dreit nien ». Plus raisonnablement encore, puisque je ne suis pas à sa place et que je ne peux pas l'interroger, il est naturel de supposer que la réponse d'Albertet, dans l'état « présent » du trobar (1230), est un écho du « poème du néant ».

7. La question des questions ; la question des énigmes

J'introduis maintenant une très courte Graal-fiction, une incise renvoyant à un « ailleurs » du trobar auquel j'aurai plusieurs fois recours ; c'est l'ailleurs du « roman ». Je le fais en vertu d'une maxime que je n'essayerai pas de justifier ici :

Le roman est la définition ostensive du trobar.

La *canso* chante l'amour, *dit* « Amors », le roman le *montre*. Le roman montre ce qu'est l'amour : voyez un amoureux, Lancelot, Tristan ; voyez ce qui arrive par amour. Dans le roman, l'amour est mis en images, qui ont leur vérité propre d'images, qui n'est pas celle qui se dit en vers et en rimes (et qui n'est pas non plus celle de la narration des formes modernes du roman). Le récit du « roman » est la pure mise en succession monstrative de ces images, leur cinématique.

Graal-fiction

Quand Perceval revient au château du Graal, la bouche pleine d'interrogations, il ouvre une à une les portes, fermées depuis les siècles, il guérit les rois du Graal, les Rois-Pécheurs, les Rois-Blessés. Il ouvre la porte de la dernière chambre : dans l'obscurité, il découvre le sphinx, et le sphinx lui dit : « Quelle est la réponse ? » « Non, répond Perceval, quelle est la question ? »

Il y a ceci de commun à l'énigme du poème de Guillaume IX et à celle de l'image muette du cortège du Graal dans le « roman » de Chrétien de Troyes, qu'aucune question n'est posée. Guillaume IX dit : voilà le néant, le « néant pur » que vous allez entendre ; le Roi-Pécheur montre le Graal qui passe, porté par la jeune fille. C'est à celui qui voit, c'est à celui qui entend de poser la question, à laquelle, une fois posée, il n'y aura qu'une réponse possible, la bonne. Mais pour poser la question qui convient à ce qui est montré, il faut, déjà, savoir. Il faut être dans l'état de celui qui peut savoir. Il faut, si on est auditeur de Guillaume IX ou Aimeric de Peguilhan, être de ceux à qui Cavalcanti adressera sa chanson « doctrinale », *donna me pregha*... De ceux qui « entendent », qui « hanno intendimento ». Il faut, si on est un auditeur, un lecteur de Chrétien de Troyes, être, comme Perceval doit le devenir, en « état » de savoir. Alors, alors seulement, la question se posera d'elle-même et aura d'elle-même sa réponse.

On voit que la situation de Perceval est un renversement de celle d'Œdipe. Il ne faut pas résoudre les énigmes, répondre aux questions posées par les sphinx. L'énigme doit rester hors question, autant que hors réponse, sous peine de catastrophe. Dans le *Roman du Graal*, la catastrophe a eu lieu *avant*, et le monde reste dans le désastre jusqu'à ce que Perceval soit en mesure de poser la question. On pourrait dire que le renversement de Chrétien de Troyes, et d'autant plus si on admet, ce que je crois vraisemblable, que l'énigme a le même « nœud », l'inceste, dans les deux cas, consiste à transformer l'énigme en mystère, en mystères : le et les mystères du Graal. On a alors quelque chose qui satisfait à ces quelques axiomes :

(i) L'énigme épuise les mystères.
(ii) Chaque mystère s'approche de l'énigme.
(iii) Le Système des mystères a pour limite l'énigme.
(iv) Un mystère peut être élucidé, pas une énigme.

On remarquera aussi que la Graal-fiction ci-dessus a elle-même un mystère, dont la « solution par allusion » est Gertrude Stein.

L'énigme du néant reste énigme. Cela ne tient pas seulement aux intentions fort éloignées de Guillaume IX ou Peguilhan et Chrétien de Troyes, mais à la nature même des deux formes : canso et roman. Si le « roman » est monstration, il est vrai qu'on ne montre pas le « nien ». Le néant ne peut que rester énigme.

8. Amour et rien

Le « vers de dreit nien » a en partie sa source dans un hors-texte, qui n'est pas la poésie mais la théologie, sous la forme particulière de la « théologie négative », qui passionne les penseurs de l'avant-garde du XIe siècle. La réflexion sur le « nihil » le fait apparaître alors, essentiellement, comme le lieu de toutes les contradictions. Les troubadours agissent de même, mais ce qui importe, c'est que parmi les chaînes antinomiques que leur fournit la tradition, ils choisissent, et leur choix est en somme un détournement de la théologie négative au profit de l'amour.

Que ce soit un détournement est clair ; que ce détournement se fasse « au profit » l'est moins, puisque, aussi bien dans le poème du « néant » que dans la tenson de « non re », l'intention parodique est apparente. En ce qui concerne Guillaume IX, dont les démêlés avec l'Eglise sont bien connus (une anecdote ici suffira : sommé par le légat pontifical Girard, évêque d'Angoulême, de renoncer à sa maîtresse, la vicomtesse de Châtellerault, dite « La Maubergeonne », dite aussi « La Dangereuse », il répondit qu'il obéirait quand le prélat aurait réussi, par la prière sans doute, à faire repousser ses cheveux : le saint homme était totalement chauve, rapporte, offusqué, Guillaume de Malmesbury), pour Guillaume IX, donc, l'ironie est certainement dirigée à la fois contre les théologiens et contre les autres troubadours. Il se trouve, par un paradoxe temporel qu'on ne pourrait résoudre qu'en se plaçant, pour l'examen de la poésie passée, sur un vecteur bidirectionnel, que le « vers de dreit nien » apparaît comme une parodie anticipée d'une des cansos les plus célèbres du trobar, dont je parlerai au chapitre 3, la *Chanson de l'amour de loin*.

Or, l'efficacité de l'ironie de Guillaume IX tient à un caractère essentiel de la *forme canso*, caractère qui en fit un objet de scandale pour les érudits du second XIXe siècle (et pour Alfred Jeanroy encore, l'auteur de la première « somme » sur la poésie des troubadours, en 1934), qui est de n'avoir aucun développement « logique », de juxtaposer des strophes dont l'enchaînement n'obéit à aucun principe de récit, à aucune argumentation motivée, où rien n'est préservé de la cohérence habituelle à la poésie depuis le XVIIe siècle. Ce qui fait qu'à plusieurs coblas de distance dans une même canso, on peut rencontrer des affirmations totalement, logiquement et sentimentalement contradictoires : ainsi, une chanson de Bernart de Ventadour, qui d'ailleurs commence elle-même sur un « topos » de contraires, dit :

> Tant a mon cœur de joie   que tout me dénature   fleur blanche vermeille et jaune   me paraît la verdure   [...]   tant j'ai au cœur d'amour   de joie et de douceur   que le gel me semble fleur   et la neige verdure
>
> *Tant ai mo cor ple de joya . tot me desnatura . flor blancha vermelh-e groya . me par la frejura . [...] Tan ai al cor d'amor . de joi e de doussor . per que-l gels me sembla flor . e la neus verdura .*

Mais, quelques strophes plus loin, on lit :

> [...] j'ai plus de peines d'amour   que Tristan l'amoureux qui souffrit bien des douleurs   pour Iseut la blonde
>
> [...] *plus trac pena d'amor . de Tristan l'amador . que-n sofri manhta dolor . per Izeut la blonda .*

Le procédé ironique de Guillaume IX consiste à mettre en réduction la canso, c'est-à-dire à juxtaposer en quelques vers les « humeurs » contradictoires de la canso, présentes sur plusieurs strophes dans la chanson amoureuse. L'effet est dévastateur.

Il me faudra tenter de montrer, par d'autres textes, que le détournement des raisonnements philosophiques sur le « rien » se fait bien, malgré tout, « au profit » de l'amour. Il ne faut pas oublier aussi que la théologie négative a pour fin Dieu ; en regardant le néant. Dieu est loin : loin de tout ce qui est ; mais plus encore, dans cette perspective, de tout ce qui n'est pas.

9. *No sai qui s'es*

« J'ai une amie, et je ne sais qui elle est » ; « je ne sais *qui c'est* ». Proche du « nihil », bien que d'emploi plus vaste encore, est le « nescio quid » ; il s'agit ici, plutôt, du « nescio qui », et la formule de Guillaume IX est donc, mieux que « je ne sais pas qui elle est » : « je ne sais pas qui c'est ». Elle marque l'impossibilité de dire : c'est *cette* dame ; l'impossibilité de la montrer, de la définir « ostensivement », ou, ce qui revient au même dans ce contexte, de la *nommer*, donc de commencer la langue de l'amour, et son jeu de langage (proche du jeu de langage générique, tel qu'il apparaît, au début des *Investigations philosophiques* de Wittgenstein, comme dans certains scénarios un peu oniriques sur « l'origine du langage » ; mais aussi de l'axiome de Gertrude Stein : « un nom (substantif) est le nom propre d'une chose »).

Guillaume IX dit : « Je ne sais pas qui elle est » ; et le trobar dit donc, « amors » étant féminin en occitan : *je ne sais pas qui est l'amour.* C'est-à-dire encore, en continuant à « raisonner » par translations allusives : « je ne sais quel il est, celui, l'amour, dont le nom est *celui qui est* ». Car, on le sait, dans la tradition théologique dont je parle, le latin « *qui est* » est un des noms de Dieu.

Je saute à la cobla IV de la *tenson de non re*, à la seconde réponse d'Albertet : « Je réponds à *je ne sais quoi* par la seule réponse possible, le silence. » Le silence est la réponse initiale de Perceval, dans le *Conte du Graal*, à la « monstration » du Graal, précisément parce qu'il ne sait pas ce qu'il devrait savoir : qui il est. Le « *no sai que s'es* », une variation minimale (elle porte sur une seule lettre) du « *no sai qui s'es* », est non seulement une reprise et une marque supplémentaire de l'allusion au « vers de dreit nien » mais une allusion nouvelle, dans le mouvement du partimen, à une autre canso, pas moins fameuse et étrange, due à Raimbaut d'Orange.

Le passage de *qui* à *que* n'est d'ailleurs pas qu'une variation, c'est aussi une extension. Le « no sai qui s'es » est suivi du « no sai que s'es » pas seulement parce que le poème de Raimbaut d'Orange ironise sur celui de son prédécesseur (ultérieur chronologique) mais parce qu'il s'agit d'un *néant* en quelque sorte généralisé, absolu. Ce n'est pas le néant de *tel être* montrable, nommable, que ce soit dame, amour ou dieu, mais un néant qui atteint, comme le rappelle saint Thomas dans un passage décisif, « la mer infinie et indéterminée de la substance », « *quoddam pelagus substantiae infinitum, quasi non determinatum* ».

Je commence à tirer certains fils dans le tissu serré dont est fait le trobar, suivant sa stratégie des renvois multiples, dont les implications devront être explorées. Ici, on le voit, le « non re » appelle le « dreit nien », la « non-chose » appelle le « pur néant ». Dans le « non re » encore on lit le « no sai que s'es » qui, appelant lui aussi le « dreit nien », évoque le « no sai qui s'es » qui y figure. Le poème du « non re » en même temps cite, directement, le « je ne sais quoi » de Raimbaut d'Orange, qui lui-même cite celui de Guillaume IX. On pourrait représenter tout cela par un diagramme avec quelques flèches.

Il ne s'agit pas que d'échos localisés, de « friandises ». (On sait la réaction de Beethoven à un récit de l'accueil fait à son treizième quatuor, je crois : « Ils se sont jetés sur les friandises. ») Ce ne sont pas des éléments purement décoratifs. Dans chaque cas, l'allusion éclaire le sens du ou des textes qu'elle implique.

Il est question, toujours, d'amour.

10. Le « no sai que s'es »

Ecoutez mais je ne sais ce que c'est   seigneurs ce que je commence   *vers estribot* ou *sirventes*   non je ne trouve pas de nom   pourtant je ne peux le construire   si je ne lui trouve une fin
telle qu'il n'y ait personne qui ait vu son égal fait par homme ou par femme en ce siècle ni en celui qui est passé

Escotatz mas no say que s'es . senhor so que vuelh comensar . vers estribot ni sirventes . non es ni nom no-l sai trobar . ni ges no say co-l mi fezes . s'aytal no-l podi acabar .
que ja hom mays non vis fag aytal ad home ni a femna en est segle ni en l'autre qu'es passatz.

Vous aurez beau me prendre pour fou   il ne me serait pas possible   de ne pas dire mon désir   et nul ne devra m'en blâmer   tout ce qui est ne vaut pas un sou   près de ce que je vois et regarde
et je vais vous dire pourquoi. Si j'avais commencé ce poème devant vous sans le mener jusqu'à sa fin, vous me prendriez pour un fou. Et moi je préfère six deniers dans mon poing que mille sol(eil)s dans le ciel.

Sitot m'o tenetz a foles . per tan no-m poiria layssar . que ieu mon talan non disses . no m'en cujes hom castiar . tot cant es non pres un pojes . vas so c'ades vey et esgar .
e dir vos ay per que. Car si ieu vos o avia mogut, e no-us o trazia a cap, tenriatz m'en per fol. Car mais amaria seis deniers en mon punh que mil sols el cel.

Ne crains jamais de me déplaire   ami de cela je te prie   celui qui ne m'aide pas maintenant   qu'il me vienne en aide plus tard   plus que celle qui m'a conquis   nulle autre ne peut me décevoir
Et je dis tout cela à cause d'une dame qui me fait attendre par

belles paroles et long répit, je ne sais pourquoi. Peut-elle me vouloir du bien, seigneurs ?

Ja no-m tema ren far que-m pes . mos amicx aisso-l vuelh prejar . s'als obs no-m vol valer manes . pus m'o profer'ab lonc tarzar . pus leu que selh que m'a conques . no-m pot nulh autre galiar .
Tot ayso dic per una domna que-m fay languir ab belas paraulas et ab lonc respieg, no say per que. Pot me bon'esser, senhors ?

Il y a bien quatre mois de passés oui et qui sont mille années pour moi qu'elle m'a octroyé et promis ce don qui m'est le plus cher dame puisque vous avez pris mon cœur adoucissez de doux l'amer
Dieu ! ton aide ! In nomine Patris et Filii et Spiritus Sancti ! Qu'en sera-t-il, Dame ?

Que ben a passatz quatre mes . oc e mays de mil ans so-m par . que m'a autrejat e promes . que-m dara so que m'es pus car . Dona pus mon cor tenetz pres . adossatz me ab dous l'amar .
Dieus, ajuda ! In nomine Patris et Filii et Spiritus Sancti ! Aiso, que sera, domna ?

Je suis de vous gai plein de peine et triste heureux j'en suis trouveur je me suis séparé de trois dames au monde sans égales que vous je suis le fou chanteur courtois tant qu'on m'appelle le jongleur
Dame, vous pouvez agir à votre guise comme Na Ayma fit de l'os qu'elle mit où il lui plaisait.

Qu'ieu soy per vos gays d'ira ples . iratz jauzentz me faytz trobar . e so m'en partitz de tals tres . qu'el mon non a mas vos lur par . e soy fols cantayre cortes . tan c'om m'en apela joglar .
Dona, far ne podetz a vostra guiza, co fes N'Ayma de l'espatla que là estujet lay on li plac.

J'ai fini mon je ne sais quoi ainsi je le veux baptiser jamais on n'en entendit tel il est bon qu'ainsi je le nomme qu'il l'apprenne et puis le récite celui qui veut en profiter
Et si quelqu'un vous demande qui l'a fait, dites que c'est celui qui fait bien toutes les choses qu'il veut.

Er fenisc mo no say que s'es . c'aisi l'ay volgut batejar . pus mays d'aital non auzi jes . be-l dey enaysi apelar . e diga-l can l'aura apres . qui que s'en vuelha azautar .

E si hom li demanda qui l'a fag, pot dir que sel que sap be far totas fazendas can se vol.

11. La fragilité du trobar

Ce troisième texte de troubadour est, comme les deux précédents, parodique, sans doute, mais surtout, par ce qu'il vise et qui reste ici aussi caché, ironique. Je m'arrêterai, une minute pas plus, sur cette ironie, parce qu'elle est inséparable du recours à la théologie négative, et les deux ensemble sont au cœur même de ce qui constitue le trobar. Kierkegaard, qui en imagine le modèle en Socrate, dit que « la hauteur véritable et non apparente de l'ironie est [...] [d'être atteinte seulement si elle] est portée par la conséquence intrinsèque et absolue de l'infinie négativité ». Et il ajoute, plus loin : « L'ironie est la voie, comme le négatif : non pas la vérité, mais la voie. [...] Dès que l'ironie intervient, elle indique le chemin, mais pas le chemin par lequel celui qui s'imagine avoir le résultat parvient à le posséder : elle indique le chemin par où le résultat nous quitte. » Entendons-le ici ainsi.

Raimbaut d'Orange rapproche le « vers de dreit nien » du « non re » à la fois parce qu'il étend le « je ne sais qui » en « je ne sais quoi » mais aussi parce qu'il le nomme : « J'ai fini mon *je ne sais quoi*/ainsi je le veux baptiser. » Il « n'en a jamais été composé de tel en ce siècle ni en celui qui est passé », dit-il, comme Aimeric de Peguilhan : « moi je fais ce que jamais homme ne fit ».

L'amour, bien sûr, est cela même « dont on ne sait ce qu'il est », et Raimbaut d'Orange poursuit, avec les mêmes moyens, la réduction à l'absurde de la demande amoureuse qui se trouvait déjà dans le « vers de dreit nien ». Mais, plus nettement qu'en ce poème, un autre possible du néant apparaît, qui est le poème lui-même, et donc le trobar, l'art de composer la poésie. Je ne sais pas, dit Raimbaut d'Orange, ce que c'est que ce poème que je vous chante, en quelle espèce le ranger, *vers*, estribot (on ignore encore ce qu'est un « estribot » : pour toutes fins pratiques, on peut le prendre comme le nom d'un « je ne sais quoi » poème), *sirventes* (la catégorie antonyme du « vers », qui est le premier et vieux nom de la *canso*) ; et la raison en est qu'à la fin de chaque cobla il y a ce que jamais homme n'a fait avant lui, *de la prose*. (On aimerait particulièrement posséder la mélodie de cette « chanson », pour savoir quel équivalent du futur « récitatif » Raimbaut avait inventé pour l'occasion.)

A cause de cette prose, le poème prend son nom de poème, devient un « je ne sais quoi », devient proche du « néant », du « nien » et du « non re ». On touche là à un deuxième aspect de ce que j'appellerai la *fragilité extrême du trobar*. Le premier, qui le rend si sensible à la parodie de Guillaume IX, par exemple, est que l'intensité d'affirmation répétitive de la canso, l'absence de tout récit, de toute « scène », de toute argumentation suivie, peut être aisément mise en situation de ridicule par le recours à la mise en voix de l'imaginaire « femme réelle », dans un décor concret, comme le fait astucieusement Marcabru, par exemple, dans une pastourelle célèbre. Mais plus généralement, toute irruption d'un hors-soi dans le trobar, comme ici la prose, est à la fois scandale, et vacillation immédiate de son équilibre.

Quand, dans le deuxième quart du XIIIe siècle, c'est-à-dire dans les années mêmes où a été composée la *tenson du néant*, les troubadours se sont, pour beaucoup d'entre eux, tournés vers l'Italie, non plus seulement pour y faire de triomphales tournées comme au temps de l'âge d'or du trobar, mais bien pour tenter d'y survivre, leur milieu naturel peu à peu détruit par les effets lents mais irrémédiables de la croisade des albigeois, ils ont été confrontés à un hors-soi particulièrement dévastateur, *l'autre langue*. Je donnerai deux exemples, très contrastés, de cette confrontation.

Le premier, je l'ai déjà cité précédemment, comme exemple de partimen, c'est le débat entre le troubadour Gaucelm Faidit, modèle par excellence du troubadour voyageur, qui fut jusqu'en Hongrie, et un trouvère, le comte de Bretagne. Dans les deux manuscrits qui le conservent, l'un italien et l'autre une copie d'un célèbre manuscrit languedocien perdu, le texte du trouvère, qui devrait être du français, est en fait une sorte de « franccitan », qui n'est pas jugé très favorablement par les philologues. Il me semble que cette occitanisation partielle n'est pas nécessairement une preuve de l'ignorance scribale mais plutôt une appropriation par la langue d'accueil, sans rejet, de la langue invitée ; maintenant la distance nécessaire des langues, mais facilitant la compréhension. La situation symétrique se rencontre dans les manuscrits français qui ont conservé des mélodies de troubadours (qu'ils en soient remerciés).

Tout autre est la tenson de Raimbaut de Vaqueiras avec la « dame génoise » ; l'intention parodique est évidente, et le rejet de l'« autre langue », qu'elle suppose ; topos de la barbarie provinciale inculte :

> Dame je vous ai tant priée   s'il vous plaît qu'aimer vous me vouliez   que je suis devenu votre vassal   car vous êtes noble et bien élevée   et vous accordez tout mérite   aussi me plaît votre amitié   vous êtes en tous actes courtoise   du coup mon cœur s'est à vous asservi   plus qu'à nulle autre Génoise   vous montrerez pitié si vous m'aimez   j'en serais mieux récompensé   que si était mienne la cité   avec toutes les richesses qui y sont   des Génois
>
> *Domna tant vos ai preiada . si-us plaz q'amar me voillaz . q'eu sui vostr'endomenjaz . car es pros et enseignada . e toz bos prez autreiaz . per q-em plai vostr'amistaz . car es en toz faiz cortesa . s'es mos cors en vos fermaz . plus q'en nulla genoesa . per q'er merces si m'amaz . e pois serai meilz pagaz . qe s'era mia-ill ciutaz . ab l'aver q'es ajostaz . dels genoes .*

Et la dame répond, en ce qui est supposé être du « génois » :

> Jongleur vous n'êtes pas poli   de m'embêter comme ça   que je n'en ferai rien du tout   je préférerais être pendue   votre amie je ne serai   je te ferai égorger   provençal au mauvais œil   je vais te dire des insultes   idiot crétin tordu   jamais je ne vous aimerai   car moi plus beau mari j'ai   que vous et bien je le sais   va-t'en frère je ne veux pas mon temps   perdre.

Jujar voi no sei corteso . qe me chaidejai de zo . qe niente no farò . ance fossi voi apeso . vostr'amia non serò . certo ja ve scanerò . provenzal malaurao . tal enojo ve dirò . sozo mozo escalvao . ni ja voi non amerò . q'eu chu bello marì ò . qe voi no sei ben lo so . andai via frar' eu temp'ò . meillaurà .

Imperturbablement courtois, Raimbaut reprend :

> Dame gracieuse et distinguée gaie et noble et intelligente que m'aide votre bonne éducation car joie et jeunesse vous guident courtoisie et prix et raison
>
> *Domna gent'et essernida . gai'e pros e conoissenz . valla-m vostr' ensegnamenz . car jois e jovenz vos gida . cortesi'e prez e senz .*

et ainsi de suite. Que la Génoise soit ridicule est évident, même si on ne comprend pas un traître mot de ce qu'elle dit. C'est mis, entre autres traits de langue, dans les rimes : toutes ses rimes sont en *-o* (accentué ou non), exactement ce qu'il ne faudrait pas faire ! Raimbaut s'exprime, lui, dans la langue courtoise habituelle de la canso, et le maintien de ce contraste jusqu'au bout était certainement irrésistiblement comique pour l'auditoire.

Mais quelque chose d'autre, alors, apparaît : c'est que la langue même de la « cortesia », la parole de l'« amors », mise dans ce contexte, devient elle-même ridicule. Je dirai, autant que celle de la Génoise. La première cobla pourrait être celle d'une canso quelconque d'un troubadour quelconque (comme les cansos de Raimbaut de Vaqueiras ne sont jamais quelconques, il y a certainement là une ironie seconde, s'exerçant, elle, sur ses confrères).

Mais quand on entend la deuxième cobla de Raimbaut, les mots du vocabulaire d'amour, qui reprennent dans un registre inchangé, apparaissent brusquement, en eux-mêmes, profondément niais. Raimbaut, qui est un troubadour extrêmement sensible aux effets rythmiques et sonores, en était probablement conscient et il a atténué cet effet de la seule manière possible dans le contexte de la double ironie du poème : en rendant la constitution même de la canso légèrement (pas trop) ridicule. La strophe est un peu trop longue de vers courts non variés d'inégalités métriques. Et surtout la chute finale de chaque strophe est franchement comique :

ab l'aver q'es ajostaz . dels genoes .

Tout cela pour établir un point : la fragilité absolue du trobar. Un rien le fait approcher d'un néant.

12. Narcisse et écho

J'enrichis maintenant le réseau allusif de la *tenson du néant* d'un troisième et dernier texte, qui n'appartient pas au registre de la parodie ou de l'ironie.

Procédons comme suit : les deux coblas IV et V de la tenson, un échange complet entre Aimeric et Albertet, explorent l'idée du néant comme voix, du néant comme écho. Le trobar est par ailleurs le deuxième objet, caché, de la tenson. C'est lui que vise le « je ne sais quoi », *no sai que s'es*. Or le trobar, avant tout, est voix, voix du troubadour chantant face aux oreilles et au silence de l'auditoire, qui peut-être ne l'entendent pas mieux que les montagnes, ne lui renvoient en écho que sa propre voix. Et la canso étant d'amour, une oreille privilégiée est celle de la dame, qui peut-être elle aussi est sourde, est une montagne ou un miroir de surdité. N'est-ce pas alors un néant que de se demander qui est voix, qui est écho, qui est la meilleure voix ou le meilleur écho.

Or Albertet (toujours lui, mais c'est son rôle, dans la tenson) introduit, à côté du néant de l'écho celui du miroir : « celui qui en la citerne s'est mis/qui regarde ses propres yeux et son visage ». L'image dans le miroir est le néant de la vue comme l'écho est celui de la voix.

Qu'est-ce là, sinon ce que nous dit le mythe de Narcisse. Cette allusion n'est pas appel à un hors-texte du trobar car, en fait, il s'agit de la « chanson de l'alouette » de Bernart de Ventadour.

Quand je vois l'alouette bouger   de joie ses ailes contre un rayon   s'évanouir et se laisser tomber   de la douceur qui au cœur lui va   ah tant grande envie m'en vient   de ceux que je vois joyeux   que je m'étonne qu'aussitôt   le cœur de désir ne me fonde

Can vei la lauzeta mover . de joi sas alas contra-l rai . que s'oblid' e-s laissa chazer . per la doussor c'al cor li vai . ai tan grans enveya m'en ve . de cui qu'eu veya jauzion . meravilhas ai car desse . lo cor de dezirer no-m fon .

Hélas je croyais tant savoir   d'amour et j'en sais si peu   je ne peux me retenir d'aimer   celle dont je n'aurai jamais rien   elle m'a pris mon cœur et moi   elle-même et le monde entier   si elle me prive je n'ai plus rien   que désir et cœur envieux

Ai las tan cuidava saber . d'amor e tan petit en sai . car eu d'amar no-m posc tener . celeis don ja pro non aurai . tout m'a mo cor e tout m'a me . e se mezeis'e tot lo mon . e can se-m tolc no-m laisset re . mas dezirer e cor volon .

Je n'ai plus eu sur moi pouvoir   ni ne fus mien dès le moment   qu'elle me laissa en ses yeux voir   en un miroir qui me plaît tant   miroir depuis que j'ai vu en toi   m'ont tué les soupirs profonds   et je me perds comme se perdit   le beau Narcisse à la fontaine

Anc non agui de me poder . ni no fui meus de l'or'en sai . que-m laisset en sos olhs vezer . en un miralh que mout me plai . miralhs pus me mirei en te . m'an mort li sospir de preon . c'aissi-m perdei com perdet se . lo bels Narcisus en la fon .

Cette canso, qui est, cela arrive, à la fois très belle et célèbre, semble presque entièrement engendrée, comme objet sonore, par la rime répétée *-on*, avec ses variantes peu prévisibles des mots foyers de l'amour, *jauzion, volon, deziron*. Bernart de Ventadour y est l'inventeur, le *trouveur*, d'une conflagration terrible entre l'image centrale du trobar, celle des yeux, des yeux miroir, et l'autre image, mortelle, de Narcisse. Si les yeux de la dame ne sont qu'un miroir où l'on se perd, s'il n'y a « personne dans sa forme » ou si on ne peut y voir que soi, l'amour, peut-être, *n'est rien*.

13. Entre Narcisse et Tristan

Je vais à la fin de la chanson de Bernart de Ventadour :

> Puisqu'à ma seigneur ne valent pas   prière pitié ni mes droits   puisqu'il ne lui est d'aucun plaisir   que je l'aime je me tais   je la quitte je cesse de servir   mis à mort comme mort je réponds   je m'en vais sans qu'elle me retienne   malheureux en exil je ne sais où
>
> *Pus ab midons no-m pot valer . precs ni merces ni-l dreihz qu'eu ai . ni a leis no ven a plazer . qu'eu l'am ja mais no-lh o dirai . aissi-m part de leis e-m recre . mort m'a e per mort li respon . e vau m'en pus ilh no-m rete . chaitius en issilh no sai on .*
>
> Tristan vous n'aurez plus rien de moi   je m'en vais malheureux je ne sais où   je cesse de chanter de servir   de la joie de l'amour je me cache
>
> *Tristans ges no-n auretz de me . qu'eu m'en vau chaitius no sai on . de chantar me gic e-m recre . e de joi e d'amor m'escon .*

La canso de la « lauzeta » pourrait être aussi valablement désignée comme canso de « Narcisus ». Et, tout aussi valablement, comme la canso du « je ne sais où », « *no sai on* ». On renforce ainsi plaisamment le lien allusif dans la tenson du néant : après le néant du *qui* et du *quoi*, le néant du *où*, et le « ou » est, en provençal, *on*, le mot qui supporte précisément la rime-germe de la chanson.

Il y a plus : dans le poème, les mots « *no sai on* » sont dits deux fois, et la deuxième fois est un *écho* de la première ; pas seulement parce que c'est une répétition et que toute répétition est écho, mais parce que le lieu de cette répétition est une cobla qui n'est pas comme les autres strophes : c'est un *envoi*, « tornada » (il y a deux tornadas dans la tenson du néant, une pour chaque voix de troubadour).

La tornada, dans une canso, reprend un fragment de la forme de la cobla, les mêmes rimes et les mêmes mètres de la dernière strophe entière ; c'est un fragment final répété. Elle est, par excellence, un *écho*, écho de la mélodie, dans les mêmes sons, écho des rimes, dans leur mélodie de timbres ; c'est la voix de la canso qui s'éloigne, qui annonce sa fin. Et la tornada est envoyée ailleurs, au loin, à quelqu'un, destinataire qui peut être la dame, sous son nom, le *senhal* qui la désigne et la cache, ou bien quelqu'un d'autre qui mérite de la recevoir (un ami du troubadour, un protecteur, un protecteur souhaité...). Cet écho sert souvent de signature de la canso (Arnaut Daniel, par exemple, est presque toujours présent, se nommant lui-même, dans l'envoi de ses cansos) : « s'il appelle il sera appelé/par lui-même... ». L'écho du *no sai on* dans l'envoi écho du poème est ainsi, il me semble, particulièrement approprié à une chanson de Narcisse ; et c'est un écho très écho, puisqu'il y a reprise des mêmes mots à la rime, pas seulement de la rime elle-même.

Mais il y a plus encore : le destinataire. Il a un nom, qui est un nom cachant, un senhal. Le nom est fameux entre tous, c'est celui de « Tristan l'amador », Tristan l'amoureux, celui qui « souffrit mainte douleur/pour Iseut la blonde ». Or il se trouve, on l'a montré, je crois, de façon convaincante, que le senhal « Tristan » désigne un troubadour, qui n'est autre que Raimbaut d'Orange ; il est on ne peut plus naturel que Bernart de Ventadour envoie à l'auteur du *no sai que s'es* son *no sai on*. L'écho du « no sai on » dans sa canso est comme une nomination ; comme Raimbaut d'Orange nomme son « no sai que s'es ».

Mais le lien est plus serré encore : car il existe une symétrie narrative significative entre Narcisse et Tristan que plus tard, par exemple, par souci d'innovation et pédanterie le *Roman de la Rose* reprendra en la translatant au couple, entièrement mythologique lui, Narcisse-Pygmalion. Cette narration met en images l'interrogation du néant de l'amour. Un très bref rappel d'un épisode du *Tristan* de Thomas est nécessaire :

Tristan, exilé, époux d'Iseult aux blanches mains, erre dans la forêt. Il lutte avec le géant Moldagog. Victorieux, il devient possesseur de la grotte immense aux automates. Et là il fait construire, en secret, comme d'autres bâtissent une cathédrale, le décor des scènes et images paralysées de l'histoire de son amour. Là, surtout il y a la statue d'Iseut ; qu'en secret il vient adorer :
e les delis des grans amors . e lor travaus et lor dolurs . e lor paignes et lor ahans . recorde à l'himage Tristans . molt la baise quant est haitez . corrusce soi quant est irez .

Comme dit Flaubert : « Aimer une femme, passe encore ; mais une statue, quelle sottise ! »

Entre Narcisse et Tristan, affronter les deux faces pétrifiantes du néant de l'amour : néant, ou bien parce que le miroir des yeux de la dame ne renvoie qu'à soi, et c'est le néant de Narcisse ; ou bien parce qu'il n'y a personne, rien, dans la forme même, dans l'image de l'amour, et c'est le néant de Tristan.

14. Le dilemme

Le dilemme de l'amour, Narcisse ou Tristan, est la condition d'un dilemme du trobar, sans lequel la tenson du néant ne peut être comprise, comme elle l'a été longtemps, que comme un divertissement sans conséquence, ou comme témoin de la culture scolastique de troubadours déjà tardifs, comme on l'a interprétée plus récemment. Puisque la chanson chante l'amour, si l'amour n'est rien, le « chantar », le « trobar » alors s'évanouissent, deviennent néant, « nien ».

Si l'amoureux ne rencontre jamais que sa propre image dans le miroir des yeux, le chant ne reçoit jamais de réponse réelle à sa voix, il n'est qu'un écho de sa propre voix, un *flatus vocis*. Il dit l'amour mais l'amour, alors, n'est qu'un *nom* ; il est néant de n'être que nomination. Cela ne fait pas de lui une « chose ayant un être », cela ne lui confère aucun « essernimen ».

Mais si l'amour ne s'adresse qu'à une image inerte, qu'à une dame inanimée, qu'au vide, le chant encore n'est rien, qui nomme l'amour, puisque l'amour n'est alors « aucune chose ».

Tel est le dilemme : ou bien le néant de n'être que nomination ; ou bien celui de ne nommer que le néant.

Ou bien l'eau bougeante mais immobile.

Ou bien la roue qui perpétuellement mout le vide.

Ainsi, dans la chanson du néant, chaque envoi, et tout envoi est un écho, évoque l'un des deux éléments où se manifeste le néant de l'amour : l'eau miroir et l'air écho.

Je vous invite, pour en finir avec ce chapitre ouroboros, moulin ou rivière de paroles, à revenir au début et à relire la *tenso de non re*.

On observera que je n'ai pas tenu compte de la cobla VI. Or cette strophe est la strophe finale du partimen (finale, borne, frontière, puisque les deux tornadas sont déjà ailleurs, en déplacement virtuel, hors les murs). Elle doit donc s'achever par une résolution provisoire du dilemme ; provisoire car aucun des dilemmes d'amour que posent les partimens ne peut vraiment être résolu, et on s'expose à des contresens en y recherchant *la* bonne solution à tel problème amoureux. Le roman, comme manifestation narrative de l'amors, pose souvent des « problèmes de partimen » ; mais il peut, lui, *résoudre les dilemmes*.

Ainsi, dans *Le Bel Inconnu*, de Renaut de Beaujeu, la question de « la belle et la bête », la question de la « guivre », la merveilleuse jeune fille qui a été masquée de laideur bestiale. Après que le fils de Gauvain lui a donné le « fier baiser », elle lui pose la question cruciale : « Veux-tu que je sois belle de nuit pour toi, et bête de jour, devant les autres, ou le contraire ? » La réponse faite est, bien sûr, belle pour moi tout seul. Mais le romancier a bien senti que cette borne du partimen est impossible dans le conte, où ne doit demeurer qu'une vérité sans contraire, et il nous assure qu'en récompense de la justesse de la réponse, elle devient belle toujours. Aucun partimen réel ne fuit ainsi la nature contradictoire du dilemme ; et à plus forte raison la *tenson de non re*, que je définirai maintenant comme le *partimen des partimens*.

Le rire qui accompagne généralement la dernière parole d'Albertet : « Je vous réponds mais je ne vous dis pas quoi », c'est-à-dire « je vous réponds mais *vous ne savez quoi* », montre bien que, s'il achève le partimen, c'est en le renvoyant à son début : il n'y a que des échappatoires à la question du néant. Et en effet, on ne saurait considérer ce qu'il dit comme une vraie réponse à la question.

Pourtant, et j'essayerai de le montrer ultérieurement, il s'agit d'une véritable réponse, mais à une autre question, à la question cachée, celle de l'amour, pourvu qu'on l'envisage autrement. Alors nous pourrons revenir au début de cette dernière strophe qui paraît, à première vue, hors question.

Chapitre 2

Eros mélancolique

15. Le loup

« Mort m'a e per mort li respon », dit Bernart de Ventadour à la fin de sa canso de Narcisse : « Elle m'a tué et c'est comme mort que je lui réponds » ; il s'en va « en issilh no sai on », « je ne sais où, en exil » ; il devient « recréant », comme le chevalier qui abandonne le combat. Car il cesse, lui, le combat d'amour ; et au même moment, il cesse le combat de poésie (il dit à Raimbaut d'Orange, sous le senhal de « Tristan » : « vous n'aurez plus rien de moi » ; c'est-à-dire : « vous ne recevrez plus de moi de chansons ») ; il est « recréant » aussi de « chantar », comme le dit la tornada, en écho à la récréance d'amour.

Que peut faire celui qui a rencontré le néant de l'amour ?

Il peut fuir ; retrouver par la fuite l'état, qui n'est pas de bonheur heureux mais d'indifférence, de celui qui n'a jamais été exposé à l'amour, parce qu'il a vécu loin des cours et des dames. On reconnaît là l'homme des bois, l'homme sauvage, auquel le roman donne une place toute particulière, celle de *Merlin*. L'ignorance ou l'insensibilité à l'amour est une condition de possibilité de ses pouvoirs : pouvoir, surtout, de dire le vrai des choses futures (dans les deux sens : Merlin prédit autant le passé que l'avenir). Rencontrer l'amour, l'amour de Viviane, est catastrophe, car il y est aussi sensible que le Peau-Rouge à la rougeole. Sans doute Viviane est une fée, mais les dames sont presque toujours fées dans les romans, et les héros, comme Guillaume IX dans le *vers de dreit nien*, toujours un peu *fada* (comme Jaufre Rudel se plaindra de l'être dans la « chanson de l'amour de loin »). En s'abandonnant à l'amour de la fée, l'homme sauvage, qui sait à l'avance ce qui va lui arriver, puisqu'il prévoit tout, est entièrement sans défense. Et sa défaite est absolue, précisément à cause de son « innocence ». Tel est le sens de l'*enserrement Merlin* ; et le *cri de Merlin*, qui contient, dit-on, sa dernière et plus terrible prophétie, est cri de mort animale (l'homme sauvage, non courtois, est toujours voisin de la bête). Ce cri, son seul « chant », est, comme l'imagine Hegel jeune dans un des plus étranges mythes de l'origine du langage, naissance à la Voix, possible seulement pour lui dans « la Voix de la Mort ». Le cri de mort de Merlin, qui signe son humanisation finale, est un cri d'amour. C'est le seul moment où Merlin ne prononce pas d'« obscures paroles », qui appartiennent au domaine mélangé des prophéties, démoniaque et angélique à la fois, en un mot naturel, mais accède vraiment au langage, qui est « voix et mémoire » de l'amour, c'est-à-dire aussi *voix et mémoire de la mort*.

Fuir la mort par amour grâce à l'absorption dans la vie naturelle et sauvage, la vie d'homme des bois, telle est la solution qui s'offre (mais dans le conte uniquement, dans le récit) à qui est devenu incapable de la *voie droite* qu'offre la théorie de l'amour que je décrirai plus loin, comme jeu de poésie et forme de vie ensemble. C'est celle un moment de Tristan quand il emmène Iseut loin de la cour ; le côté Paul et Virginie de l'épisode ne doit pas égarer ; l'innocence par oubli, par effacement n'est pas atteignable ; c'est l'innocence de la bête, mais après la Chute. Devant les corps nus, endormis, séparés par l'épée, le roi Marc peut à bon droit croire ou feindre de croire « qu'il ne s'est rien passé », comme on dit dans les romans bourgeois. Pour l'auditeur du conte, en effet, il n'y a *rien* : l'accouplement, en un sens, n'est pas coupable. L'épée qui sépare Tristan et Iseut est lors signe de sa *récréance* ; homme des bois, il est sans armes et partant sans amour.

16. Digression dans le conte : Gauvain, Pelléas, Arcades

Gauvain s'éveilla et se frotta les yeux. Puis il se frotta les yeux une seconde fois, mais pas pour se réveiller : car il ne se trouvait pas dans la clairière où il s'était endormi, près de son cousin Yvain, de son oncle le roi et du grand cerf blanc tué à la chasse. Il se trouvait dans une clairière d'une forêt inconnue. Il était couché dans l'herbe à une extrémité de la clairière et à l'autre extrémité se trouvait un grand pin ; et dans ce pin se trouvait un chevalier qui regardait, loin derrière Gauvain, le chemin poudreux et droit qui s'enfonçait très loin dans la forêt. Très surpris, Gauvain se leva et se dirigea vers l'arbre dans l'intention de demander au chevalier où il se trouvait. Il arriva au pied du pin, mais le chevalier ne parut pas l'apercevoir. Et Gauvain lui dit poliment : « Sire chevalier, pouvez-vous me dire où je suis et quelle est cette clairière ? » Comme s'il sortait d'une profonde rêverie, le chevalier baissa les yeux jusqu'à Gauvain et lui dit seulement : « Venez-vous d'elle ? — Que voulez-vous dire ? dit Gauvain. — Si vous ne venez pas d'elle, laissez-moi. Ne voyez-vous pas que je suis occupé ? » dit le chevalier.

A ce moment, on entendit un grand vacarme dans la forêt, un nuage de poussière blanche s'éleva à l'entrée du chemin, et de ce nuage surgirent, galopant, dix chevaliers armés de lances. En les voyant, sans plus s'occuper de Gauvain, le chevalier perché descendit de son pin, mit son armure, monta sur son cheval, prit sa lance qui était restée appuyée contre le pin et s'avança à la rencontre des autres chevaliers. Le premier se détacha du groupe, prit son élan et s'élança contre le chevalier du pin. Mais celui-ci l'envoya rouler dans la poussière. Alors un deuxième chevalier se lança à l'assaut ; mais lui aussi fut renversé ; et ainsi les dix chevaliers tentèrent en vain de vaincre le chevalier du pin ; tous furent désarçonnés. Ils remontèrent sur leurs chevaux sans rien dire et s'en allèrent au galop par où ils étaient venus. Gauvain avait suivi tous ces événements avec étonnement et, s'adressant au chevalier, il lui dit : « Excusez-moi encore de vous déranger, mais pourriez-vous m'expliquer ce qui s'est passé ? » Le chevalier du pin, qui était retombé dans une rêverie profonde, regarda Gauvain et dit : « Oui, si vous le voulez, ils ne vont pas revenir avant demain. » Il descendit de son arbre et raconta ce qui suit :

Aventure de Pelléas

« Mon nom est Pelléas. Je suis un chevalier de ce pays. Il y a un an, aux fêtes de la Pentecôte, il y eut ici un grand tournoi. Tous les chevaliers du pays y participèrent et même d'autres chevaliers venus de loin ; et toutes les demoiselles du pays y assistèrent. Car le prix était un cercle d'or de très grand prix, et le chevalier qui remporterait le tournoi devrait offrir le cercle d'or à la demoiselle qu'il jugerait la plus belle, et ainsi elle gagnerait le prix de la beauté. Je combattis au tournoi et je le remportai.

« Le cercle d'or avait été placé ici, dans ce pin, et je vins le prendre pour l'offrir à la demoiselle la plus belle du pays ; et je l'offris à Arcades, puisqu'elle est la plus belle de toutes ; et je l'aimais depuis toujours ; je lui apportai le cercle d'or, de la couleur même de ses cheveux, et je lui dis : "Voici le prix, car vous êtes la plus belle ; et je l'ai gagné parce que je suis le meilleur chevalier ; et je vous le donne aussi parce que je vous aime." Et Arcades me répondit : "J'accepte le prix parce que je suis la plus belle, comme tout le monde le sait ; mais je ne vous aimerai jamais, car vous êtes trop pauvre. Allez-vous-en et cessez de m'aimer immédiatement."

« Ces paroles me causèrent une douleur profonde. Je suis, hélas, un chevalier assez pauvre, et Arcades est la demoiselle la plus riche du pays. Son père est mort et elle a hérité du plus beau château de toute la contrée. Je fus fou de douleur et je lui dis : "Jamais je ne cesserai de vous aimer. — C'est ce que nous verrons." Et le lendemain elle envoya dix de ses meilleurs chevaliers pour me combattre ; je les abattis tous l'un après l'autre et je les lui renvoyai. C'était un lundi ; le tournoi avait eu lieu le dimanche. Le lendemain, la même scène se répéta : les chevaliers se présentèrent et je les envoyai rouler un à un dans la poussière. Il en fut ainsi tous les jours de la semaine.

Mais le dimanche, au lieu de combattre un à un, ils vinrent tous ensemble, me firent prisonnier et m'amenèrent devant Arcades, qui me dit : "Allez-vous cesser de m'aimer ?" Je répondis : "Non, belle et cruelle Arcades." Alors, elle tapa du pied et me renvoya.

« Et il en est ainsi depuis un an ; tous les jours de la semaine, à midi, je monte dans ce pin et je guette dans le chemin qui part de son château ; les chevaliers viennent ; je les abats ; ils repartent ; le dimanche, ils me capturent et me mènent devant Arcades ; et elle me dit : "Cessez de m'aimer !" Et je dis : "Non, jamais, belle et cruelle Arcades." Elle tape du pied et me renvoie. Et il en sera ainsi jusqu'à ce que je meure. Ah ! infortuné Pelléas ! »

Gauvain fut extrêment ému du sort du pauvre Pelléas et il pensa à lui venir en aide. Et voici ce qu'il lui proposa : « Je veux vous venir en aide. Voici ce que je vous propose : vous allez prendre mon épée et je vais prendre la vôtre. Je vais aller au château d'Arcades. Je dirai que je vous ai tué ; si je ne me trompe pas, elle en sera horriblement malheureuse ; alors je lui révélerai la vérité ; je plaiderai votre cause et je la persuaderai d'être moins cruelle. »

Pelléas lui dit qu'il perdait son temps, que le cœur d'Arcades était plus dur que les pierres d'Alzonne, que c'était sans espoir, mais il consentit à ce que Gauvain fasse l'essai, car il n'avait rien à y perdre. Gauvain s'en alla et Pelléas remonta dans son arbre.

La belle Arcades fut extrêmement heureuse d'accueillir dans son château un chevalier de la cour d'Arthur et elle reçut Gauvain avec tant d'amabilité qu'il pensa que ce n'était pas le moment de lui parler de Pelléas. On fit couler un bain pour Gauvain dans un baquet somptueux, on le revêtit ensuite de belles robes de bain en soie et Arcades l'invita à sa table ; et, tout en dînant, elle l'interrogea sur la cour. Elle voulut savoir comment était le roi Arthur, s'il était vrai, comme on le disait, que la reine Guenièvre était la plus belle femme du royaume de Logres, quelles étaient les belles robes que portaient maintenant les dames de la cour. Le repas était excellent, Gauvain ne trouvait pas vraiment le moyen d'introduire Pelléas dans la conversation, et d'ailleurs tout ceci était très agréable et il avait bien le temps, et d'ailleurs Arcades était bien belle avec le cercle d'or dans sa tête aux cheveux de même couleur.

Arcades demanda à Gauvain : « Et vous, qui êtes-vous ? » Et Gauvain qui ne disait pas volontiers son nom, qui ne le disait pas si on ne le lui demandait pas, mais qui ne refusait jamais de le dire si on lui posait directement la question, répondit : « Je suis Gauvain, neveu du roi. »

Quand Arcades entendit que ce jeune chevalier était Gauvain, neveu du grand roi Arthur, elle en fut très joyeuse et redoubla pour lui d'attentions. Et comme Gauvain était très fatigué après sa journée de chasse et son arrivée mystérieuse dans ce pays, elle le fit coucher dans un beau lit où il s'endormit aussitôt sans plus penser à Pelléas.

Le lendemain, au dîner, la belle Arcades amena la conversation sur la question de l'amour, et elle dit : « On dit que la cour du roi Arthur est celle où on connaît le mieux les choses de l'amour. On dit que tous les chevaliers d'Arthur ont une dame, et que toutes les dames ont un chevalier qu'elles ne font pas souffrir. Est-ce vrai ? » Gauvain répondit que beaucoup de chevaliers aimaient par amour. « Et vous, dit alors Arcades, aimez-vous par amour ? — Oh non, dit Gauvain, je suis encore trop jeune ; je viens seulement d'être fait chevalier. — Elle serait bien sotte ou bien cruelle, dit alors Arcades en soupirant, celle qui refuserait d'aimer par amour un aussi beau et aussi noble chevalier que Gauvain ! » Et alors Gauvain oublia complètement Pelléas, il ajouta amour à armes et la belle Arcades ne fut pas cruelle avec lui.

Quelques jours passèrent. Il faisait beau et souvent Gauvain et Arcades s'allongeaient nus dans l'herbe de la prairie devant le château pour se chauffer au doux soleil de printemps ; et il arriva que Pelléas, ne voyant pas revenir Gauvain, et ne voyant pas non plus revenir jusqu'à lui les chevaliers d'Arcades, s'aventura sur le chemin du château et ainsi les découvrit. Et il prit l'épée que Gauvain lui avait laissée, reprit la sienne, mit l'épée de Gauvain entre les deux jeunes gens endormis et s'en alla. Gauvain s'éveilla, vit son épée, se souvint de tout, fut pris de remords, réveilla Arcades, se jeta à ses pieds, avoua tout ;

et Arcades lui pardonna ; et elle comprit à quel point Pelléas l'aimait et elle fut prise de remords et elle envoya ses chevaliers faire prisonnier Pelléas dans la clairière et, quand il fut devant elle, elle lui dit : « Voulez-vous m'épouser ? » Et ainsi Pelléas épousa Arcades et le soir de leurs noces il engendra en elle Guivret le Petit, qui plus tard fut un excellent chevalier de la Table Ronde.

17. Digression : commentaire

> « La matière arthurienne, écrit Charles Méla dans *La Reine et le Graal*, déroute le lecteur qui garde toujours l'impression d'avoir déjà lu cette histoire, sans pouvoir l'identifier. Il semble que d'un roman à l'autre soient reprises les mêmes données fondamentales, mais chaque fois sous un autre jour, comme si chacun de ces auteurs si attentifs à se lire entre eux relevait dans ce fonds commun ce qu'un autre avait laissé dans l'ombre et en variait ainsi l'apparence. »

On peut souvent, la digression précédente le montre, bandonner la restriction « arthurienne » ; tous les romans, en vers et en prose, se renvoient ainsi des échos ; comme le trobar ; il semble qu'on ait affaire à une œuvre unique, ou plutôt à différentes versions successives d'une œuvre unique, où se recomposent et se défont sans cesse le même petit nombre de séquences de récit ; des motifs, si l'on veut. Ce qui fait que l'écoute du conte suppose une attention particulière, qui permettrait d'avoir simultanément présente à la mémoire la totalité des épisodes ; l'auditeur-lecteur idéal est celui qui a le « total recall » attribué à certains idiots ou calculateurs prodiges par la nosographie des psychiatres de la fin du XIXe siècle ; un mélange d'enfant écouteur de contes d'avant-sommeil, qui en demande la répétition et dit : « non, c'est pas comme ça, tu as changé », et de vieilles tantes de province, seules à connaître toutes les relations généalogiques précises entre les différentes branches d'une famille immense et dispersée.

Dans l'aventure de Gauvain, Pelléas et Arcades, qui est une branche de la « triple aventure » dans une version, restée lacunaire, par inachèvement ou perte, d'un « roman du Graal », le motif de « l'épée entre les corps nus des amants dans la forêt » refait surface, venue du Tristan (et en fait le « Tristan » lui-même est multiple), pour de tout autres fins, au moins en apparence. Car en même temps il ne refuse pas de servir de commentaire au « Tristan » lui-même ; cette « chute dans l'herbe » de Gauvain et d'Arcades est pour chacun la première aventure amoureuse ; Gauvain ajoute « amour à armes », il devient chevalier entier ; Arcades cesse d'être une « précieuse » (au sens premier du mot). L'épée de Pelléas, comme celle du roi Marc, les rappelle au monde : Iseut revient avec le roi : Arcades épouse Pelléas. Il y a là une « signifiance » commune.

S'endormir d'amour dans la forêt ou la clairière, douce ou rude, est une *mort au monde*, comme un « enserrement » ; on sent bien d'ailleurs, et l'« oubli » de Gauvain nous le signale (il est toujours rapide, toujours présent à lui-même ; le conte ici renvoie, comme la *tenson de non re*, encore à un autre, c'est-à-dire à un autre lui-même, le *Conte du Graal* de Chrétien de Troyes, et à l'« oubli » de Gauvain dans le château d'outre-monde où sont sa mère, sa grand-mère et sa sœur), on sent bien qu'Arcades est une fée ; ou plus exactement que sa nature de fée est l'« oubli » de la « dame » qu'elle doit devenir ; un oubli, symétrique de celui du chevalier, qui menace la plupart des « dames » du roman : limiter, aux seules « batailles de plume », les prouesses de leurs amants ; risquer, comme Enide, de faire de leurs « Erecs » des « recréants » involontaires. Pour les habitués du conte, il me semble, la dernière phrase de l'aventure *désigne* Arcades comme fée : ce Guivret le Petit, qui naîtra d'elle, par son nom la trahit.

Toutes les femmes (je mets à part les « vilaines », les « pastourelles » des trouvères, qui représentent un sexe à part, purement sociologique) qui ne sont pas des dames, sont des fées pour le conte. C'est leur état naturel dans l'enfance ; elles y retombent parfois par l'âge, car les dames ne vieillissent pas.

Le trobar, lui, ne connaît que des dames.

18. Le loup (suite)

Dans le commentaire (*razo*) d'une canso de Peire Vidal, on nous raconte ceci :

> *Et el si amava la Loba de Pueinautier.* Et il aimait la Loba de Pennautier [*Loba* : Louve]... *La Loba si era de Carcases, e Peire Vidal si se fazia apelar Lop per ela e portava armas de lop.* La Loba était du Carcassès, et Peire Vidal se faisait appeler Loup pour elle, et portait des armes de loup. *Et en la montanha de Cabaretz si se fes cassar als pastors ab los mastis et ab los lebrers, si com hom fai lop.* Et dans la montagne de Cabaret, il se fit chasser par les bergers, avec leurs mâtins et leurs lévriers, comme on chasse un loup. Et il avait revêtu une peau de loup pour faire croire aux bergers et aux chiens qu'il était un loup. *E vesti una pel de lop per donar az entendre als pastors et als cans qu'el fos lop. E li pastor ab lur cans lo casseron e-l bateron si en tal guiza qu'el en fo portatz per mort a l'alberc de la Loba de Pueinautier.* Les bergers, avec leurs chiens, le chassèrent et le battirent de telle façon qu'on le porta pour mort à la demeure de la Louve de Pennautier.
>
> Quand elle sut que c'était Peire Vidal, elle commença à être fort joyeuse de la folie qu'il avait faite (*ela comenset a far gran alegreza de la folia que Peire Vidal avia faita*) et à en rire beaucoup, et son mari fit de même. Ils reçurent avec grande joie Peire Vidal, et le mari le fit prendre et déposer en un lieu caché, au mieux qu'il put et sut. Il fit appeler le médecin et fit soigner Peire jusqu'à ce qu'il fût guéri.

« Avalle a bien montré que cette razo fabuleuse ne correspond pas du tout au contenu de la pièce qu'elle prétend commenter », dit Boutière dans son édition ; certes. La razo *part* des vers suivants de la canso :

> *E sitot lop m'apellatz . no m'o tenh a deshonor . ni se-m baton li pastor . ni se-m sui per lor cassatz .*
>
> Et si on m'appelle loup je ne le tiens pas pour déshonneur ni que les bergers me bastonnent ni que je sois chassé par eux

C'est la cobla VI ; dans la tornada apparaît la « louve ».

La Loba ditz que seus so . et a-n ben drech e razo . que per ma fe mielhs suis sieus . que no sui d'autrui ni mieus .

La Louve dit que je suis à elle et elle a parfaitement raison car je lui appartiens plus qu'à nulle autre ou à moi-même

Le lien que j'établis entre le trobar et le récit apparaît ici à l'état naissant (je rappelle l'axiome : « le roman est la définition ostensive du trobar ») : glissements successifs du plaisir du nom.

La Loba, un nom-senhal, déjà du côté du loup ; les armes de loup portées en son honneur ; le déguisement, le vêtement de la bête ; les bergers et les chiens qui reconnaissent la vérité de la métamorphose (un troubadour loup-garou) (et dans le conte la phrase explicative, commençant sur un « et » qui est un « car »), *e vesti una pela de lop*, est presque inutile ; car Peire Vidal, alors, *est* un loup ; on ne trompe pas les animaux, les chiens). Le conte, dans sa razo, s'empare des paroles de l'amour pour les mettre en images et la stratégie de cette « monstration » est la transformation, le dépècement et la recomposition, l'enchaînement, l'intrication, l'entrelacement de la denrée précieuse entre toutes de l'amour et du chant : le *nom*. Les noms nommés de l'amour passent par l'indistinction où les entraîne le conte et resurgissent partout transmués en l'or des aventures. C'est pourquoi ce qu'on pourrait nommer la *folie philologique* (dont le livre récent de Charles Méla cité au début de ce paragraphe est le plus récent et très bel exemple) se trouve, pourvu qu'elle se soumette aux lois assez précises de *ces* transformations dans *cette* forêt de textes, en évitant, donc, une forme insidieuse d'anachronisme (ce qui n'est malheureusement pas toujours le cas), pleinement justifiée ; particulièrement en ce qui concerne le *nom des noms* du conte, le *Soleil des soleils* du roman, le *Graal*.

Mais « laissons ici de parler du conte » et retournons à Peire Vidal dans la montagne de Cabaret (un des quatre châteaux de Lastours) ; une montagne sauvage au-dessus des garrigues et de l'Orbiel, un lieu de loups s'il en fut (vous pouvez me croire, je le connais). La *folie* de Peire Vidal, qui rend la Louve si allègre, est celle de l'homme sauvage, de l'homme bête ; à la sauvagerie du refus de la dame, répondre par la fuite forestière, la dénaturation. Le rire joyeux de monsieur et madame Loba répond au rire-cri de Merlin ; le médecin en lieu caché est Amour.

19. Folie, forêt intérieure

Le deuxième moment de l'affrontement au néant de l'amour est celui que Peire Vidal simule dans la razo, c'est la *folie*.

La *folie d'amour* du conte ou de la canso peut être considérée, si on examine attentivement les descriptions (celles du roman donc surtout, ici encore) comme fuite vers la forêt intérieure. Le fou d'amour est *ailleurs*, dans ses pensées : pensées de la *dona*, de son absence, de sa perte, de l'exil d'elle ; homme des bois du monde intérieur, il ne peut en être chassé sans violence, sous peine de déclencher la *forsènerie d'amour* dont les manifestations spectaculaires sont un moment obligé des aventures du héros. Ainsi, Lancelot, dans le *Lancelot en prose*. Sa première forsènerie d'amour a lieu dans la « chartre » où il est enfermé, avec le roi et d'autres chevaliers de la cour, par l'enchanteresse Camille, et la raison immédiate de sa violence est l'affrontement aux barreaux de la prison, aux portes des donjons ; il n'y a rien qui heurte plus le fou d'amour que l'atteinte à sa liberté de mouvement, comme la bête sauvage de la forêt. Lancelot, dans cette branche du conte, est soigné par une fée, la Dame du Lac (celle-là même qui « enserre » Merlin), qui l'enleva enfant à sa mère et l'éleva. Et comment fait-elle ? Elle lui caresse doucement la fontanelle, en l'appelant du nom qu'elle lui donnait enfant : « Beau trouvé ». Guérir de la folie d'amour est en effet retrouver son chemin hors de cette forêt hantée par le vide, où on ne voit que le rien : avant l'intervention de la Dame du Lac, Lancelot ne *voit* même pas la reine Guenièvre telle qu'elle est, devant lui, venue à son secours. Il est tombé dans « la prison Dedalus » (« *quand je la cuide faillie*/j'y tombe de plus en plus »).

Mais l'état de folie amoureuse n'est pas totalement éloigné de l'état amoureux lui-même ; il n'est que la conséquence extrême de l'« oubli de soi » que provoque l'amour : l'évanouissement de la *lauzeta* dans la canso de Bernart de Ventadour vient de la *joie* ; par la douleur d'amour, on peut tomber dans son envers sombre, l'évanouissement dans le monde de la folie ; on reconnaît à cela le héros prédisposé à la folie : il est volontiers pensif, « apensé » ; « pensius pensanz », dit Raimbaut d'Orange pour montrer la double face de ces « pensées », dont l'une est tournée vers l'enchevêtrement des sentiers intérieurs qui bifurquent, parfois, vers des itinéraires impossibles, des chemins prisons, dédales. La folie de Lancelot est annoncée plusieurs fois dans le conte par la description de moments où il tombe brusquement dans une rêverie éveillée mais profonde ; en l'un d'eux c'est la vue de la rivière qui coule en bas du château de la reine qui le plonge dans cet état, où le plus mauvais chevalier du royaume arthurien, celui qui n'a jamais eu une victoire, peut le désarçonner sans peine ; il ne le voit même pas. Dans le *Conte du Graal* de Chrétien de Troyes, Perceval sombre dans la pensée absente devant la neige, où sont tombées les trois gouttes de sang de l'oie sauvage blessée, tableau dont il dira qu'il lui rappelait les couleurs du visage de celle qu'il aime, Blanchefleur ; et le contraste d'approche entre Gauvain et le sénéchal Keu envoyés par Arthur pour parler au chevalier n'est pas seulement une leçon de bonnes manières, c'est aussi l'indication que Gauvain a reconnu, comme nous tous, que celui qui est dans ses pensées d'amour est dans un état dangereux, où un *rien* peut le faire basculer vers la folie.

20. « *Galeotto fu il libro* »

Noi leggiavamo un giorno per diletto
Nous lisions un jour par plaisir
di Lancialotto come amor lo strinse
de Lancelot comment amour le saisit
soli eravano e senza alcun sospetto
nous étions seuls et sans aucun soupçon
per più fiate li occhi ci sospinse
plusieurs fois les yeux nous fit lever
quella lettura e scolorocci il viso
cette lecture et pâlir le visage
ma solo un punto fu quel che si vinse
mais une seule chose nous vainquit
quando leggemo il disiato riso
lire comment le rire désiré
esser baciato de cotanto amanto
fut embrassé par un tel amant
questi che mai da me non fia diviso
celui qui jamais plus ne sera séparé de moi
la bocca mi bacci tutto tremante
la bouche m'embrassa toute tremblante
Galeotto fu il libro e chi lo scrisse
Galehaut fut ce livre et celui qui l'écrivit
quel giorno più non vi leggemo avante
ce jour-là nous ne lûmes pas plus avant
mentre che l'uno spirto questo disse
pendant qu'une des ombres parlait ainsi
l'altra piangea et chi di pietade
l'autre pleurait et d'une telle pitié
io venni men cosi com'io morisse
je fus saisi que je devins comme mort
et caddi come corpo morto cade
et je tombai comme mort un corps tombe

Les deux ombres, on le sait, sont celles de Paolo Malatesta et Francesca de Rimini, la première âme à parler à Dante en Enfer, au second cercle, le cercle des luxurieux. L'immense pitié qui, alors, fait tomber Dante comme « corps mort », n'est pas indulgence, regret ni tendresse comme on le croit souvent, mais horreur. Les âmes sans repentir de Paolo et Francesca sont « âmes mortes » pour toujours et leur amour éternel tombe éternellement sous le coup d'une condamnation absolue et d'autant plus entière que sa séduction est grande, et nobles ceux qu'il empoisonne. C'est dire que l'agent de cette destruction, le *livre* dont Galehaut est dit à la fois être le titre et l'auteur, est désigné ici comme funeste. C'est lui qui triomphe de la résistance naturelle aux menaces de l'amour, cela est clair. Mais le sens exact de l'allusion de Dante, en ce qui concerne Galehaut, est obscur.

Si le livre est le *Lancelot en prose*, dont en effet certains manuscrits nomment une « branche » *Galehaut*, comment celui-ci, sinon par erreur, peut-il en être dit l'auteur ? Si Dante, évoquant le premier baiser de Lancelot et de Guenièvre que Galehaut, effectivement, suscite et autorise, le condamne comme responsable, pourquoi serait-il titre de livre ?

Sans doute peut-on imaginer que le vers condense, elliptiquement, la figure d'une analogie : puisque le couple de Francesca et de Paolo s'identifie, par le baiser tremblant de la lecture, au couple raconté de Guenièvre et de Lancelot, puisque le livre où ils se lisent est l'auteur de leur damnation, cette identification faite, alors Galehaut est bien en même temps le livre lu et le responsable. En lui se marquent du signe infernal et le mauvais amour et le mauvais pouvoir de la narration en prose. Galehaut ne serait donc en ce vers que pour le hasard nécessaire d'une leçon. Or le Galehaut du livre originel, la *Vulgate* du Graal, n'est pas dans le récit que pour cela, le baiser. L'analogie dantesque « oublie » apparemment ce qu'il est par ailleurs dans le livre, et surtout pour Lancelot. Et de nouveau on est amené à penser que dans le vers de Dante l'« instrument poétique » a, malgré tout, « résonné faussement », ou incomplètement. Il n'est pas impossible toutefois de faire entrer plus profondément le Galehaut du conte.

Pour cela il faut, en accord avec la démarche que j'ai déjà suivie plusieurs fois dans ces pages, « dépecer la conjointure », en essayant, selon les recommandations de Chrétien de Troyes, de ne pas trop la « corrompre ». Cette « lecture » du vers de Dante sera guidée par ces lignes d'Alain de Lille (Alanus de Insulis) dans son *De planctu naturae* :

In superficiali litterae cortice falsum resonat lyra poetica
Sous l'écorce superficielle de la lettre, l'instrument poétique peut résonner faussement
sed interius auditoribus secretum intelligentiae alliores eloquitor
mais intérieurement pour ses auditeurs énonce la signification plus élevée qu'il dissimule
ut exteriore falsitatis abjecto putamine duciorem nucleum veritatis secrete intus lector inventat
de façon que le lecteur, ayant rejeté la coquille extérieure de fausseté, découvre le doux noyau de vérité dissimulé à l'intérieur
Poetae tamen aliquando historiales evantus joculationibus fabulosis quaedam eleganti fictura confoederant
Ainsi souvent les poètes assemblent en une fabrication élégante des événements de l'histoire mêlés à des inventions subtiles
ut ex diversorum competenti conjunctura ipsius narrationis elegantior pictura resultat
afin que de la « conjointure » harmonieuse des choses diverses une peinture plus belle émerge de la narration elle-même

21. Moments du conte

I. Le défi

Le roi Arthur a renoncé à Cardueil pour Camaalot, parce qu'à Cardueil il n'arrive pas d'aventures (ou, peut-être, selon l'étymologie *Car-dueil*, rien que des aventures tristes). Il va chasser dans les bois. Dans les bois aussi erre Lancelot, qui toujours va, sans cesse dissimulé sous des armures diverses, comme la « bête glatissant » en ses « muances » ; sans cesse révélé malgré lui par des exploits. Dans la matinée il aperçoit « devant une forte maison une dame en son surcot et en sa chemise. Elle regardait les prés et la forêt qui près était ». Comme Perceval devant les trois gouttes de sang tombées sur la neige du vol de l'oie sauvage blessée, Lancelot tombe à cette vision (charnelle et non métaphorique car c'est la prose qui parle) en une rêverie dont nul rude chevalier qui passe ne peut le tirer. La dame « en sa chemise », c'est la reine. Pour le lecteur-auditeur du conte, il est rappelé ici, au moment même où Galehaut va apparaître, que Lancelot ne s'appartient plus. Il est, par amour, à Guenièvre.

Quand le roi revient du bois, c'est pour recevoir un défi : « Roi à toi m'envoie le plus noble qui aujourd'hui soit. C'est Galehaut le fils de la belle géante. Il te mande que tu lui livres ta terre car il a conquis trente royaumes et ne veut pas être couronné avant d'avoir conquis le royaume de Logres. » Ce sera le trente et unième. Et il ajoute, comme le veut la tradition du défi, que si Arthur refuse de se soumettre, il le vaincra et de plus « il te prendra Guenièvre ta femme qu'il a entendu priser de valeur et de beauté sur toutes les dames terriennes ».

Galehaut, qui est-il ? Il est le « fils de la belle géante ». Quand on demande à Gauvain : « Qui es-tu ? », il répond : « Je suis Gauvain, neveu du roi. » Pour Galehaut, dire son nom c'est dire celui de sa mère, la « belle géante ». A la cour, au moment du défi, nul ne le connaît que Galegantin le Gallois, qui a été partout (« il avait les terres cherchées ») : « Sire, j'ai vu Galehaut. Il est bien plus grand d'un demi-pied que tout chevalier que l'on connaisse. C'est l'homme du monde le plus aimé de son peuple et celui qui a le plus de conquêtes à son actif. C'est un jeune célibataire. » Personne, et surtout pas Gauvain, ne prend la menace à la légère. Le « prince des Lointaines Iles », l'Alexandre du Nord est peut-être le plus grand danger qui ait jamais pesé sur le royaume arthurien, car il n'est pas, comme un quelconque Saxon, un barbare. Il pourrait être un autre, un nouvel Arthur. Plus grand.

II. Les « assemblées »

Arthur ne cède pas. Comment le pourrait-il ? Il a beau faire de mauvais rêves, il faut se battre. C'est l'« assemblée de Galehaut ». A cette « assemblée », Lancelot combat incognito (c'est sa stratégie) avec des armes vermeilles. Gauvain est blessé. Sans Gauvain, puis Lancelot, Galehaut aurait aisément la victoire.

Il trouve qu'on ne lui offre pas une belle bataille. Il octroie à Arthur une trêve. Il l'invite, avec insolence, à faire mieux la prochaine fois : « Notre seigneur — disent le roi ''Premier Conquis'' et le ''roi des C chevaliers'', ses envoyés — est d'avis que ce ne serait pas à son honneur de vaincre ce peu de chevaliers que vous avez ici. » Il lui donne du temps pour se ressaisir mais il ajoute « qu'il ne s'en ira pas avant de vous avoir déconfit et votre terre conquise. Et sachez qu'il aura en sa maisnie quoi qu'il en puisse coûter le bon chevalier aux armes vermeilles qui a le mieux combattu à l'assemblée ».

La deuxième « assemblée » ressemble d'abord à la première. Le premier jour, Gauvain est blessé. Le deuxième, Lancelot est là, avec des armes noires. Galehaut ne combat pas : « Il ne porta pas ce jour d'armes comme un chevalier. Il revêtit un haubergeon court comme celui d'un sergent, un capel de fer en sa tête. L'épée ceinte et un bâton gros et court en sa main il restait immobile sur son cheval qui était digne de lui. » Ainsi dédaigneusement et stratégiquement surveille-t-il la bataille. Il y a beaucoup de chevaliers et cela fait une presse immense au centre de laquelle Lancelot, son cheval abattu sous lui, se bat seul. « Il frappait à destre et à sénestre sans repos. Son épée ne se voyait que donnant des coups. Il détrenchait heaumes il découpait écus il faussait hauberts sur épaules. Et tranchait bras à chevaliers. Il faisait merveille. » Visible seulement par le remous, le tourbillon qu'il fait entre les armes, Lancelot attire le regard de Galehaut. Et ses gens lui apportent la rumeur de l'extraordinaire. Il voit sans voir. Il entend sans entendre. Alors il s'approche. Il regarde. Il est pris d'admiration : « Quand Galehaut vit les merveilles qu'il faisait il s'émerveilla comment le corps d'un seul chevalier pouvait faire cela. Et il se dit en lui-même qu'il ne voudrait avoir conquis toutes les terres qui sont dessous le trône de Dieu s'il fallait qu'un tel homme mourût par ses coups. » Il écarte ses gens, descend de son cheval, et l'offre à Lancelot.

La nuit tombe. « Quand on vint à l'anuitier les chevaliers commencèrent à s'en aller d'une part et de l'autre » et Lancelot, selon son habitude, s'en va aussi « le plus cheleement qu'il put ». Galehaut qui le voit prend un raccourci derrière le tertre et le rejoint.

> « Sire fait Galehaut qui êtes-vous ? Beau sire chevalier je suis comme vous pouvez voir. Certes fait Galehaut chevalier vous êtes le meilleur qui soit. Et vous êtes l'homme au monde que je voudrais le mieux honorer. Aussi suis-je venu vous demander que vous veniez aujourd'hui héberger avec moi. »

A la question de Lancelot, il répond :

> « Je suis Galehaut le fils de la belle géante. Et je vous prie encore que vous hébergiez cette nuit chez moi. Par convention que je fasse ce que vous m'oserez demander. »

Alors s'arrêta le chevalier et regarda Galehaut durement et dit :

> « Certes sire prometteur êtes-vous très bon je ne sais du donner comment il est. »

Et Galehaut lui répond :

> « Sire sachez pour vrai que je suis le riche homme au monde qui moins promet. Je n'en mentirais fait-il pour tout le royaume du monde gagner. »

Ainsi peu à peu le projet de Galehaut glisse. Déjà la possession de Lancelot lui est devenue plus précieuse encore que celle de Logres, donc que la domination du monde. Et il se met entièrement entre les mains de Lancelot par l'offre d'un « don contraignant » qui est le paroxysme de la dépendance aveugle irrémédiable.

La nuit tombe. Gauvain est dans l'inquiétude.

> « Et messire Gauvain a bien vu aller le chevalier. Il était très angoisseux de ce qu'il s'en allait et s'il avait été guéri il se serait mis en peine de le ramener. Il avait envoyé demander au roi de venir à lui car il voulait le lui dire. Et là où il attendait le roi il regarda contremont les prés et vit venir Galehaut. Son destre bras mis au cou du chevalier il l'emmenait entre le tertre et la rivière. Sire, dit Gauvain, regardez quel trésor vous avez perdu. »

> « Après fit faire Galehaut en sa chambre quatre lits. Un très grand lit très large et très haut. Et le second un petit peu moins et les deux autres plus petits encore. Et quand le haut lit fut orné de toutes les richesses qui purent y être mises et ce fut tout pour le corps du chevalier qui devait là coucher et quand ce fut l'heure de dormir Galehaut lui dit sire vous dormirez en ce haut lit. Et quand il est couché il s'endort tôt car il était très las. Et quand Galehaut sut qu'il était endormi il se coucha près de lui le plus coiement qu'il put. Et toute la nuit il se plaignait en son dormant. Et Galehaut l'entendit bien car il ne dormit guère. Il pensa toute la nuit à retenir le chevalier. »

Le lendemain, Lancelot veut partir. Il veut toujours partir. Il fuit toujours. Galehaut lui dit : « Beau doux ami. » Ce sont là des paroles de tendresse presque banales, mais il ne faut pas oublier que, d'avoir entendu ces mêmes mots dans la bouche de la reine, Lancelot a été frappé d'amour.

> « Beau doux ami restez encore. Ne croyez pas que je veuille vous retenir de force. Vous pourrez peut-être trouver la compagnie de plus riche homme que je ne suis. Mais vous ne l'aurez jamais d'un homme qui tant vous aime. Et puisque je ferais plus pour avoir votre compagnie que n'importe qui au monde il est juste que je l'aie. Sire fait le chevalier je resterai. Meilleure compagnie que la vôtre je ne pourrais avoir. »

Et aussitôt il lui demande le don :

> « Sire je vous demande que sitôt que vous serez vainqueur du roi Arthur sitôt qu'il n'y aura plus pour lui aucun espoir et sitôt que je vous le dirai, vous irez lui crier merci et vous vous mettrez aussitôt en son pouvoir.
>
> Quand Galehaut l'entend il est trop ébahi et il commence à penser. Et les deux rois [le roi Premier Conquis et le roi des Chevaliers] lui disent sire à quoi pensez-vous. Vous avez tant couru qu'il n'est plus possible de vous en retourner. Comment dit-il croyez-vous que je veux me repentir. Si tout le monde était mien j'oserais tout lui donner. Mais je pensais au riche mot qu'il a dit. Jamais homme n'en dit si riche. »
> [« Meilleure compagnie que la vôtre je ne pourrais avoir. »]

Il demande seulement à Lancelot cette promesse :

«Je vous prie de ne pas me prendre votre compagnie pour la donner à un autre.»

Lancelot promet. Puis c'est le départ pour la bataille.

«Et Galehaut dit Sire il est temps d'assembler. Je vous prie que vous portiez mes armes. Par commencement de compagnie. Sauf du haubert et des chausses qui étaient trop grandes et longues.»

Ainsi, pour le «commencement de compagnie» offre-t-on un lieu de son corps, une étoffe, une maison, une ville où on a été aimé, mis au monde, ou conçu.

IV. Guenièvre

Galehaut et Lancelot ensemble triomphent des armes d'Arthur. Mais très vite Galehaut change le désespoir en joie en se soumettant comme il l'avait promis à Lancelot. Il revient. Lancelot l'interroge.

«Alors il lui demanda ce qu'avaient dit le roi Arthur et sa compagnie. Mais il ne nomme pas la reine. Et Galehaut lui répond que le roi est très noble. Et que la reine paraît vaillante. Et quand le chevalier entendit parler de la reine il s'embroncha et commença à penser si durement que tout sens en oublie. Et Galehaut le regarde et voit que les larmes lui sont venues aux yeux. Et à grand-peine se tient qu'il ne pleure. Il s'en émerveille longuement et commence à parler d'autre chose.»

Mais ensuite Lancelot pleure dans la nuit. Et Galehaut l'interroge mais il ne répond pas. Galehaut revient sans cesse à la cour.

«Et il dit au roi Sire sire combien voudriez-vous avoir donné pour avoir sa compagnie à tous jours. Je lui donnerais tout ce que je peux avoir. A l'exception du corps de cette dame [la reine]. Et vous fait-il messire Gauvain. Je voudrais être la plus belle demoiselle du monde pour qu'il m'aimât toute sa vie. Et vous dame. Par Dieu fait-elle Gauvain a dit tout ce que dame pourrait dire. Et dame ne peut plus offrir. Et vous fait messire Gauvain, Galehaut. Je voudrais avoir tourné ma grande honneur

> à honte. Pour être toujours aussi sûr de lui comme je voudrais qu'il fût de moi. »

Chacun en cette conversation vraie et impossible, plus qu'aux autres, se parle à soi-même, mais Galehaut, lui, en est déjà à l'arrêt du temps puisqu'il voudrait refaire le geste de sa reddition pour le gain d'un bien qu'il sait (l'irréel le montre) qu'il n'aura pas.

Galehaut bientôt se décide à parler à la reine. Et il lui offre ce qu'elle veut, c'est-à-dire Lancelot.

> « Dame fait-il j'ai tant fait que je crains que votre prière ne me prenne la chose au monde que j'aime le plus. Mais que perdrez-vous. Dame fait-il celui-là même que vous demandez. »

Et c'est le soir du baiser dans le lieu d'eau et d'herbes et d'arbres où Guenièvre fait dire à Lancelot qu'il l'aime, que c'est pour elle qu'il a fait ce qu'il a fait. « Ne voulez-vous pas son bien ? » dit Galehaut. « Je lui veux tout le bien du monde, répond la reine, mais il ne me demande rien. » Galehaut alors prie d'amour Guenièvre, au nom de Lancelot :

> « Je vous prie que vous lui donniez votre amour et que vous le preniez pour votre chevalier à tous jours. Et devenez sa dame loyale tous les jours de votre vie. Vous le ferez plus riche que si vous lui donniez le monde entier. Ainsi fait-elle je l'octroie. Qu'il soit tout mien et que je sois toute sienne. »

Alors le baiser :

> « Dame fait Galehaut. Donnez-lui un baiser devant moi pour le commencement de l'amour vrai. »

22. *Moments du conte* (2)

V. Le Sorelois

Guenièvre prête Lancelot à Galehaut : « Galehaut je vous

donne ce chevalier. Sauf que je l'ai eu avant. » Galehaut emmène Lancelot en Sorelois, sa terre préférée.

> « C'était la plus délectable terre qui fût sur les îles de la mer de Bretagne et la plus fournie de bonnes rivières et de plentiveuses terres. Le royaume de Sorelois par-devers la terre du roi Arthur était tout clos d'une seule eau qui était très grande et raide et profonde. On l'appelait Assurne. Et de l'autre côté elle était tout avironnée de la mer. Galehaut aimait à y séjourner. Car il aimait beaucoup le déduit de chiens et d'oiseaux. »

A ce moment il a déjà « tourné son honneur en honte », et la présence de Lancelot ne lui est qu'octroyée par la reine qui peut la lui enlever à tout moment. Pourtant il a fait plus encore pour lui que lui offrir sa victoire contre Arthur, donc sur le monde. Il a lui-même permis la joie d'amour de Lancelot qui, sans son intervention, n'aurait jamais de lui-même franchi le silence qui le séparait de Guenièvre mieux que l'Assurne ne sépare Logres du Sorelois. Il a, démesurément, accepté le détournement de son espoir.

> « Ainsi séjournèrent grand pièce en Sorelois. Ils eurent assez déduits de rivières et de bois. Mais nul déduit ne plaisait à Lancelot puisqu'il ne pouvait voir celle à qui il était tout. Et à nulle autre chose il ne pensait. Galehaut fut angoisseux de sa mésaise. »

VI. L'écu

Cependant la reine reçoit de la Dame du Lac un cadeau étrange. Un écu.

> « Elle le regarde beaucoup et amont et aval et voit qu'il est tout fendu depuis le pied jusqu'en amont. Et les deux parties se tiennent à peine ensemble par le haut et tombent presque au bras de la boucle qui est riche et belle. Et sont les deux moitiés si loin l'une de l'autre que l'on peut entre elles deux placer sa main sans toucher aucune moitié. En l'une des parties de l'écu il y avait un chevalier richement armé du mieux que celui qui le fit le sut faire à l'exception de la tête dont on ne distinguait pas les traits. Et en l'autre moitié était pourtraite une très belle dame. Ils étaient par en haut si près à près que chacun tenait ses bras au cou de l'autre et ils s'entrebaisaient par-dessus

la fendure de l'écu. Mais par-dessous ils étaient aussi loin qu'il se pouvait. Dites-moi dit Guenièvre ce que signifie qu'il est si fendu. Et la demoiselle dit. Dame ceci est le meilleur chevalier du monde. Il a tant fait par amour et par œuvres que la dame lui a donné son amour. Mais il n'y a eu encore que du baiser et accoler comme vous voyez en cet écu. Et quand il adviendra que l'amour sera entériné sachez que l'écu que vous voyez disjoint se rejoindra et tiendront ensemble les deux parties. »

Dans les manuscrits à peintures qui conservent le *Lancelot en prose*, il y a quelquefois une représentation de la scène du premier baiser de Lancelot et Guenièvre. Le manuscrit de la Bibliothèque nationale fonds français 118, de la fin du XIVe siècle, par exemple, montre Lancelot debout contre la reine, dans le mouvement qui va conduire au baiser. Galehaut est derrière eux, sa main sur l'épaule de Lancelot, et le pousse en avant. Rien dans le texte du conte n'indique les positions respectives des trois personnages, mais une telle représentation correspond bien à ce qu'on peut imaginer à partir de la seule lecture de ce passage du récit. Or il se trouve qu'une des plus belles miniatures d'un des plus beaux manuscrits arthuriens (du début du XIVe siècle ; il est actuellement à la Pierpont Morgan Library de New York) place Lancelot et Guenièvre sur un banc, séparés par Galehaut, assis très droit à l'arrière-plan. Et par-dessus Galehaut ils se penchent l'un vers l'autre pour le baiser, la main de la reine proche du cou de Lancelot, reproduisant par leur attitude et de manière très frappante l'image qui fut peinte sur l'écu. L'imagination picturale est bien, ici, une lecture du texte : la scène du baiser « annonce » que « l'amour sera entériné », et la Dame du Lac a construit son symbole magique sur une vision réelle.

En Sorelois, Lancelot souffre. Et voilà qu'on apprend qu'un chevalier inconnu s'approche, qu'aucun obstacle n'arrête (c'est, bien entendu, Gauvain). Et Lancelot ne peut s'empêcher de dire : « Dieu donne qu'il vienne ici. Pourquoi fait Galehaut. Parce que sire fait-il nous sommes ici en prison. Il y a trop de temps que nous n'avons vu joutes ni chevaleries. Nous perdons nos temps et nos âges. » Et il voudrait combattre le chevalier qui s'en vient. « Alors Galehaut pense qu'il l'empêchera de combattre s'il le peut. » Et il l'emmène dans une île des Lointaines Iles plus lointaine encore s'il se peut. « Elle était entourée d'une eau large de bien une demi-lieue. On l'appelait l'Ile Perdue car elle était en l'eau et hors de gens. » Lancelot, dans une tour de l'Ile Perdue « a tout laissé le rire et le jouer le boire et le manger. Rien ne le réconforte plus que les pensées. Il est tout le jour dans le haut de la tour et il regarde amont et aval ». Rien n'arrêtera Gauvain et rien n'empêchera le retour puisque les Saxons se sont mis en tête d'attaquer.

VII. La nuit de Guenièvre

Le roi est entre les mains trop habiles de l'enchanteresse Camille. Lancelot et Guenièvre se retrouvent pour la première de leurs nuits.

> « Ils eurent toutes les joies qu'amants peuvent avoir. Vers la minuit la reine se leva et vint à l'écu que la Dame du Lac lui avait envoyé. Elle le toucha sans allumer et elle le trouva tout entier sans fendure et elle en est toute joyeuse car elle sait qu'elle est la mieux aimée plus que nulle autre amie. Au matin un peu avant le jour les deux chevaliers se lèvent et s'arment dans la chambre de la reine et la dame de Malehaut regarde l'écu dans la clarté des chandelles et voit qu'il est tout rejoint. Elle dit alors à la reine je vois bien que l'amour est entériné. Dame dit la reine je suis fille de roi et lui aussi je suis vaillante et belle et lui encore plus. »

Puis elle donne à Galehaut l'explication de l'écu « et lui le regarde longuement ». La défaite des Saxons encore est l'œuvre de Lancelot et de nouveau Gauvain avertit le roi :

> « Sire vous perdrez Lancelot si vous n'y prenez garde. Car Galehaut l'emmènera au plus tôt qu'il pourra. Il est plus jaloux de lui que nul chevalier de jeune dame. »

La solution évidente est de faire entrer Lancelot à la Table Ronde, ce qu'il accepte sur la demande de la reine et contre les prières de Galehaut.

> « Beau doux compagnon nous sommes venus là où je vous

perdrai. Car je sais pour vrai que le roi vous priera de rester dans sa maisnie. Et que ferai-je moi qui ai tout mis en vous mon cœur et mon corps. »

Et il avoue au roi :

> « Ha sire je ne saurais vivre sans lui. Vous me prenez ma vie. »

VIII. Le second séjour en Sorelois

En ce deuxième séjour, octroyé cette fois par Arthur et par la reine, la machinerie du destin se manifeste. Galehaut et Lancelot chevauchent dans la forêt :

> « tant que none de jour fut bien passée. Et alors tombe Galehaut en une pensée. Et il se dit à soi-même que maintenant il a perdu tout honneur et toute terrienne joie par celui par qui il croyait les avoir recouvrés. Il en a grande angoisse en son cœur. Car la reine voudra qu'il reste et il n'oserait contredire à nulle chose qu'elle veut. Et j'aurai ainsi perdu l'amour que j'y ai mise. Toutes ces choses met Galehaut devant ses yeux. Il lui en touche au cœur une si grande angoisse qu'il convient qu'il se pâme à fine force. Il tombe de son cheval à terre. »

La chute intérieure de Galehaut ne tarde pas à se manifester en toute sa terre. Car Galehaut conduisait Lancelot à son chef-d'œuvre, le château témoin de son projet, l'Orgueilleuse Emprise, où il aurait voulu couvrir la tête des tours des couronnes des rois vaincus et placer la sienne sur le « pomel » de la plus grande, la « belle géante » de ses tours. Le château « où il n'entrait jamais triste qu'il n'en sortît tout joyeux » s'est écroulé. Il n'en marque aucune douleur. « Jamais homme ne me vit trespenser pour nulle perte qui m'advint. Et je ne fis jamais joie ni fête de nulle chose que je gagnai. Sauf une fois et ce fut votre compagnie. » Mais il envoie chercher les meilleurs clercs du royaume de Logres.

IX. La maladie de Galehaut

Car Galehaut, dès ce moment, se sait et se juge malade.

> « Cette maladie est dedans le cœur et est si diverse sur toutes les autres maladies. Car je suis grand et fort et en bonne santé comme vous pouvez voir. Et sain et léger de tous mes membres. Mais au cœur m'est entrée une maladie qui m'étreint tant que j'en ai perdu le boire et le manger que je ne puis reposer en nulle manière. Et je ne sais dont ce m'est advenu. Sinon que ce m'est venu d'une peur que j'ai eue il y a peu de temps. Et je ne sais pas de manière certaine laquelle m'est venue avant la peur ou la maladie. »

Maître Hélie de Toulouse n'est pas long à diagnostiquer laquelle des maladies du cœur est celle dont souffre Galehaut :

> « C'est le mal d'amour l'angoisseux. Il est doux quand on en peut faire son vouloir. Et angoisseux dans le cas contraire. Amour est une chose qui vient de fine débonnaireté de cœur. Par le pourchas des yeux et des oreilles et quand le cœur est percé par l'une de ces deux entrées et qu'il est en l'amour entré... »

Mais laissons les sages paroles du sage clerc, nous savons tous ce qu'est l'amour, et interrogeons le « savoir » ancien qui lui permet de débrouiller si exactement les symptômes de la maladie de Galehaut.

23. La maladie des héros

Loin d'être une péripétie accidentelle et secondaire du récit, comme on pourrait être tenté de le croire puisque l'accent y est mis par la suite surtout sur le déchiffrement des rêves et sur une « conjuration » assez « gothique » permettant à Hélie de Toulouse de prévoir le terme de la vie de Galehaut, l'énoncé par Galehaut de ses symptômes, le diagnostic du sage clerc sont une clef de toute première importance pour le déchiffrement du personnage du « fils de la belle géante ».

C'est John Livingston Lowes qui, dans un article de 1911 dans la revue *Modern Philology*, « The Loveres Maladye of Heroes », a le premier ouvert la voie que je poursuis ici. Examinant le passage du *Knight's Tale* de Chaucer qui introduit le personnage,

His slep, his mete, his drynke, is hym biraft
That lene he wex and drye is as a shaft;
His eyen holwe, and grisly to beholde,
His hexe falow and pale as asshen colde,
Ans solitarie he was ans evere allone,
And waillynge al the nyght, makynge, his mone;
And if he herde song or instrument,
Thanne wolde he wepe, he myhte nat be stent,
So feble eek were his spiritz, and so lowe,
And chaunged so, that no man koude knowe
His speche nor his ways, though men it herde,
And in his geere for al the world beferde,
Nat only lik the loveris maladye
Of Heroes, but rather lyk manye,
Engendred of humour malencolik,
Biforen, en his celle fantastik.

il mit en rapport le portrait du malheureux chevalier Arcite avec les théories médiévales médicales et montra comment il était en tous points conforme aux effets d'une maladie connue sous le nom d'*amor heroicus*. M'inspirant de son article, qui contient de très nombreuses citations et références, j'ai à mon tour soumis le « cas » Galehaut à une semblable confrontation. Il semble assez probable que l'auteur du *Lancelot* ait, comme Chaucer, puisé dans ce « savoir » commun pendant des siècles à l'Europe. Rappelons brièvement ce que dit Lowes :

Dans le grand traité de Bernardus Gordonius, professeur à l'université de Montpellier, le *Librum medicine*, qui est de 1285, la maladie en question apparaît, au chapitre XX de la partie consacrée aux maladies cérébrales, sous le nom de « *de amore qui heroes dicitur* ». L'exposé est divisé en quatre sections : « *causa; signa; prognostica; et cura* ». Je m'occuperai d'abord des deux premières.

Des *causa*, je retiens :

« Le malade imagine fortement la forme et la figure de celle qu'il aime. Il croit et il opine qu'elle est la meilleure, la plus belle, la plus aimable, la plus extraordinaire, la mieux douée qu'aucune autre en vertus corporelles et morales.

Et c'est pourquoi il la désire constamment, sans hésitation ni mesure, pensant que s'il peut satisfaire son désir il atteindra la félicité et la béatitude.

La maladie est dite "heroes", c'est-à-dire "des héros", parce que les héros et les nobles sont ceux qui sont les plus sujets à cette affection. »

Des *signa* :

« Les signes sont la perte du sommeil, du boire et du manger. Le corps s'affaiblit. Le malade est plongé dans des pensées secrètes et profondes. Il soupire constamment. Si le patient entend des poèmes qui chantent la séparation des amoureux, il pleure. Il rit s'il entend des chansons qui poétisent les retrouvailles des amants.

Le pouls est divers et inordonné, véloce, fréquent et altier si l'objet aimé est nommé ou présenté à ses yeux. Ce qui est une manière certaine de le connaître, comme l'a démontré Galien... »

La description ne varie guère avec les médecins. La tradition en remonte très probablement à la médecine grecque et s'est transmise à l'Occident médiéval par Byzance, peut-être, et très certainement par les traités arabes. Le nom de la maladie y est *al-ishk* qui se décrit ainsi :

« Pour les médecins arabes, "al-ishk" est une maladie qui naît de la vue et de l'ouïe. Elle a plusieurs degrés et étapes qui se suivent :

— la première est appelée *approbation*. Cette étape se renforce peu à peu quand le patient se souvient des beautés et qualités de son amour. On passe alors à

— l'étape de l'*affection* qui, en se renforçant elle-même par la vue et par l'ouïe, devient

— *passion*. On est alors déjà dans l'"al-ishk", où l'imagination de l'amoureux n'est jamais libre de l'objet et où la contemplation et la mémoire de l'objet de l'amour ne quitte jamais ses pensées et son esprit. L'esprit est détourné de son rôle de direction des énergies du corps et l'amoureux est empêché de se nourrir et de boire ainsi que de penser, se souvenir, imaginer et dormir.

— Et la passion devient alors *folie d'amour* et, dans cet état, il n'y a plus la place dans l'esprit de l'amoureux pour autre chose que l'image de l'objet de son amour, et si cet état dure encore, c'est — la *stupéfaction d'amour* où il n'y a plus de guérison possible, où la nature même de l'amoureux est changée, où il n'y a plus rien à faire. Il se parle à soi-même. Il ne sait ce qu'il dit ni où il va. Les médecins ne peuvent plus rien pour lui. »

L'auteur du *Lancelot* a suivi assez précisément les étapes de l'*al-ishk-amor heroicus*. L'*approbation* pour le chevalier aux armes vermeilles, puis aux armes noires, l'admiration sans bornes née dans la « seconde assemblée » de la « vue » non de Lancelot, mais des effets de son bras dans la mêlée, de la « rumeur » de ses exploits portée de bouche en bouche, désignent la vibration invisible et impalpable qui porte l'amour dans le cœur, le fait entrer « par le pourchas des yeux et des oreilles », tels une lumière et un son matériels. La surestimation démesurée est présente qui fait imaginer à Galehaut la possession de Lancelot comme plus importante, plus légitime que celle du monde entier. Et c'est le cœur démesurément noble qui est la proie naturelle et prédestinée de l'« amour des héros » :

« J'ai été de si merveilleux cœur que s'il fut en un petit corps je ne vois pas comment il aurait pu durer. »

Dans sa passion quand déjà « son esprit est détourné de son rôle de direction des énergies du corps », Galehaut abandonne toute activité chevaleresque, tombe dans l'impossibilité d'action ; et Lancelot le marque, se le reprochant :

« Ha sire Dieu comme un tel homme me devrait haïr. Quand toutes ces choses je l'ai détourné de faire. J'ai fait du plus vigoureux homme du monde le plus lent. »

Au moment où il se reconnaît malade, où il a de cette maladie « angoisse et peur », il est déjà dans la *stupéfaction d'amour*. « Il se parle à soi-même. Il ne sait où il va. » Il tombe de son cheval. Et Hélie de Toulouse remarque :

« Maintes fois il advient que le cœur ne désire pas la guérison. Même s'il la pouvait avoir. Et quand il aime plus son mal que sa santé, on ne peut nul conseil donner. »

Et en effet le *pronostic* est sombre. Bernardus Gordonius est lapidaire : « Si le malade n'est pas secouru, il tombe dans la manie et meurt. » Mais sans doute n'est-il plus temps pour un secours. Un trait de génie a été de faire par Galehaut lui-même reconnaître les *signa* de son mal, mais au moment où la passion a déjà basculé dans le al-ishk, où il est de l'autre côté, dans l'irréversible. Il « aime plus son mal que sa santé ». « Les médecins ne peuvent plus rien pour lui. »

Les traités médiévaux prévoient pourtant des traitements de l'*amor heroicus*. Ce sont les *cura*. Il y a trois « cures », d'esprit assez différent :

— La première est la *satisfaction du désir*. C'est sans doute pour cela que maître Hélie de Toulouse, malgré le pronostic désespéré qu'il fait de l'avenir de Galehaut, s'estime obligé de dire que, si « l'aide de madame la reine » lui était acquise, il pourrait échapper à son sort : « Si ce loyal chevalier demeurait avec vous vous ne mourriez pas. »

— La deuxième cure est la *diversion*. Cela consiste en une mise en scène qui reproduit les conditions climatiques et esthétiques de la joie amoureuse, en son absence. Le langage médical reproduit alors étrangement les descriptions « printanières » des troubadours : fleurs, oiseaux, eaux et jardins.

— La troisième cure appartient à un tout autre registre.

24. L'éros mélancolique

Dans la classification gordonienne, l'« amour des héros » voisine avec « De manie et melancolia » et dans le chapitre des *causa*, il est dit du malade : « Et parce qu'il est en constante méditation son état est appelé mélancolie. »

Une telle proximité est constante, dans d'innombrables traités, pendant des siècles. Le *Speculum doctrinale* de Vincent de Beauvais, par exemple, unit aussi « amour héroïque » et « mélancolie » : « *De melancholia nigra et canina et de amore qui ereos dicitur.* »

Ce voisinage fait entrer l'amour de Galehaut dans un paysage plus vaste, l'immense territoire mélancolique. Comme le dit Giorgio Agamben à propos du *De amore* de Marsile Ficin, le commentateur de la célèbre canzone théorique de Cavalcanti, *Donna me pregha* : « Une proximité de substance existe de la pathologie érotique à la mélancolie. »

Et par la mélancolie, qui est au carrefour de la médecine et de l'éthique, on touche au « démon méridien », celui qui frappe le solitaire érémitique de sa lumière noire autour de midi, comme l'*amor heroicus* frappe le héros au sommet de sa gloire. C'est l'*acedia*, objet d'une terrible et permanente condamnation ecclésiastique (laïcisée depuis en blâme de la paresse). Il est en bonne place parmi les sept péchés capitaux : beaucoup plus effrayant que l'oisiveté, sa banalisation sulpicienne, il est à la fois désespoir, renoncement, mal de la mort, futur mal du siècle, sentiment du dérisoire et, depuis sa fusion avec la *tristitia* de Cassian, *taedium vitae*, dégoût de soi-même et du monde.

L'amour héroïque, la mélancolie, l'acedia font ainsi partie d'une même constellation noire, et l'on comprend que les religieux qui entourent et assistent Galehaut à ses derniers moments craignent pour son âme.

> « Il ne voulait ni boire ni manger. Et le peu de réconfort qu'il avait c'était de l'écu de Lancelot qu'il avait sans cesse devant les yeux. Il fit tant pour l'amour de Lancelot qu'il fut XI jours et XI nuits sans manger ni boire. Tant que les gens de religion qui souvent le venaient voir lui dirent que s'il mourait en telle manière son âme serait perdue et damnée. Ils le font manger par force mais cela fut inutile. »

Le piège mélancolique de Galehaut

S'il est vrai que la mélancolie n'est pas tellement due à la perte d'un objet, mais à la douleur insurmontable d'une perte qui anticipe celle de l'objet, qui peut même viser un objet inexistant, ou encore « la capacité fantasmatique de faire apparaître comme perdu un objet inappropriable », qu'en est-il de Galehaut ?

La machinerie mélancolique, le piège mélancolique dans lequel il est enfermé, s'enferme, est un des plus parfaits qui soient : on se souvient que Galehaut obtient la promesse de la « compagnie » de Lancelot de préférence à tout autre *homme*, mais Lancelot qui, sauf quand il parle à la reine, lie toujours ses paroles d'un fil silencieux de réserves mentales, ne dit pas alors qu'il appartient déjà et avant tout à Guenièvre. L'objet aimé est donc pour Galehaut perdu avant d'être gagné. La perte est dans le même mouvement que l'illusion du gain. L'objet était dès le début inatteignable et c'est le « bas démon », le « démon mélancolique » qui l'a ainsi présenté, offert à Galehaut. Il n'aura jamais la seule possession de Lancelot qui lui importe, c'est-à-dire la possession absolue. Avant de le rencontrer Lancelot, déjà, ne pouvait plus être ainsi gagné. Le premier acte de Lancelot est de refermer le piège : car Lancelot doit sauver Arthur, le vaincre du fait même que celui-ci lui devra son royaume (et il devra toujours répéter la mise en place singulière d'une dette du roi à son égard). Il le fait pour l'amour de la reine. Et en plaçant (ce qui n'est pas strictement nécessaire, narrativement, si on ne considère que son destin propre entre la reine et le roi) tout de suite Arthur en position de suzerain, il rend les droits, qu'il accordera à Galehaut sur lui par sa promesse, hiérarchiquement inférieurs à ceux d'Arthur. Il est important, enfin, de remarquer que Galehaut n'a pas d'illusion à se faire, n'a aucune raison réelle de se penser « trahi », car il sait cela presque tout de suite, et, malgré ce qu'il découvre, ne cherche nullement à s'échapper. La conscience de l'état mélancolique qui est le sien, à laquelle arrive Galehaut, n'est pas la moindre splendeur de son « cas ». Et il en donne une expression révélatrice dans un passage de la « version longue » du conte, où il raisonne sur son destin :

> « Sire les malchances ne me commencent pas maintenant. Je suis le chevalier du monde à qui les plus grandes chances ont été et il est désormais bien saison que j'en souffre. Car Dieu fit tant un jour pour moi qu'il me donna ce que je voulais. Et celui qui a ce qu'il veut il ne peut plus gagner mais il peut perdre. *Et je suis à la perte entré.* »

25. Mélancolie et cohérence du conte

Galehaut n'est pas seulement un « cas médical ». Et, de toute façon, il n'en est pas réellement un, puisque c'est un malade raconté. C'est un être de narration, et son *éros mélancolique* n'agit pas seulement en vue de sa rime intérieure, mais extérieurement et simultanément sur les événements du récit. L'effondrement de l'Orgueilleuse Emprise, la disparition poussiéreuse des châteaux du Sorelois manifestent l'écroulement triste de l'espoir. Pour cette raison sans doute il est un personnage tragique, c'est-à-dire un personnage dont le monde confirme ce qu'il vit.

Il y a une grande absence dans la description de la mélancolie de Galehaut. C'est celle du fantasme. Il ne « s'accroche pas à l'objet perdu à l'aide d'une psychose hallucinatoire du désir » (Freud). Il me semble que la narration a renforcé singulièrement le pouvoir tragique de la mélancolie de Galehaut par cette omission qui permet l'affirmation du réel de la perte : car il est vrai, narrativement, que Lancelot est objet parfait, qu'il est exactement ce que Galehaut imagine. On est aux antipodes de l'adage médiéval cité par Gordonius : « *Quiquid amat ranam ranam putat esse Dianam* » (qui aime une grenouille il pense qu'elle est Diane). La survalorisation est aussi celle de la fiction qui, en ce sens, est toute mélancolique elle-même. L'affirmation du réel qu'elle nous impose est la meilleure « justification » de la mélancolie. On ne peut pas la heurter, chez Galehaut, par la blessure d'un réel. Il n'y a pas de place pour la distance traumatisante d'un « fantasme » à une « vérification par la réalité » qui en imposerait le démenti. Ni même pour une « folie Galehaut » sur le modèle des folies Perceval, Lancelot, ou Tristan (ou Peire Vidal).

Le comble de l'extravagance de Galehaut est, aux approches de la mort, l'adoration de l'écu. Galehaut est on ne peut plus raisonnable. Et lucide. Il n'a pas à accepter, il n'a pas à être détrompé. Il apparaît là un contraste possible avec un autre et bien plus célèbre mélancolique de fiction, purement hallucinatoire et fantasmatique celui-là, je veux dire Don Quichotte.

J'en viens à la *cohérence du conte*, où l'éros mélancolique joue, je crois, un rôle décisif.

Reprenant, complétant et mofidiant les recherches étymologiques de Lowes sur l'origine du mot *hereos* (et de son interprétation « héroïque »), Giorgio Agamben a montré comment, en ce concept néoplatonicien, s'est opérée la fusion de l'Eros antique, du culte populaire des « héros » et d'un troisième élément, essentiel, la « figure basse » d'un « démon aérien » qui inspire aux hommes leurs passions non éthérées. Tombé à la fois sous le coup de la prescription médiévale médicale et de la condamnation chrétienne, le *démon aérien* devenu *amor heroicus* a, selon lui, été élevé au rôle, à première vue paradoxal, d'élément indispensable à la théorie de l'amour « élevé », « noble » des troubadours, puis des stilnovistes :

> « C'est seulement si on admet que la théorie de l'amour est une polarisation brûlante de l'amour héroïque démoniaque et de l'amour maladie que l'on peut mesurer le caractère révolutionnaire d'une conception de l'amour qui après sept siècles est fondamentalement encore la nôtre, avec ses ambiguïtés et ses contradictions. Et c'est seulement au voisinage de cette expérience maladive et démonique de l'imagination qu'a pu être faite la découverte médiévale du caractère fantasmatique de l'amour, ensuite mise dans l'ombre par la tradition classique. »

On peut sans doute aller plus loin encore. La conception de l'amour élaborée par les troubadours et que leurs successeurs n'ont pas réussi à modifier fondamentalement n'a pas seulement opéré un renversement, donné contre la science médicale héritée de l'antiquité et la morale chrétienne une valeur positive à l'expérience mélancolique, et je serais tenté de penser qu'elle n'a pas fait réellement cela. Elle a plutôt, en intégrant dans un même concept contradictoire, celui, très neuf, de l'*amors*, les deux pôles moralement dissociés du haut et du bas (y compris dans la dichotomie du corps), tenté de soumettre ce qu'avait de terrifiant, de dissolvant, d'insupportable, de ruineux, le bouleversant *désir mélancolique*. La *folie d'amour* est alors le moment où l'amour mélancolique, dans son exigence d'absolu et de possession sans partage (ou, par redoublement de la *démesure*, indifférence entière à toute jalousie et à toute possession), se révolte contre ce qui l'enferme.

Si on examine alors l'intervention de Galehaut dans la « conjointure » du *Lancelot en prose* à la lumière de cette conception de l'amour, il apparaît que le danger que fait peser à la cour arthurienne le « fils de la belle géante » est plus grave encore que celui de ses armes, et que le renversement imprévisible de la fortune guerrière par Lancelot pourrait dissimuler une autre défaite, plus irrémédiable peut-être, pour la terre de Logres. L'amour mélancolique, qu'incarne Galehaut, est une force de dislocation. Par cet amour, s'il triomphait, Galehaut arracherait Lancelot aux fêtes, aux « chevaleries », aux tournois ; il pourrait même, si la fausse Guenièvre séduisait définitivement Arthur, fixer la reine en Sorelois, pour un bonheur pâle, triangulaire, solitaire, et brumeux. A l'équilibre du royaume qui repose, au début de cette partie du conte, sur l'alliance de Gauvain, Arthur et Guenièvre, et d'où la flamme d'amour est absente, pourrait ainsi se substituer une figure d'amour noir, avec Lancelot entre Galehaut et Guenièvre.

Le « retour » de Lancelot et Guenièvre à la cour, le « pardon » de Guenièvre au roi, qui scelle définitivement la défaite de Galehaut et de la force qu'il représente, n'est ainsi ni ressort psychologique, ni ficelle dramatique. Il est le symbole de la supériorité de l'*amors* dans sa variante romanesque (la seule qui mérite le nom d'*amour courtois*) sur l'éros mélancolique (et ce sera la fonction de la *Quête du Saint Graal* de condamner l'*amors*, non au profit d'une variante « supérieure » divine, comme c'est le cas dans *La Divine Comédie*, car l'amour en est absent, mais pour annoncer et justifier la ruine définitive du royaume). Et le conte, en effet, dit :

> « Le roi aima toujours Lancelot d'un plus grand amour que nul ne fit fors Galehaut, et il le montra depuis maintes fois. Quand les losengiers de sa maison lui disaient mauvaises paroles il disait que pour rien au monde on ne pourrait le faire se courroucer envers Lancelot. »

26. *Galeotto fu il libro* (2)

L'*amour* que Dante tente d'imposer aux poètes dans *La Divine Comédie* est ennemi implacable, irréductible de l'*amors*. L'exalter suppose, comme toujours chez Dante, le dénigrement sans scrupules de tout ce qui n'est pas lui. L'amour de Paolo et Francesca, l'amour de Lancelot et Guenièvre les voue éternellement à la destruction infernale. Et la présence, en ce moment décisif du poème, de l'ombre de Galehaut est destinée à montrer que, loin d'être, comme elle le prétend, une conception élevée, exaltante et noble, la doctrine de l'*amors* n'est pas autre chose que sa composante « basse », maladive, démoniaque et mélancolique. Galehaut est le livre, qui est, comme le philtre du poème de Tristan et Yseut, poison des cœurs ; et c'est le « démon méridien » qui s'insinue, empruntant la voie « aérienne » par excellence, celle de la parole lue, dans les poitrines « sans soupçon » des amants de Rimini.

27. *Le signe de mort*

Le chemin mélancolique, dans le conte, ne s'achève pas avec la mort de Galehaut. Une autre intuition assez « géniale » a conduit l'« architecte », ou quelqu'un de ses scribes, à cet éclairage funèbre sur sa nature. Le récit, en effet, s'y reprend à deux fois pour « apprendre » à Lancelot la mort de son ami. La première est pendant la « nuit du pardon », dans la branche de « la Charrette ».

« Et là dit la reine à Lancelot la mort de Galehaut dont il ne savait mot. Il en eut assez fait deuil. Mais il n'en était ni lieu ni temps. »

La reine dit à Lancelot la mort de Galehaut, dans la nuit, ensemble ! il ne l'*entend pas*. Car ce n'est que plus tard, devant la tombe même, qu'il accepte de savoir et tombe en une presque nouvelle folie d'amour.

> « Alors va Lancelot en cet endroit et trouve les lettres qui disaient. Ci gist Galehaut le fils de la belle géante le sire des Lointaines Iles qui pour l'amour de Lancelot du Lac mourut. Et quand il voit cela il tombe à terre évanoui. »

Lancelot, ensuite, on le sait, fait transporter le corps de Galehaut. Ainsi le lui ordonne la Dame du Lac :

> « La Dame du Lac vous mande que vous ôtiez de là le corps de Galehaut et le faites porter à la Joyeuse Garde. Et qu'il soit mis en la tombe où vous trouvâtes votre nom écrit. En ce même lieu sera votre corps enterré. »

D'où il résulte que la *Joyeuse Garde*, dont le nom même porte la marque de la joie d'amour, puisque c'est pour l'amour de la reine que Lancelot la conquit (et le *Tristan en prose* y fera se réfugier Tristan et Yseut) et la changea de *douloureuse* en *joyeuse*, est en même temps le lieu que le futur destine à la réunion des *corps morts* de ceux que l'amour a séparés. Mieux encore. Un continuateur cruel et inventif de la *Vulgate*, l'auteur de la peut-être chimérique *Post-Vulgate Roman du Graal*, a ajouté au récit de l'écroulement du royaume arthurien une fin moins tranquille, moins sereine que la première. Il suppose que le roi Marc profite des événements pour envahir la terre de Logres et se venger ainsi de l'aide qu'y trouvèrent toujours Yseut et Tristan.

> « Je veux que rien que le roi Arthur a édifié ne reste mais soit détruit qu'aucune église ne soit épargnée car vous ne pourrez rien détruire que je ne fasse édifier mieux et plus richement qu'il ne fut jamais. Et je fais cette destruction faire parce que je ne veux pas qu'après la mort il apparaisse sur terre rien que le roi Arthur ait fait en son vivant.
>
> Quand ils se furent mis en chemin ils s'en allèrent sus et jus détruisant la terre partout là où ils venaient et tant qu'ils vinrent alentour minuit à la Joyeuse Garde. Ils entrèrent dans la

ville et quand le roi Marc sut que là était le corps de Lancelot il alla voir la lame sous laquelle il avait été mis et quand il la vit si riche et si merveilleuse il dit Lancelot vous m'avez fait tant de mal en votre vie que je m'en vengerai comme je peux. Alors il fit dépecer la lame qui était riche et précieuse et la fit jeter dans le lac où nul n'a pu la retrouver. Le corps de Lancelot était encore tout entier car il n'y avait guère de temps qu'il avait été mis en terre. Il en fit grande cruauté car il fit aussitôt un grand feu appareiller et y fit jeter le corps de Lancelot et les os de Galehaut. Qui en furent en peu d'heures tout brûlés et tournés en cendres tant qu'on ne put y trouver ni chair ni os. Ni plus jamais savoir qui était l'un et qui l'autre. »

28. L'éros mélancolique et le néant

Pour les médecins de Montpellier, comme pour les auteurs de romans, l'*amor heroicus*, l'éros mélancolique, est une force de dissolution, de destruction. Il en est de même pour les troubadours. Mais ceux-ci ont, il me semble, élaboré une conception de la mélancolie qui dépasse celle des médecins, des prosateurs, et de Dante.

Pour eux la force dissolvante qui menace l'amour est celle du néant, du *nien*. Le néant est l'envers sombre d'*amors*, inséparable de lui.

Le néant est l'ombre de l'amour.

Et comme l'amour commande à la fois le chant et la poésie, le *chantar* et le *trobar*, céder aux doutes ironiques du néant, c'est détruire le trobar même. C'est ce qu'il faut à tout prix maintenir à distance, sous peine de voir s'évanouir le monde même où vit le « grand chant ».

On peut alors discerner trois degrés dans l'envahissement par la maladie du néant : le premier est la fuite forestière, la tentation érémitique, l'amour comme innocence (Merlin) ou comme retour à l'innocence (Tristan). Le deuxième est la folie d'amour, qui change Peire Vidal en loup et dont le guérit *la*

Loba, la belle « louve » de Pennautier. Le troisième, le plus grave, irrémédiable même, est l'éros mélancolique. Succomber à l'éros mélancolique, c'est, comme Bernart de Ventadour le chante à la fin de sa canso de Narcisse, être *recréant*. C'est être vaincu, prisonnier de la défaite, « chaitius », exilé, « en issilh ». C'est partir on ne sait où, « no sai on », en un lieu qui est sans chant, donc n'est rien. Et même si cette défaite est en un sens « héroïque », puisqu'elle vient de l'immensité même de l'amour, elle est en fait sans gloire aucune. Il n'y a pas, pour les troubadours, de gloire noire. La mélancolie n'est pas, ce qu'elle sera un moment dans la poésie de la Renaissance, une valeur.

Le triomphe du « non re », de l'éros mélancolique est pour les troubadours une *mort*. Bernart de Ventadour part « comme mort » : « *Mort m'a e per mort li respon* » (elle m'a tué et comme mort je lui réponds). Le mélancolique est « corpo morte ».

L'autoportrait saisissant de Cavalcanti, peut-être modèle de Dante pour sa version de l'*amor heroicus*, le désigne ainsi :

Io vo come colui ch'è fuor di vita
che pare a chi lo sguarda como sia
fatto di rame o di pietra o di legno

Je vais comme quelqu'un hors de la vie
qui semble à qui le regarde comme
fait de cuivre ou de pierre ou de bois

che se conduca sol per maïstria
e porti ne lo core una ferita
che sia com'egli è morto aperto segno

qui ne bouge plus que par magie
et porte dans son cœur une blessure
qui est le signe manifeste qu'il est mort

Chapitre 3

La chanson de l'amour de loin

29. *Vie brève de Jaufre Rudel*

Jaufres Rudels de Blaia si fo mout gentils hom, princes de Blaia. Et enamoret se de la comtessa de Tripol, ses vezer, per lo ben qu'el n'auzi dire als pelerins que venguen d'Antiocha. E fez de leis mains vers ab bons sons, ab paubres motz. E per voluntat de leis vezer, el se croset e se mes en mar, e pres lo malautia en la nau, e fo condug a Tripol, en un alberc, per mort. E fo fait saber a la comtessa et ella venc ad el, al son leit, e pres lo entre sos bratz. E saup qu'ella era la comtessa, e mantenent recobret l'auzir e-l flairar, e lauzet Dieu que l'avia la vida sostenguda tro qu'el l'agues vista ; et enaissi el mori entre sos bratz. Et ella lo fez a gran honor sepellir en la maison del Temple ; e pois, en aquel dia, ella se rendet morga, per la dolor qu'ella n'ac de la mort de lui.

Jaufre Rudel de Blaye fut un homme très noble, prince de Blaye. Et il tomba amoureux de la comtesse de Tripoli, sans la voir, pour le grand bien qu'il avait entendu dire d'elle par les pèlerins qui venaient d'Antioche. Et il fit d'elle de nombreuses chansons, avec de belles mélodies, avec de pauvres mots. Et par volonté de la voir il se croisa et se mit en la mer. Et il prit la maladie sur le navire et fut conduit à Tripoli en une abbaye comme mort. Et on le fit savoir à la comtesse et elle vint à lui, à son lit, et le prit entre ses bras. Et il sut qu'elle était la comtesse et aussitôt il retrouva l'ouïe et l'odorat et il loua Dieu qui lui avait la vie soutenu assez pour qu'il la voie et ainsi il mourut entre ses bras. Et elle le fit en grand honneur ensevelir dans la maison des Temples et puis, le même jour, elle se fit nonne, pour la douleur qu'elle eut de la mort de lui.

30. La chanson

Lorsque les jours sont longs en mai m'est beau doux chant d'oiseaux de loin et quand je me suis séparé de là je me souviens d'un amour de loin je vais de désir courbé et incliné si bien que chant ni fleur d'aubépine ne me plaisent plus que l'hiver gelé

Jamais d'amour je ne jouirai si je ne jouis de cet amour de loin car plus noble ni meilleure je ne sais en aucun lieu ni près ni loin tant est son prix véritable et sûr que là-bas au royaume des Sarrasins je voudrais pour elle être captif proclamé

Triste et joyeux je m'en séparerai quand je verrai cet amour de loin mais je ne sais quelle heure je la verrai car trop sont nos terres loin il y a tant de passages de chemins et pour cela je ne suis pas devin mais que tout soit comme à Dieu plaît

Bien m'apparaîtra la joie quand je lui demanderai pour l'amour de Dieu l'amour de loin et s'il lui plaît j'hébergerai près d'elle même si je suis de loin alors viendra l'entretien fidèle quand amant lointain je serai si proche que de ses belles paroles je jouirai consolé

Je tiens vraiment le Seigneur pour vrai par qui je verrai l'amour de loin mais pour un bien qui m'en échoit j'en ai deux maux car elle est si loin ah si j'étais là-bas pèlerin pour que mon bâton et mon esclavine fussent par ses beaux yeux contemplés

Dieu qui fit tout ce qui vient et va et forma cet amour de loin me donne pouvoir le cœur je l'ai de bientôt voir l'amour de loin véritablement en lieu propice et que la chambre et le jardin me paraissent toujours palais

Il dit vrai qui me dit avide et désirant l'amour de loin car aucune joie ne me plaît comme jouir de l'amour de loin mais ce que je veux m'est tant interdit ainsi m'a doté mon parrain qu'aimant je n'aurai pas été aimé

Mais ce que je veux m'est interdit qu'il soit donc maudit mon parrain qui fit que je n'ai pas été aimé

I.

Lanqand li jorn son lonc en mai . m'es bels douz chans d'auzels de loing . e qand me sui partitz de lai . remembra-m d'un'amor de loing . vauc de talan enbroncs e clis . si que chans ni flors d'albespis . no-m platz plus que l'inverns gelatz .

II.

Ja mais d'amor no-m gauzirai . si no-m gau d'est'amor de loing . que gensor ni meillor non sai . vas nuilla part ni pres ni loing . tant es sos pretz verais e fis . que lai el renc dels sarrazis . fos eu per lieis chaitius clamatz .

III.

Iratz e gauzens m'en partrai . qan veirai cest'amor de loing . mas non sai coras la-m veirai . car trop son nostras terras loing . assatz i a portz e camis . e per aisso non sui devis . mas tot sia cum a Dieu platz .

IV.

Be-m parra jois qan li qerrai . per amor Dieu l'amor de loing . e s'a lieis plai albergarai . pres de lieis si be-m sui de loing . adoncs parra-l parlamens fis . qand drutz loindas er tant vezis . c'ab bels digz jauzirai solatz .

V.

Ben tenc lo Seignor per verai . per q'ieu veirai l'amor de loing . mas per un ben que m'en eschai . n'ai dos mals car tant m'es de loing . ai car me fos lai peleris . si que mos fustz e mos tapis . fos pelz sieus bels huoills remiratz .

VI.

Dieus qe fetz tot qant ve ni vai . e fermet cest'amor de loing . me don poder qe-l cor eu n'ai . q'en breu veia l'amor de loing . veraiamen en locs aizis . si qe la cambra e-l jardis . mi resembles totz temps palatz .

VII.

Ver ditz qui m'apella lechai . ni desiran d'amor de loing . car nuills autre jois tant no-m plai . cum jauzimens d'amor de loing . mas so q'eu vuoill m'es tant ahis . q'enaissi-m fadet mos pairis . q'ieu ames e non fos amatz .

Tornada

Mas so q'ieu vuoill m'es tant ahis . totz sia mauditz lo pairis . qe-m fadet q'ieu non fos amatz .

31. *Renseignements*

(i) Quand le *trouveur* de la « vie » de Jaufre Rudel invente la comtesse de Tripoli, il y a un siècle que « l'amour de loin » a été transporté de château à oreille. La *vida*, c'est clair, est une *razo* de la chanson de Jaufre, comme l'aventure du loup l'était d'une canso de Peire Vidal. La « vie » nous dit que Jaufre Rudel en est l'auteur et il se trouve qu'*il y a effectivement un Jaufre Rudel* (de Blaye) que d'autres textes, plus sobres, plus crédibles, mais pas moins textes, des textes d'archives, nous révèlent ayant existé dans les bonnes années, 1130-1140. De plus le troubadour Marcabru a à son actif une chanson envoyée à « Jaufre Rudel oltra mar ». Il y a donc un monde possible pour un troubadour ayant composé la chanson de l'amour de loin à cette époque ; enfin, disons plutôt *une* chanson de l'amour de loin.

(ii) Ce même troubadour a encore d'autres cansos à son actif selon la tradition ; peu nombreuses, six ou sept. Et on y trouve quelques autres traces du « topique » de l'éloignement, qui est comme sa signature artistique :

Luenh es lo castelhs e la tors . *on elha jay e sos maritz* .
Loin sont le château et la tour où elle couche et son mari

ou :

Amors de terra lonhdana . *per vos totz lo cors mi dol* .
Amour de terre lointaine pour vous tout mon cœur a mal

Et encore cette cobla dont se souvient la *tenson du néant*, quand Aimeric de Peguilhan évoque l'eau qui court immobile :

D'aquest'amor suy tan cochos . *que quant ieu vau ves lieys corren* . *vejaire m'es qu'a reusos* . *m'en torn e qu'ela-s n'an fugen* . *e mos cavals i vai tan len* . *greu er qu'oimais i atenha* . *s'amors no la-m fa remaner* .
Cet amour je le désire tant que quand je vais courant vers elle il me semble qu'à reculons j'avance et qu'elle fuit et mon cheval va si lentement qu'il n'arrivera jamais j'en ai peur si l'amour ne la retient

(Ainsi, une nuit d'hiver, un voyageur, arrêté dans quelque gare charbonneuse d'autrefois, et regardant un train s'en aller lentement sur la voie la plus proche de sa fenêtre pendant que son propre train est immobile, un moment, croit partir.)

(iii) Au moment où je me place pour lire le texte, déjà implicite dès que je vous donne à entendre la *vida*, c'est-à-dire celui de la composition de la *tenson du néant*, pour le public des troubadours, Jaufre Rudel est alors *un vieux poète de très loin*, on le sent bien à ceci : « il fit d'elle bien des poèmes, *ab bons sons, ab paubres motz*, avec de bonnes mélodies, avec de pauvres mots ». Le signe d'antiquité est là, dans la discordance entre l'excellence de la mélodie et la pauvreté ou l'élémentaire agencement du vocabulaire (« motz » peut souvent être pris comme synonyme de texte) ; en ce temps-là, on était merveilleux musiciens, que les mélodies étaient belles ! mais on n'avait pas beaucoup de mots, on n'avait pas beaucoup de rimes ni de façons de les agencer. Le jugement est moins péjoratif que destiné à marquer la grande distance de temps ; et *paubres* alors peut s'opposer à *riche* en un sens spécial propre au trobar, où il est question d'un *trobar ric*, dont j'aurais à reparler (et dont Aimeric est un représentant, d'ailleurs). De toute façon, précédée de la *vida*, la chanson de l'amour de loin appartient à un passé très distant.

32. Pauvres mots et manuscrits

Les « pauvres mots » de Jaufre Rudel ont été largement retenus : on les a dans quinze manuscrits.

Les *bons sons* aussi (relativement) : car on a trois mélodies de la canso, c'est-à-dire qu'elle (la mélodie) est présente dans les trois quarts des sources musicales, hélas peu nombreuses.

Ceci pose le problème de savoir ce qu'on va étudier, au juste, dans une « lecture » de la chanson. Le texte que vous avez est restitué à partir d'un manuscrit principal, désigné par la lettre B dans la nomenclature reçue des manuscrits de troubadours ; il est conservé à la Bibliothèque nationale de Paris. Il a été copié en Provence au XIIIe siècle.

Mais la *vida*, que je vous ai lue, ne provient pas du même manuscrit, elle vient du manuscrit dit I, également conservé à la Bibliothèque nationale, également du XIIIe siècle, mais copié en Italie. Le manuscrit B contient lui aussi une vida, mais elle est un peu différente ; on l'appelle la version longue (celle du manuscrit I étant la version courte ; il n'y a que deux versions).

La voici :

> « Jaufre Rudel fut un homme très noble, prince de Blaye. Et il tomba amoureux de la comtesse de Tripoli, sans la voir, pour le bien qu'il avait entendu dire d'elle par les pèlerins qui venaient d'Antioche. Et il fit d'elle maints poèmes avec de belles mélodies avec de pauvres mots. Et par volonté de la voir il se croisa et se mit en mer pour aller la voir. Et sur le navire il lui prit une grande maladie si bien que ceux qui étaient avec lui crurent qu'il allait mourir sur le navire ; mais ils firent tant qu'ils le conduisirent à Tripoli dans une auberge comme mort. Et cela fut fait savoir à la comtesse et alors elle vint à lui, à son lit, et le prit dans ses bras. Et il sut que c'était la comtesse, il recouvrit la vue et l'odorat et loua Dieu et le remercia qui lui avait la vie soutenu jusqu'à ce qu'il l'ait vue. Et ainsi il mourut entre ses bras et elle le fit honorablement ensevelir dans la maison des Templiers. Et puis en ce même jour elle se fit nonne pour la douleur qu'elle eut de lui et de la sienne mort.
>
> Et ici sont écrites de ses chansons. »

Boutière et Schutz, les savants éditeurs des « biographies » des troubadours, éditent, bien sûr, les deux versions, face à face, avec ce commentaire :

> « IK et AB (le manuscrit K qui a pratiquement la même version que I, le manuscrit A qui est semblable à B) présentent des versions assez différentes : les premiers, un récit plus simple, plus concis, *qui paraît plus proche de l'original* [c'est moi qui souligne : J.R.] ; AB, un texte sensiblement plus long avec de maladroites répétitions qui trahissent un remaniement. »

On a là, en quelques mots, un exposé indirect des réactions

au problème des filiations entre manuscrits, qui est aussi celui de la recherche des versions « originales », les « vraies » premières versions des textes médiévaux. Indépendamment des autres indications dont peuvent disposer Boutière et Schutz pour comparer la date des manuscrits I (et son cousin K) et B (avec A), il est clair que leur jugement sur les deux vidas résulte de quelques présupposés, dont je retiendrai ceci :

(i) Il existe une version originale de Jaufre Rudel, qui est la meilleure.

(ii) La version originale est plus courte et plus « simple ». La détérioration des textes par l'intervention des remanieurs se fait dans le sens de l'allongement et de la complexité.

(iii) La version I est meilleure, plus courte et plus simple que la version B : elle est donc plus proche de l'original.

Bien sûr, si on prend ainsi le problème, les données peuvent presque toujours se lire dans les deux sens. Et en fait le commentaire de Boutière et Schutz pourrait surtout servir à se dater lui-même. Le dernier « éditeur » de Jaufre Rudel en ma possession, Rupert T. Pickens, ne dit rien du tout.

Les deux versions diffèrent peu ; le seul élément vraiment distinctif est le passage de la cécité à la surdité : « *vezer e-l flairar* » contre « *auzir e-l flairar* ». Comparé avec le « *ses vezer* » commun aux deux versions, « *auzir* », comme les autres différences, peut être :

— une maladresse tardive
— une maladresse initiale
— une finesse tardive
— une finesse initiale

la finesse étant de laisser jusqu'au bout le doute : Jaufre Rudel a-t-il jamais « vu » la comtesse autrement qu'en lui-même, même à l'instant de sa mort.

Cependant ces distinctions n'influeront guère sur la lecture elle-même. Mais qu'en est-il du texte de la canso ? Heureusement encore (ce n'est pas toujours le cas) les « pauvres mots » ont été bien entendus, ou se sont montrés résistants aux innovations ; il y a peu de variantes très importantes entre les quinze manuscrits ; à vrai dire, il n'y en a qu'une seule de poids, dont je parlerai plus avant ; elle porte sur un seul mot, et peut conduire à des interprétations très divergentes du *sens* de la poésie, plus exactement de ce qu'est « l'amour de loin » ; mais, cela ne touche guère ce dont va s'occuper la lecture présente, c'est-à-dire la cohérence rythmique (de grands bouleversements par des mots synonymes ou des constructions syntaxiques en paraphrase y seraient plus importants).

Ce qui précède est vrai, à une exception près, qui est de taille, puisqu'il s'agit précisément du manuscrit où nous avons pris la mélodie : le manuscrit X, en effet, l'un des quatre principaux pour la musique des troubadours, est un manuscrit français du XIIIe siècle (je veux dire de langue française) et les quatre coblas qui y figurent sont dans ce dialecte très particulier que j'ai appelé *franccitan*, invention probable du scribe.

Par ailleurs, et cela est rythmiquement fort important, si les textes des coblas dans les manuscrits occitans sont très proches, en revanche l'*ordre* des strophes varie beaucoup, l'invention orale ou écrite de la tradition s'étant, dans ce cas, exercée surtout là.

Pour toutes ces raisons il faut considérer qu'une lecture comme celle que je présente, qui prend le texte du manuscrit B, son commentaire de la vida dans I et la musique dans X, est ce qu'on peut appeler une *chimère poético-musicale*.

33. Mots clefs

enbroncs e clis : le premier mot est proche de « broncher », le second d'« enclin ». Commentaire de Bec : « Le premier mot semble entouré d'un halo affectif que n'a pas le second. » « Embroncar » signifie baisser la tête et de là être morne et pensif (vieux français « embronchier »).

Quelques traductions de ce vers :

de mon désir ployé je vais
et je vis lourd et las de désir
de désir vais morne et courbé
je vais alors pensif morne tête baissée
je vais alors pensif et la tête basse
apesadumbro y agobiado de deseo, voy
I go bent with desire head bowed down

per lieis : captif à cause d'elle ; ou captif pour elle.

tapis : haillon, « esclavine », manteau de pèlerin (*dixit* Jeanroy). « Les différents sens donnés au mot de Jaufre ne l'ont été que par conjecture puisque, nulle part ailleurs, on ne relève un emploi similaire » (Rita Lejeune). On peut s'orienter vers la proximité de *tapis*, au sens français actuel, mot oriental qui « commençait à se répandre avec l'objet au XIIe siècle » ; et de là glisser vers « pèlerine de pèlerin » (« cloak » pour Pickens) ou « écharpe de croisé » (R. Lejeune) ; ou bien, comme le fait le scribe français du manuscrit X, pencher plutôt vers « tapinois » : « *si que mos fuz et mos tapins* » ; Pickens dit que la forme *tapins* restreint le sens du mot à « quelque chose de secret, de caché », le jeu de mot tapis/tapins étant impossible dans le dialecte du Nord. Il est vrai que le scribe français a sur les bras une rime en *-ins*.

fermet : « guaranteed » (Pickens) ; « sostuvo » (Riquer). Il y a là une des rares discordances entre la lettre des manuscrits ; c'est la seule vraiment significative ; d'autres manuscrits ont en effet « formet », « forma ». Riquer dit : « Sur ces vers D. Zorzi a fondé son interprétation chrétienne de l'*amor de lonh* et Spitzer, acceptant la lecture "formet", voit en eux un écho de l'expression de la Genèse relative à la création. » Peut-être ; cependant le motif de la Dame créée par Dieu « de ses propres mains » est fréquent, même sans interprétation « chrétienne » possible.

Telle qu'elle apparaît ici (ms B), la canso a sept coblas et une tornada.

Chaque cobla a sept vers.

La tornada a trois vers sur les mêmes rimes que la fin de la cobla VII. La tornada est un écho, ce qui est traditionnel; mais ici encore, comme dans la tenson du néant, l'écho est surmarqué puisque la répétition est presque des mêmes mots; j'y verrais un trait particulier à la canso, où la répétition domine, mais aussi un archaïsme : les troubadours aiment peu les refrains, à la différence des trouvères.

Chaque vers est un octosyllabe.

La disposition des rimes est la même dans chaque strophe, c'est une règle de la forme canso; elle crée ce qu'on appelle la *formule de rimes*; la formule ici est :

ababccd

non seulement la formule est la même dans toutes les strophes, mais les timbres des rimes ne changent pas :

-ai, *-onh*, *-ia*, *-atz*

la canso est dite *unisonans.*

On remarquera que la rime d, *-atz*, est sans écho dans la cobla même; elle est isolée, *estramps*. Et il est donc nécessaire que le timbre de cette rime dans toutes les strophes soit *-atz*; puisque pour les troubadours, comme le dit Istvan Frank, il n'y a pas « de rime sans vers ni de vers sans rime ». Une rime estramps assure un lien sonore de strophe en strophe particulièrement perceptible quand, comme ici, elle signale en outre la fin de la cobla et a un timbre consonantique nettement distinct :

gelatz-clamatz-platz-solatz-remiratz-palatz-amatz-amatz.

Enfin, il y a *lonh* : lonh, amor de lonh sont la signature de la canso, lui donnent son nom : la canso de *l'amor de lonh*. La répétition du même mot à la rime, et ici particulièrement marquée puisque tous les vers de la rime b (*-onh*) se terminent par lonh (ils sont 14) et 9 d'entre eux en amor de loing. L'emploi du *mot-refrain* est particulièrement apprécié par le trobar, qui par ailleurs, comme je l'ai dit, aime peu le refrain proprement dit. Il est dans la nature de la rime de proscrire la répétition du même mot (la rime est un embryon de phonologie) ; une répétition accidentelle du même mot pour occuper, supporter deux occurrences distinctes d'une même rime est une faute ; le mot-refrain est la violation réglée de cette règle ; il donne au mot placé dans cette situation un supplément d'*effet de rime* ou, comme dit Pierre Lusson, un poids de rime en plus. Ce poids est encore plus élevé ici parce que *seul* lonh rime en *-onh*.

Mais en outre : le premier « amor de lonh » est au vers 4 de la cobla I ; il saute ensuite au vers 2 dans les autres strophes et réapparaît en outre au vers 4 dans les deux dernières où il figure donc deux fois. *Cet* ordre des strophes présente donc la caractéristique de signaler son commencement et sa fin, et d'alourdir (dirai-je en jouant sur l'emploi métaphorique du mot « poids ») à mesure l'influence de l'amour de loin sur les vers de la chanson, progressivement, du début à la fin. Je garde cette constatation en réserve pour la discussion, plus tard, de l'ordre dans la canso.

Je m'arrête un instant sur la première cobla : au vers 2 il y a le chant « d'auzels de loing », les « oiseaux de loin », en parallélisme syntaxique et métrique évident avec le premier amor de loing, la vedette de la canso. On appréciera je pense l'astuce rudellienne (simple et pauvre) de cette juxtaposition si on se souvient (on l'apprendra dans un chapitre ultérieur) que la strophe initiale d'une canso générique est, souvent, une strophe « printanière », où le chant des oiseaux est introducteur de l'amour : les oiseaux chantent parce qu'ils aiment ; moi j'aime, donc je dois chanter ; telle est l'articulation. Ceci, ici, est *dit par l'allusion métrique*, par le glissement qui, dans « auzels de loing », substitue « amor » en même place. C'est du grand art.

Les ressources de la seule répétition/variation sur *amor de lonh* ne s'épuisent pas là. Si on regarde, en reculant dans le vers, le contexte de l'expression, on rencontre une variation sur l'article qui commence avec l'indéfini *un*, enferme *l'*, en deux strophes intérieures, entre *est-cest*, pour finir, c'est beau, par *d'*amor de lonh, déterminatif vide ; comme si amor de lonh était devenu nom propre ; sa fixation, sa rigidification.

Ce n'est pas mal. Pourtant attention, il n'y a rien là d'exceptionnel ; tout est conforme à la *méthode* des troubadours. La particularité est seulement le recours à la sobriété des *pauvres mots*.

35. *Lecture rythmique*

Lire : comment ?

Il y a le texte, ce qui est dit ; il y a la musique ; il y a que les mots, comme les sons, sont réglés : des syllabes que l'on compte, sur chacun des événements musicaux, en correspondance parfaite, et notée ; des vers ; des strophes. Tout cela tient ensemble. Rythme, plus exactement *squelette rythmique*, est ce qui fait que tout cela tient ensemble. Gardons cette image : le squelette tient le corps, la chair ; pensons aussi charpente, carène, tout ça. On voudrait mettre à plat cette architecture, l'exhiber. On va faire des dessins, des épures, pour employer un mot devenu pauvre. Plans de maison, etc. Dante, déjà, employait la mëtaphore maçonnière, disant que la strophe est la chambre de la canzone, *stantia*. Bien sûr, dans chambre il y a beaucoup plus ; on ne s'en privera pas.

On va traiter chacun des trois éléments constitutifs du squelette de la canso (qu'il y en ait trois, et trois seulement, est une « thèse ») : musique, texte, chant proprement dit (vers, rimes, strophes...) *de la même manière* : faire trois squelettes, donc, puis les comparer, les superposer.

La bizarrerie de cette méthode de lecture (quand on la rencontre pour la première fois, elle paraît bizarre) est là ; affirmer qu'il y a un sens selon lequel ces choses, par ailleurs fort hétérogènes, sont comparables ; se donner les moyens de cette comparaison ; en conclure quelque chose, qui sera une description de la canso, son architecture rythmique. Cette hypothèse c'est la *théorie du rythme*. Plus exactement *une* théorie du rythme. Elle permet cet exercice, la *lecture rythmique*.

Je vais le faire, en quelque sorte, « naïvement », sans avoir « fondé » la théorie, ses suppositions... je procéderai par affirmations arbitraires ; je montrerai comment ça se fait.

En fait, j'ai déjà commencé, dès que j'ai dit : il y a la syllabe. C'est, heureusement, une sorte de point de départ obligé, mais obligeamment fourni par ce dont nous disposons : les manuscrits. Ceux-ci reconnaissent que les syllabes du texte sont comptées, rigoureusement d'ailleurs (les troubadours sont d'une extrême régularité sur ce point) et ce *compte* détermine l'événement musical élémentaire, dont nous avons à nous occuper : la note (les notes sont notées, par leur hauteur ; la hauteur, c'est à peu près tout ce qu'on en sait de sûr ; on ne connaît pas les durées, mais c'est en fait plutôt une chance, car ça évite quelques tentations et confusions, ou du moins ça devrait les éviter). Les notes sont clairement associées à la syllabe qui compte dans le texte (il y a une ou plusieurs notes par syllabe, à cause des ornements).

On a ainsi des *points* de la chanson, où apparaît la concordance minimale obligatoire entre mots et sons. Bien sûr, chaque *syllabe* comporte des lettres, qui notent une quantité et une succession variables de voyelles et consonnes ; et de même les *syllabes musicales* qui se composent de notes, qui peuvent être plusieurs (au moins une). Mais il n'y a, initialement, aucune raison de supposer un lien obligatoire entre des choses plus petites que la syllabe poétique d'un côté et la syllabe musicale de l'autre, lien dont la réalité est donnée par le manuscrit. Cette constatation bête nous fournit le départ de l'analyse. Cela n'a l'air de rien, mais c'est plein de conséquences ; il est clair, en effet, que la mélodie, comme la phrase, est quelque chose de *continu* ; pourtant, en même temps, il faut, dans la canso, les considérer comme discontinues, à cause de ce compteur imaginaire, le compteur des syllabes métriques (syllabe poétique et syllabe musicale associées) qui accompagne la canso dans son déroulement temporel. C'est lui qui, plus que la durée, doit être considéré comme le métronome de l'œuvre. Si on perd cela de vue, si on tente de traiter la musique, ou le texte, comme si ce compteur n'existait pas, je crois qu'on fait un contresens.

Pour le moment, remarquons-le, un *troisième terme* de la

comparaison, que j'ai appelé, de manière tendancieuse, j'en conviens (il y a là tout un ensemble d'hypothèses implicites non justifiées), *chant*, est absent. Il intervient au moyen d'une *unité de comparaison*, la plus petite unité qui sera reconnaissablement commune aux trois composantes de la canso : le *vers*.

On peut, là, aller plus vite. Tout vers a un nombre déterminé entier de syllabes métriques et il se termine par une rime. L'unité vers est aussi notée dans les manuscrits, et le mode de notation, pour le manuscrit choisi, B, est à peu près celui que j'ai choisi : les vers sont séparés par des points (mais sans les intervalles additionnels qui sont dans ma transcription) sans signes autres à l'intérieur. Les coblas sont séparées par un aller à la ligne (la première lettre de chaque cobla, souvent, est ornée, parfois d'une miniature).

Les données matérielles identifient donc trois unités : la syllabe, le vers et la cobla (identifiée en outre, silencieusement, par la non-répétition de la mélodie, que l'on suppose la même pour chaque strophe).

La canso, enfin, est aussi une unité distinguable dans le manuscrit.

36. Texte marqué

Je commence la lecture proprement dite du texte :
Je lis le vers 2 de la cobla I :

m'es bels douz chans d'auzels de loing

Je répète le vers, le découpant en syllabes (poétiques) :

m'es/bels/douz/chans/d'au/zels/de/loing/.

Puis, je regroupe partiellement, maintenant la distinction entre syllabes poétiques mais *marquant* certaines (par le signe //) :

m'es/bels//douz/chanz//d'au/zels//de/loing//

Ce faisant, je me suis rapproché un peu d'une simulation de la situation réelle des syllabes dans le texte *continu* du vers ; qu'est-ce qui a été noté, marqué ainsi : la frontière des groupements « naturels » (i-e syntaxiques) de mots :

m'es/bels//, par exemple et au/zels//.

J'introduis une distinction entre syllabes : je mets d'un côté les syllabes comme *bels*, *-zels*, *loing*, qui signalent la fin de tels groupements ; de l'autre, les autres syllabes. Ce mode de distinction, qui n'a rien de mystérieux, est de nature à la fois syntaxique et accentuelle ; au vers 4 de la même cobla, dans *remembra-m*, c'est la deuxième partie du mot qui sera marquée : re/mem//bra-m/, car c'est elle qui porte l'accent. Je marque donc la dernière syllabe accentuée avant la frontière.

Je fais cela partout. Bien.

Oublions maintenant la nature concrète des syllabes, le fait que ce sont des syllabes de la langue, qu'il s'agit de frontières syntaxiques et d'accents ; remplaçons, dans le vers, toutes les syllabes non marquées, celles qui suivies d'un/ par « pin », les autres, celles suivies d'un // par « pon » ; on obtient :

pin pon pin pon pin pon pin pon

Ça, c'est un *iambe*, pour cet aspect particulier des choses, pour ce *marquage* ; le vers, pour ce marquage, est iambique.

Examinons deux autres vers ; d'abord le vers 1 :

Lanqand li jorn son lonc en mai .

Lan/qand/li/jorn/son/lon/c en/ mai/
Lan/qand/li/jorn//son/lonc//en/mai//
pin pin pin pon pin pon pin pon

Qu'est-ce que c'est cette fois : disons, sans justification, que c'est encore iambique ; pas tout à fait aussi décisivement iambique que le vers précédent, mais suffisamment ; le mot *lanqand* n'est pas un mot qui peut terminer un morceau de phrase, mais enfin *qand* est certainement plus accentué que *-lan*, vous voyez comment on peut raisonner : *-qand* est presque « pon », un peu plus que « pin ».

Voyons maintenant le vers 1 de la cobla V :

ben tenc lo Seignor per verai .

ben/tenc/lo/Sei/gnor/per/ve/rai/
ben/tenc//lo/Seignor//per/ve/rai//
pin pon pin pin pon pin pin pon

Ça, ce n'est pas du tout iambique ; c'est ce qu'il me faut ; il me faut du iambique, du presque iambique, du pas du tout iambique ; je vais transporter la distinction pin pon entre les syllabes en une distinction PIN PON pour les vers, que je dirai de *iambicité* : les PIN seront les vers non iambiques ; les PON seront les vers iambiques. Et ainsi les vers, et non plus les syllabes, seront marqués. Bien sûr, cela ne va pas se faire tout seul ; il faut une notion plus précise de vers iambique permettant ce classement ; et même alors, il va rester des vers *ambigus* : ils peuvent être PIN, ils peuvent être PON. J'en cite un, sans trop justifier :

car trop son nostras terras loing .

car trop//son nos//tras ter//ras loing//

ou bien :

car trop son// nostras ter// ras loing//

Pour de tels vers, je suis un peu gêné de n'avoir à ma disposition que PIN et PON. Je change alors ma notation, et en fait j'introduis quelque chose de nouveau et de décisif : je note 1 les vers reconnus iambiques ; 0 ceux qui ne le sont pas, 1/2 les autres. La différence de notation n'est pas indifférente ; car 0, 1/2, 1 sont des *nombres*, et plus seulement des *désignations* ; et, par ce choix, je donne au vers quelque chose comme une *mesure*, grossière certes, mais mesure quand même, de la iambicité du vers. Si je n'avais pas fait cela, il me serait difficile de faire la comparaison annoncée entre musique, texte et chant.

Que va-t-il arriver maintenant ? On va choisir un autre phénomène susceptible de conduire, aussi, au marquage des vers. Pour rester, d'abord, dans le même « secteur » de phénomènes je remarque que, dans le premier vers marqué précédemment, « m'es bels... », il y a une nette différence entre la syllabe *-d'au-* et la syllabe *-douz-* car le mot « douz » est un mot important, et c'est son unique syllabe ; la syllabe *-d'au-*, en revanche, n'est pas plus accentuée et n'est pas un mot important ; on définit alors un second marquage, le marquage *lexico-sémantique*, qui rend « pon » toutes les syllabes accentuées des mots porteurs de signification, indépendamment de leur situation syntaxique ; on travaille comme précédemment et on a une nouvelle notion de iambicité et un nouveau marquage pour le vers ; ce marquage ressemble beaucoup au précédent ; c'est, en effet, une habitude assez constante des langues romanes de terminer la plupart de leurs morceaux organisés de phrase par des mots de catégorie syntaxique dite majeure ; mais il y a quelques variations (les interrogations, par exemple) ; et elles peuvent changer complètement le marquage du vers.

Il y a encore un troisième marquage dans le même champ de phénomènes, celui des *grandes unités syntaxiques*. Il tient compte du fait que toutes les frontières de groupement ne sont pas de même importance, qu'on peut les hiérarchiser et introduire ainsi entre les vers une nouvelle distinction. Que donne ce marquage sur les vers de la première strophe ? Comme on le vérifie aisément, il y a un choix aisé de la séparation entre vers marqués et non marqués qui donne :

0 1 0 1 0 0 1

Le choix des marquages, bien sûr, essaye de ne pas être totalement arbitraire. On fait l'hypothèse que les phénomènes pris en compte ont effectivement à voir avec le « rythme » du vers, ce qui, dans le cas des marquages dont je viens de parler, a été généralement admis par tout le monde. Pour le moment on n'a fait que systématiser quelque chose de plus ou moins traditionnellement connu depuis les Grecs ; « déjà, sur les bords de la mer Egée... », comme dirait Lusson.

Mais maintenant on va généraliser le procédé, donc s'éloigner de l'intuition courante.

37. De deux marquages spécifiques

Les marquages précédents sont extrêmement généraux. On peut les faire sans trop d'adaptation pour tous les vers de tous les siècles ou presque dans la plupart des langues romanes (et je ne dis pas toutes parce que je n'ai pas les connaissances nécessaires pour le roumain, par exemple).

Mais voici maintenant deux marquages qui, au contraire, n'ont guère de sens que strictement à l'intérieur de la tradition médiévale et, pour le deuxième, seulement pour le trobar et ses équivalents dans d'autres langues (trouvères, par exemple).

Marquage des groupements binaires

Qu'est-ce qu'on marque cette fois ? Les vers où figurent des choses comme « enbroncs et clis », « ni pres ni loing », « portz e camis », « cambra-l e jardis »...

Pourquoi ? On identifie ces groupements comme phénomène différentiel des vers qui les contiennent, susceptible d'être remarqué, donc marqué ; il est bien connu que ces « groupements binaires » sont un des traits significatifs de la prose d'art médiévale, du récit particulièrement, comme l'ont épinglé les Monty Python dans la scène de la « sainte grenade » de leur film *Sacré Graal*. Le marquage est ici opératoire en ce sens qu'on ne marque ni trop ni trop peu de vers. Autant que je puisse juger (n'ayant pas fait d'enquête systématique), il peut apparaître comme une mesure possible de l'archaïcité d'une chanson, du moins de son appartenance à un trobar non « riche ».

Marquage des mots appartenant au registre du « grand chant »

J'ai déjà signalé que le trobar met en valeur par la répétition insistante certains mots qui parcourent la configuration de l'*amors* ; ces mots, qui constituent le registre du « grand chant », donnent aux vers où ils apparaissent une allure particulière, émotionnellement chargée ; le vers 2 de la cobla I n'en contient pas moins de 4 :

bels, douz, chanz et auzels.

On le marque.

38. Vocabula irsuta

Dante, dans le *De Vulgari Eloquentia* :

> « *pexa et irsuta sunt ille que vocamus grandiosa*
> les peignés et les hirsutes sont justement ceux que nous appelons magnifiques.
> Et j'appelle peignés ceux-là qui disyllabes ou tout proches du nombre trisyllabique sans aspiration sans accent aigu ou circonflexe sans lettres à son double comme z ou x sans liquides jumelles ou accolées à une muette mais en quelque sorte planies, quittant les lèvres avec une certaine douceur comme « amore » « donna », « disio » « letitia » « salute » « securtate » « difesa ».
> J'appelle ensuite hirsutes ceux qui en plus de ceux que j'ai dits apparaissent nécessaires au Vulgaire illustre ne fût-ce que pour l'orner. Et je dis nécessaires en vérité ceux que nous ne pouvons éviter comme certains monosyllabes comme « si » « no » « me » « te » « sé » « eé » « i » « o » « u », les interjections et maint autre. J'appelle mots d'ornement toutes les syllabes qui se mêlent aux mots peignés, font une belle harmonie en leur assemblage encore qu'ils aient âpreté d'aspiration et d'accents de consonnes doubles, de liquides [...] comme « terra » « speranza » « impossibilità » [...] « sonomagnificentissimamente », lequel est hendécasyllabique. »

Il ne serait sans doute pas aisé d'extraire des indications dantesques la définition précise d'un marquage général en *peignés* et *hirsutes* (il y aurait, du point de vue de la théorie du rythme, à distinguer plusieurs marquages ayant pour même intention cette distinction mais portant sur des éléments de langue différents, syllabes, mots...).

J'en retiendrai que le débit suave et noble des mots peignés, qui appartiennent, s'il est question d'amour, au vocabulaire du « grand chant », a besoin d'être parfois interrompu dans son écoulement grandiose : il faut placer des pierres d'attente dans le fleuve majestueux, afin de lui redonner quelque impétuosité et écume.

C'est ce que les *Leys d'amors*, le traité toulousain de versification pas beaucoup plus tardif que celui de Dante (et certainement plus pertinent en ce qui concerne la langue d'oc), indiquent aussi, d'une distinction plus limitée sémantiquement et poétiquement, et strictement phonique (qui est celle que j'adopte, sans perdre de vue les intentions, d'une grande importance théorique, et pas seulement pour la poésie médiévale, de la première) entre les *sillabas planas*, comme *e, o, ara, bela*, et celles, nommées *retardativas*, comme *francz, fortamen*, sur lesquelles la voix doit s'arrêter plus longtemps, faire *major demora*. Et le traité recommande, comme Dante, un mélange de *pexa et hirsuta* pour obtenir *pulchram armoniam compaginis* (une belle harmonie par leur compagnonnage), c'est-à-dire un mélange de planas et retardativas par une correspondance et opposition entre vers.

Une cobla introductive d'une canso célèbre d'Arnaut Daniel présente une accumulation de syllabes que je vais marquer *hirsutes*.

> *L'aur'amara . fa-ls bruoills brancutz . clarzir . qe-l dous' espeis'ab fuoills . el-s letz . becs . dels auzels ramencs . ten balps e mutz . pars . e non pars .*

Le caractère hirsute est apparent de soi-même. C'est un exercice en « hirsutes généralisées » (la multiplication des fins de vers est hirsute en un autre sens) dont je reparlerai.

Dans la chanson de l'amour de loin, les vers 4 et 5 de la première strophe :

> *remembra-m d'un'amor de loing . vauc de talan enbroncs e clis .*

illustrent bien et la conception dantesque des hirsutes s'opposant aux peignés et la recommandation des *Leys d'amors* : aucun hirsute dans le vers premier ; trois dans le second.

Le marquage des hirsutes est, potentiellement, un marquage universel, comme les marquages syntaxiques. Il suppose, dans un état de langue donné, d'établir une hiérarchie de *poids consonantiques* permettant de décider que telle consonne en fin de syllabe, tel groupement de consonnes est suffisamment retardatif pour être marqué hirsute.

39. Musique

Les troubadours, on le sait, sont musiciens en même temps que poètes. Plus exactement, la canso est une forme poétique et musicale où « mots et sons » sont indissolublement liés. D'innombrables fois, les troubadours nous rappellent qu'ils sont inventeurs à la fois de vers et de mélodie. Lire la chanson de l'amour de loin implique donc de tenter aussi une lecture de sa musique, particulièrement puisque la vida nous dit que Jaufre Rudel avait de « pauvres mots » mais de « belles mélodies ».

Or, si la musique des troubadours est essentielle à leur art, on ne peut pas dire qu'on la connaisse bien. D'abord parce que peu de ces mélodies nous sont parvenues. Ensuite parce qu'on ne sait trop comment interpréter celles que nous avons. L'originalité de cette musique est aisément perceptible, même à travers les exécutions largement divergentes que le disque ou le concert nous proposent ; derrière les troubadours « à la française », « à la XIXᵉ siècle », les troubadours grégoriens ou arabes, quelque chose de commun s'entend, comme un fantôme de la musique originelle. La forme musicale des troubadours s'impose avec cette évidence que j'illustrerai par un poème de William Bronk :

La nature de la forme musicale

Il est difficile de croire du monde qu'il devrait y avoir
en lui la musique : ces certitudes contre

le tout-incertain, cette exactitude ordonnée au-dessous
de l'absence d'accords, de la confusion au hasard du bruit.

Il est tentant d'affirmer de l'incompréhensible
du sans-forme, qu'il n'y a d'ordre que celui
que nous ordonnons et, l'ordonnant, créons ordre ; ou encore
qu'il y a un ordre naturel que la musique appréhende

dont l'appréhension justifie le monde
ou, au contraire, que ces formes sont fausses, non vraies,
que la musique est au moins inadéquate, que le monde
est affirmé quelque part ailleurs, pas en elle, mais non.

Et pourquoi ? il y a une certitude de l'être aussi
qui n'est pas vérité des êtres ni même, nous le découvrons,
vérité de tel être, particulièrement,
mais seulement l'exactitude n'affirmant qu'elle-même :

Comme si nous ne pouvions dire de la musique que ceci : elle est.

Si pourtant, comme je le fais ici, on tente malgré tout de saisir quelque chose de cette « exactitude ordonnée » qu'est toute musique, et particulièrement de celle-ci, la mélodie de la chanson de l'amour de loin, on se heurte à ce qui est difficulté majeure : la pauvreté de la notation.

Sans entrer ici dans la déjà longue discussion sur la signification de l'absence, au moins apparente, de toute donnée de durées dans l'écriture des mélodies de troubadours, qui a conduit à de nombreuses interprétations et restitutions très divergentes, on peut y voir (bien que ce ne soit pas prouvable) peut-être le signe d'un réel : le rapport de la musique à la parole non chantée, aux mots, est tel dans la canso que les mots de l'amour doivent, avant tout, être entendus. (Ceci exclut en tout cas, je pense, les interprétations innombrables de cansos qui les traitent comme des airs d'opéra ou des lieds de Schubert.) Ceci pourrait impliquer que, dans le mouvement des vers qui constituent la canso, il ne peut y avoir place que pour une seule métrique, celle qui règle le compte des syllabes, et que par conséquent la « mesure » de la mélodie *aussi* n'est pas réductible à des syllabes de durée. Il serait donc possible que cette musique ait été notée comme elle doit l'être, au moins en ce qui concerne les éléments imposés.

Si on part de cette « pauvreté », de toute façon obligatoire, si on décide de s'en tenir à ce qui est donné par la tradition manuscrite, on est forcé de se poser le problème de l'analyse rythmique musicale d'une manière assez neuve : utiliser seulement ce que l'on a : les hauteurs des notes et quelques indications d'ornements. A partir de ces données, trouver des marquages musicaux qui donnent aux syllabes sonores des « poids », comme aux syllabes du texte.

Or, cela est rendu possible par une constante déjà signalée de la notation musicale, qui associe de manière rigoureuse une note et une seule (éventuellement ornée) à une syllabe métrique de langue dans le vers : la correspondance est très claire et c'est d'elle qu'on peut partir pour marquer la musique.

Je n'entrerai pas dans le détail de cette étude, donnant seulement le nom des marquages choisis, qui parlent d'eux-mêmes : *modalité, ornementation, rupture de la continuité mélodique, aspect du mélisme, répétition mélodique, répétition d'une rime mélodique.*

Ces aspects marqués de la mélodie, choisis selon les mêmes principes que ceux du texte, créent la figure rythmique musicale de la canso.

40. La convenance

Et maintenant ? Maintenant, on essaye de mettre tout cela ensemble, comme il a été annoncé, et de déterminer un *squelette rythmique.*

Le squelette rythmique sera une illustration partielle de ce que Dante, dans le *De Vulgari Eloquentia* toujours, appelle l'*abitudo partium*, la « convenance » entre les « parties », qu'il définit ainsi :

> « Ce que j'ai appelé rapport entre les parties de la strophe m'apparaît la tâche la plus grande qui appartienne à l'art : elle tourne autour de trois éléments : la division mélodique (*divisio cantus*) ; la texture du poème (*contestum carminum*) ; et la formule de rimes (*relatio rithimorum*). »

Pour atteindre le squelette rythmique, ombre et schéma de la *convenance*, on fait des additions : les vers de la strophe sont marqués, dans le texte et la mélodie séparément, selon six marquages. On en fait la somme et on obtient ainsi une *mélodie de poids*, que l'on analyse, c'est-à-dire qu'on en extrait une *forme rythmique*.

Deux remarques avant de décrire la forme obtenue :

— Il est clair tout d'abord qu'on a l'air de faire quelque chose d'absurde ; on additionne des pommes et des poires, pis, des parapluies et des machines à coudre. A cette objection, la réponse pourrait être : chaque marquage d'une syllabe, ou d'un vers, peut être imaginée comme une *force* qui s'exerce sur la syllabe, sur le vers ; c'est implicite dans l'emploi du terme *poids*. Le marquage mesure, plus ou moins grossièrement, cette force ; ici, on s'est contenté d'indiquer seulement sa présence (1), ou son absence (0) ; la dynamique nous dit que les forces s'additionnent et la physique nous a appris que des forces de nature diverses peuvent s'additionner. Quand la plume tombe elle est, comme le plomb, fort sensible à la gravité ; elle l'est beaucoup plus que le plomb au vent qui souffle ; la résultante n'est pas la même dans les deux cas.

— La deuxième remarque introduit une objection qui ne s'impose que si on entre, un peu plus que je ne l'ai fait, dans les détails : admettons que chaque marquage représente une force ; pour additionner les forces, il ne faut pas connaître seulement leur intensité, mais aussi leur direction ; n'importe qui vous le dira après avoir regardé un « tug-of-war » écossais, ou un festival de la force basque. Autrement dit, si vous distinguez les syllabes marquées plus ou moins pour leur importance syntaxique, donnant 1 aux substantifs, verbes, etc., et 0 aux petits mots, aux mots-outils, pourquoi pas le contraire ? Il n'y a pas dans cette situation un Haut/Bas naturel ; c'est vrai. Dans chaque cas on doit constater qu'il y a un marquage, mais considérer à la fois le marquage et son contraire. La « direction » de la « force » est inconnue. Ce que l'on fait en réalité, c'est de voir comment les marquages, ces forces qui s'exercent sur les vers, *vont ensemble* : on part d'un marquage, arbitrairement décidé, et on cherche si le deuxième marquage qu'on rencontre « va bien » avec le premier ; si oui, on l'ajoute et on passe au troisième ; sinon, on l'inverse (on échange les rôles des 0 et des 1), et on essaye à nouveau d'additionner. Si ça va, on passe au troisième ; si ça ne va encore pas, on le met de côté et on en prend un autre. A la fin on a, ainsi, des familles de marquages qui vont ensemble, c'est-à-dire une fois rendue explicite et maniable la notion de « vont ensemble », des marquages *compatibles*. Pour chacune de ces familles on déduit une forme rythmique, et on les compare. Tout cela n'est pas aussi absurde que ça pourrait le paraître à première vue.

Ceci fait, il y a *une forme* très nette qui se dégage de l'analyse musicale de la strophe de la chanson de l'amour de loin ; je dis *forme* parce que si on représente graphiquement la succession des poids obtenus par l'addition discutée et ajustée de toutes les « forces », on obtient, effectivement, une forme. Je vais la présenter autrement, en donnant la conclusion qu'on peut en tirer sur l'*organisation mélodique* de la cobla. L'organisation qui apparaît est la suivante : la strophe est composée de deux morceaux très distincts : les quatre premiers vers d'un côté ; les trois derniers de l'autre. Si on analyse la première partie de strophe ainsi définie, alors les vers 2 et 4 vont ensemble (ils ont des poids très voisins) ; les vers 1 et 3 aussi ; on représentera ce résultat par la *formule rythmique* suivante :

(0101)

Pour la seconde partie, le vers 7 a un poids beaucoup plus élevé que le vers 6, qui est assez voisin du vers 5 ; la formule rythmique sera :

(001)

Par ailleurs, le vers 7 a un poids proche de celui des vers 2 et 4, ce qui justifie l'emploi du 1 dans chaque cas ; de même 1, 3, 5 et 6 ont des poids proches, ce qui justifie le 0 commun. D'où la formule rythmique globale :

((0101)(001))

Tournons-nous maintenant vers le texte : si on fait la somme des poids, vers par vers, marquage par marquage pour toutes les strophes, on trouve, de manière encore très nette, *la même formule rythmique*.

Pourquoi commencer par la musique ? Parce que la musique, qui n'est notée que pour la strophe I, est la même pour toutes les strophes et sert en quelque sorte de mètre guide pour toute la canso. Et on peut même voir assez précisément ce rôle rythmique de la musique dans la convenance ; car si on prend la figure des poids de *chaque* strophe, pour le texte, la compatibilité avec la musique n'est jamais entière ; elle n'apparaît que globalement ; autrement dit, il y a, de ce point de vue, un écart possible du texte, dans son déroulement, par rapport à son squelette rythmique global, que l'on peut suivre assez précisément strophe par strophe, et qui est de nature *rythmique et plus métrique*. Le mètre est celui de la musique, il est le même partout, et le texte, dans son ensemble, ne lui est pas hostile ni hétérogène. Mais localement, des variations de plus ou moins grande ampleur se produisent, qui donnent à la convenance texte-musique son allure particulière.

Reste le troisième élément, la « relatio rithimorum », la *formule de rimes*. Elle s'accorde remarquablement au reste : la strophe est en effet divisible par les rimes en deux parties bien distinctes :

abab pour la première   *ccd* pour la seconde

chaque partie, séparément, est en accord avec la partie correspondante de la formule qui a été dégagée de l'analyse du texte et de la musique. En outre, la division centrale est confirmée par la tornada qui, en reprenant la formule des trois derniers vers de la cobla, confirme la fracture après le vers 4.

Il y a cependant une différence importante : pour les rimes, les deux parties de la strophe sont indépendantes, alors que la forme rythmique du squelette établit une « équivalence » du vers 7 avec les vers 2 et 4. Je réserve le commentaire de ce fait pour la conclusion.

41. *Ordre*

Si les différents manuscrits ne présentent pas de divergences fondamentales en ce qui concerne les « mots » de la canso, en revanche l'ordre des strophes change beaucoup. Les « éditeurs » modernes ont en général choisi l'ordre d'un des manuscrits pour leur édition ; parfois aussi ils en ont inventé un qui leur paraissait plus conforme à ce qu'avait dû être, selon eux, la canso originelle. Je ne les suivrai pas sur ce terrain.

On peut malgré tout *évaluer*, selon les mêmes principes (ceux de l'analyse rythmique), les différents ordres proposés. L'idée est de confronter les textes des différentes coblas, du point de vue rythmique, au squelette rythmique global, tel qu'il émerge de la confrontation des trois composantes de la convenance dans la canso. Or, ce qu'on constate est fort intéressant : si on s'en tient au seul marquage de *conformité* globale, c'est-à-dire qu'on donne 1 à une strophe si le squelette du texte est compatible (pas trop éloigné) avec le squelette global, 0 dans le cas contraire ; alors deux *ordres* émergent : celui du manuscrit B, choisi par Rita Lejeune (qui est persuadée que c'est le vrai) et un ordre, artificiel, dû à Santangelo :

I II V IV VI VII.

(Je prends pour ordre de référence celui du texte reproduit ici, celui du ms B.)

Car dans les deux cas, la succession des strophes apparaît divisible en deux morceaux 4 + 3, le premier selon la formule (0101), le second, plus grossièrement proche du squelette selon la formule (011) ; en outre, un deuxième marquage plus fin, qui analyse la conformité à l'intérieur de chaque partie de la strophe sépare nettement l'ordre du ms B de l'ordre Santangelo, donnant à l'organisation ordonnée de la canso, une figure exactement semblable à celle de la strophe modèle (c'est également ce qu'on obtient avec le « marquage », déduit de la constatation faite au début de ce chapitre, et qui a sans doute servi de point de départ à Rita Lejeune, de la « progression » dans la canso, des *lonh* et *amor de lonh*).

De cela, je ne tirerai pas la conclusion que le manuscrit B a le mieux préservé le chef-d'œuvre dans son état initial ; on pourrait aussi bien défendre le contraire, en se guidant sur ce que l'on sait des formes poétiques ou musicales existant dans le temps, et longuement transportées par voie orale, roulées et polies par les voix sur des générations comme des cailloux par la mer ; avant de tomber en poussière, elles atteignent parfois à un état d'équilibre où la forme apparaît à son mieux ; dans ce cas, il se pourrait que l'intervention des chanteurs successifs de la canso ait peu à peu amené le choix d'un tel ordre où s'écrit dans la dimension macroscopique de l'ordre des coblas la même forme très symétrique qui règne dans la strophe elle-même.

42. Un sens formel

Il apparaît à la lecture rythmique ainsi faite une grande conformité de structure entre les trois composantes essentielles de la canso : les mots (le texte), les sons (la mélodie) et la formule de rimes. Ici, musique, texte et rimes se rejoignent dans l'affirmation d'une architecture répétitive qui vient ajouter son effet d'envoûtement, à celle, très visible en surface, des retours de *lonh* et *amor de lonh*. En outre, les variations sur l'ordre des strophes dans cette canso qui a « vécu », étant très ancienne, longtemps par la voix de ses exécutants, tendent à donner à la forme rythmique une dimension supplémentaire, celle du déroulement des strophes, venant, par le jeu de l'approximation créatrice orale, ce mode de perfection qui frappe partout où la voix a porté la poésie chantée pendant des générations (qu'elle soit « populaire » ou « savante »).

Une telle « convenance » rythmique entre les éléments constitutifs de la cobla n'est pas générale ; les rapports peuvent être tout autres : ils peuvent être brouillés ; ils peuvent être d'une complexité très grande (on le verra dans la « lecture » ultérieure de la sextine). La chanson de l'amour de loin représente un des modes de ses rapports, celui de l'accumulation affirmative de similitudes et de répétitions, qui est un des secrets de la « fabrication » de la canso, de son « art ».

Et pourtant il y a, mise en évidence par la lecture rythmique, un point essentiel de discordance : il y a une distance, légère, mais nette, entre la forme rythmique commune du texte et de la musique d'une part, et la formule de rimes. Les timbres des deux parties de la strophe sont séparés. La rime d, *-atz*, est isolée dans la strophe. C'est une rime orpheline, « estramps », une « hirsute » de la rime. Une rime hirsute qui assure un lien de strophe à strophe par le retour différé mais résolu du même son, hirsute lui-même, *-atz* :

gelatz-clamatz-platz-solatz-remiratz-palatz-amatz--amatz.

Or le squelette rythmique indique une équivalence des poids des vers 2, 4 et 7. Il attire donc la rime hirsute *-atz* dans la proximité de celle des vers 2 et 4 de chaque cobla, qui est, dans toute la canso, portée par le mot unique *lonh*, et plusieurs fois par *amor de lonh*. Il apparaît alors un *sens formel* de la canso, la longue chaîne d'équivalences allant de *lonh* à *amatz*, de la dernière strophe et de la tornada. Mais ces deux « amatz », en fait sont des « dezamatz », puisque le contexte de la rime est « non fos amatz ». Le *sens formel* de la canso est celui-là : l'amour de loin est affirmation absolue de l'amour ; mais il est aussi la défaite de l'amour, son néant.

Chapitre 4

L'amour le chant la poésie

43. Le moment des troubadours

(i) Il y a un moment des troubadours ; ou plutôt une triple détermination, qui caractérise ce que j'appellerai *moment* : un *instant idéal* ; *un objet* ; *un lieu.*

La tension du néant appartient à ce moment.

(ii) *Un moment chimérique*

L'instant : vers 1230 ; le lieu : la Provence ; l'objet : ce qui, du trobar, circule à cet instant-là.

Le moment-chimère suppose un auditeur-lecteur vivant en ce lieu, à cette époque, qui peut entendre des troubadours chanter (Aimeric de Peguilhan, par exemple) et a à sa disposition les grands « chansonniers » qui commencent à être assemblés précisément au moment de ce moment (et immédiatement après, quand le trobar commence à se défaire) ; cet auditeur-lecteur, moi, nous, est évidemment, lui aussi, une « chimère ».

(iii) *Le lieu*

Ab l'alen tir vas me l'aire . qu'ieu sen venir de Proensa . tot quant es de lai m'agensa . si que quan n'aug ben retraire . ieu m'o escout en rizen . e-n deman per un mot cen . tant m'es bel quan n'aug ben dire .

En respirant j'attire vers moi l'air que je sens venir de Provence tout ce qui vient de là me plaît et quand j'en entends dire du bien je l'écoute en souriant et réclame pour un mot cent tant ce que j'entends me plaît

Qu'om no sap tan dous repaire . cum de Rozer tro c'a Vensa . si cum clau mars e Durensa . ni on tant fins jois s'esclaire . per

qu'entre la Franca gen . ai laissat mon cor jauzen . ab lieis que fa-ls iratz rire .

Il n'y a pas de plus doux pays que celui qui va du Rhône à Vence qu'enferme mer et Durance aucun où tant de pure joie s'éclaire aussi parmi ces gens merveilleux j'ai laissé mon cœur joyeux à celle qui fait les pleureurs rire

On ne saurait qu'adhérer à une telle affirmation. La description, la définition, par Peire Vidal le Toulousain, le fils de fourreur (*pelissier*), est celle d'un jardin fermé, d'un « hortus conclusus » conférant au lieu les traits mêmes qui sont ceux d'un lieu édénique, mais surtout du lieu d'amour.

(iv) *L'objet*

Les grands chansonniers manuscrits (ce qu'il nous en reste) ; idéalement copiés en Languedoc ou en Provence ou en Italie, contenant la musique des cansos, avec les lettres initiales des poèmes ornées de miniatures montrant les dames, les troubadours, leurs instruments de musique, leurs attitudes de chanteurs et d'amoureux ; chansonniers organisés selon le temps (l'histoire du trobar), selon les espèces de chansons...

(v) Les *vidas* et les *razos*, on peut le remarquer, nous placent le plus souvent en ce temps et en ce lieu.

(vi) Les troubadours qui parlent dans les chansonniers, par leurs cansos, y parlent comme des contemporains de ce moment. Ils chantent comme si le trobar était toujours présent, donc éternel.

(vii) J'identifierai donc comme troubadour de l'*après* ceux qui ont le sentiment aigu de la mise en marche double du temps, celle que j'ai choisie comme caractéristique de la démarche que je vous présente ici :

— soit sous les espèces de la nostalgie, ainsi Guiraut Riquier :

Be-m degra de chantar tener . quar a chan coven alegriers . e mi destrenh tan cossiriers . que-m fa de totas partz doler . remembran mon greu temps passat . esgardan lo prezent forsat . e cossiran l'avenidor . que per totz ai razon que plor .

Je devrais me garder de chanter   car au chant convient l'allégresse   et la peine tant m'étreint   que de tous les côtés j'ai souffrance   me souvenant de mon dur passé   regardant le difficile présent   et m'attristant de l'avenir   pour tout cela j'ai raison de pleurer

Per que no-m deu aver sabor . mos chans qu'es ses alegretat . [...] qu'a penas dic ren ben estiers . mas trop suy vengutz als derriers .

Il ne peut avoir de saveur   mon chant qui est sans allégresse   [...] c'est à peine si je parle d'autre chose   je suis venu trop tard dans les derniers

— soit pour affirmer la possibilité encore du trobar, comme Guilhem de Montanhagol :

Non an tan dig . li primier trobador . ni fag d'amor . lai el temps qu'era guays . qu'enquera nos no fassam apres lor . chans de valor .

Ils n'ont pas tout dit   les premiers troubadours   ni fait tout l'amour   au temps qui était heureux   que maintenant nous ne puissions après eux   chants de valeur

Et, dans la même chanson, il a ce vers étrange :

quar hom no viu tan quan faire solia .
car l'homme ne vit pas aussi longtemps qu'autrefois

(viii) La prose des vidas et razos qui accompagne, introduit commente les poèmes, ajoute une profondeur au présent du trobar, celle d'un antérieur continu remontant loin, jusqu'aux « trobador antic », lui donnant toute l'épaisseur nécessaire de la tradition, de l'autorité par conséquent.

(ix) Les chansonniers qui vont au-delà du *moment* glissent subrepticement parmi les autres : certains de ces troubadours tardifs, souvent représentants de trobars isolés, « provinciaux » (Rodez, Narbonne, Marseille), qui se chauffent au soleil de Provence en des temps devenus frileux.

(x) L'apparition de ces survivants de catastrophe dans les manuscrits fait voir que le trobar est fini.

(xi) L'après du trobar, dès son moment, est en fait déjà présent : car le sonnet naît en Sicile dans les mêmes années précisément ; on peut, si on veut éclairer le « moment » par le futur, prendre des exemples là : la Sicile, le « dolce stil novo » ; la Catalogne, avec Jordi de Sant Jordi et Andreu Febrer surtout.

(xii) Tout examen du trobar par la critique a toujours été fait en se plaçant implicitement dans cette situation : il y a une courbe du trobar, et un point de chute, qui n'est pas le sommet (beaucoup placent le sommet au début, ou presque) mais ce moment, après lequel on est, sauf exceptions, dans un désert poétique.

(xiii) La reconnaissance du moment et de ses caractères a, je crois, d'importantes conséquences sur la théorie du trobar.

Il n'y a pas, chez les troubadours, d'appel à l'éternité : pas de *tempus fugit* ni son corollaire l'*aere perennius*.

La canso apparaît comme une forme qui est un *commencement absolu*. Malgré tous les énormes efforts dépensés en recherches de modèles antérieurs (arabe, latin...), rien n'affleure dans le trobar lui-même d'un avant (sinon de démarcation : la poésie épique ou orale populaire). La canso, dès qu'elle *est là*, est. Elle ne suppose pas d'âge d'or perdu. Et du coup elle place toutes les traditions postérieures dans une situation d'infériorité ; état contradictoire et paradoxal de tous les « styles nouveaux » assortis de « vita nova » : dolce stil novo ; retour à Pétrarque de Bembo ; Pléiade ; etc.

Les troubadours n'ont pas d'Arcadie.

Les troubadours n'ont pas de modèles (ils ont des modèles réels, comme tout le monde, mais pas d'imaginaires) ; aussi ne trouve-t-on pas chez eux le topique des auteurs néolatins médiévaux (transmis aux « romanciers »), celui du « nain sur les épaules des géants » (avec la double attitude contradictoire qu'il suppose : on n'est rien ; on est très haut) (on trouve la deuxième version chez certains scientifiques aujourd'hui, juchés sur le géant Science).

(xiv) Tel est le moment du trobar que j'entreprends de décrire. Je le prends donc, momentanément, comme un seul grand poème, une canso unique œuvre du troubadour générique ; j'essaye une chromatographie formelle.

44. Le moment originel

(i) Le trobar s'est donné un *moment originel* ; ce moment est interne à lui-même ; et il est nommé ; en ce sens qu'il y a un premier troubadour : Guillaume IX d'Aquitaine, le « comte de Poitiers ». Guillaume IX a réellement vécu à la fin du XIe siècle ; ce qui fait que les plus anciens poèmes conservés par les chansonniers ont à peu près un siècle et demi d'âge au moment de la mise en manuscrit, ce qui est beaucoup pour un vin.

(ii) *Vida*

> *Lo coms de Peitieus si fo uns dels majors cortes del mon e dels majors trichadors de dompnas, e bons cavalliers d'armas e larcs de dompnejar; a saup ben trobar e cantar. Et anet lonc temps per lo mon per enganar las domnas. Et ac un fill, que ac per moiller la duquessa de Normandia, don ac una filla que fo moiller del rei Enric d'Engleterra, maire del Rei Jove e d'En Richart e del comte Jaufre de Bretaingna.*
>
> Le comte de Poitiers fut un des plus grands courtois du monde et des plus grands tricheurs de dames, et bon chevalier d'armes et généreux en galanterie ; il sut bien « trobar » et chanter. Et il alla longtemps par le monde pour tromper les dames. Et il eut un fils qui eut pour femme la duchesse de Normandie, dont il eut une fille qui fut femme du roi Henri d'Angleterre, mère du Jeune Roi, et du seigneur Richard et du comte Jaufre de Bretagne.

La petite-fille, non nommée par la vida, mais clairement identifiable par son mari et ses fils, est la célèbre Aliénor ou Eléonore d'Aquitaine, à elle toute seule un résumé du *trobar* et du *trouver* par son grand-père et ses filles, Aelis de Blois et Marie de Champagne, qui fut la protectrice de Chrétien de Troyes. Henri est Henri Plantagenêt, et « En Richart » est Richard Cœur-de-Lion, lui-même à la fois troubadour et trouvère par les deux versions de sa « chanson du prisonnier ».

(iii) La vida de Guillaume IX est conservée par deux manuscrits italiens, I et K, qui contiennent aussi un des plus fameux poèmes de Guillaume, son « adieu au monde », qui se termine par ces vers (la tornada) :

Aissi guerpisc joi e deport . e vair e gris e sembeli .
Ainsi je laisse joie et plaisir et vair petit-gris et zibeline

Le poème est composé « à la mort » et les regrets du monde associent au plaisir de l'amour (joi) le plaisir des fourrures.

(iv) La mise en situation historique de Guillaume IX par la vida, qui correspond assez bien à ce qu'on en connaît par d'autres sources, est faite avec un grand soin : la mention de sa descendance fait apparaître un roi d'Angleterre et un roi-troubadour, et omet le fait qu'Aliénor d'Aquitaine fut également épouse d'un roi de France qu'elle licencia parce qu'elle le trouvait trop « moine ». Elle était la petite-fille de la vicomtesse de Châtellerault, La Dangereuse, la maîtresse de Guillaume IX.

(v) Les quelque onze poèmes attribués à Guillaume IX se séparent en deux groupes fortement contrastés : d'un côté les poèmes destinés à ses « companho », comme celui des deux « cavales » dont les mérites sont comparés en strophes courtes (3 vers en 11-11-14 syllabes respectivement, combinaison très archaïque) et la dernière cobla révèle qu'il s'agit en fait de deux dames, Agnès et Ermessen ; de l'autre sont les premières cansos où il est question de l'« amors ». Et on y trouve cette cobla qui pourrait être choisie comme emblématique du commencement du trobar :

Ab la dolchor del temps novel . foillo li bosc e li aucel . chanton chascus en lor lati . segon lo vers del novel chan . adonc esta ben c'om s'aisi . d'acho dont hom a plus talan .

A la douceur du temps nouveau   les bois feuillissent les oiseaux   chantent chacun en son latin   selon les vers du nouveau chant   il est donc naturel de prendre   ce que chacun désire le plus

L'amour, donc.

(vi) Pour cette raison, pour cette dichotomie apparente, le premier des troubadours est apparu à beaucoup comme une sorte de Janus, à double visage, un « troubadour bifrons » comme l'a désigné un article célèbre des *études troubadouresques*. On s'explique aussi que certains aient été tentés de résoudre la contradiction, soit par le roman psychologique : avant, les compagnons de Croisade (Guillaume IX en a dirigé une), les vantardises, les « gaps » de la jeunesse en armes ; après, les poèmes « courtois » où s'invente l'amour des dames ; et entre les deux , après une blessure de guerre, le poème d'adieu. D'autres ont voulu lui enlever les poèmes d'inspiration « noble » pour les donner à Eble de Ventadour, qui fut un chanteur de la génération suivante dont on n'a rien.

(vii) On pourrait même aller plus loin ; car le « vers de dreit nien », le poème du néant dont j'ai parlé n'est connu que par le grand chansonnier languedocien C, du début du XIVe, le plus grand des chansonniers, du moins par le poids (il contient plus de 1200 textes, presque la moitié des textes connus) ; et C, qui ne dédaigne pas d'intervenir démontrablement dans les textes, contient en particulier un vers, le bizarre « babariol-babarian » mis par Guillaume dans sa propre bouche quand il raconte qu'il s'est fait passer pour muet (ou ce qui revient au même comme ne parlant qu'une langue étrangère) pour mieux « enganar » deux dames (qui sont toujours Agnès et Ermessen) ; et le manuscrit C a ce vers sous la forme

Tarababant/marrababelio riben/saramahart

qui a été interprété variablement ; mais surtout pour défendre la thèse des origines arabes du trobar. Mais comme on sait que le scribe de C intervient beaucoup, on peut supposer, plus généralement, que les attributions à Guillaume IX contiennent une part spécialement forte d'agglutination à fin d'archaïsme, ce qui expliquerait le fait après tout assez étrange que le poème du néant fasse une allusion si nette et parodique à la chanson de l'amour de loin qui n'est pas encore composée. Cette supposition est bien entendu vaine en ce qui concerne la chronologie réelle, je ne suis pas en train d'en proposer une autre, seulement de soulever quelques « points sceptiques » ; on est bien obligé de croire les manuscrits sur quelque point, pourvu qu'on reste dans un « monde possible ». Mais l'hypothèse est, je crois, en accord avec celle d'un *moment* du trobar où les poèmes du premier troubadour sont signalés à la fois comme vétustes et comme contemporains.

(viii) J'en viens maintenant à ce qui me paraît être le *sens* de ce choix d'un père du trobar, plus ou moins mythiquement initiateur de la grande poésie de l'amour.

On se met sous l'autorité, la protection, d'un grand seigneur, dont les terres, rappelons-le, étaient aussi grandes que celles du roi de France. Le trobar se crée une généalogie quasi royale, royale même par les descendants de Guillaume IX, dont un troubadour; le trobar agit comme les maisons royales qui recherchent leur origine romaine ou arthurienne. Il se donne la plus haute noblesse possible.

(ix) En même temps l'ironie complexe du *bifrontisme* de Guillaume IX, soulignée avec jubilation par la vida : *trichador de dompnas ; enganar las domnas*, s'exerce aussi sur le trobar, comme dans le « vers de dreit nien » : voilà comment notre père à tous les traitait, les « donas » (la vida est visiblement admirative).

(x) Or il apparaît aussi que Guillaume IX, créateur de la canso dans toute sa complexité, comme art (il parle de son « atelier »), emploie pour ses poèmes non « courtois » une forme nettement plus fruste, archaïque, plus adaptée, par sa parenté avec les décasyllabes épiques en « laisses », à des auditoires de guerriers qu'à ceux d'aujourd'hui (1230), qui sont des « connaisseurs » (significativement le seul troubadour où apparaisse comme une ombre d'amour masculin, Guilhem de Saint-Didier, utilisera les mêmes formules métriques dans le contexte de la canso). Ce qui veut dire aussi qu'enganar les dompnas est fort amusant mais n'est pas considéré comme du grand art.

(xi) Ce qui fait que la « leçon » demeure toujours valable : puisque le plus grand seigneur de l'époque des origines a décidé de se mettre au service de l'amour, les seigneurs d'aujourd'hui ne doivent pas oublier ce qu'ils lui doivent. C'est une sorte de sermon indirect.

(xii) La *signifiance*, enfin, du choix de Guillaume IX comme représentant le moment originel du trobar est politique : Poitiers, en effet, est de langue d'oïl ; et son seigneur a choisi de composer en langue d'oc. Les vidas et razos contiennent d'autres exemples de cette leçon-là.

(xiii) D'où il apparaît que, s'il est vrai, comme on l'a dit, que « l'amour est une invention du XIIe siècle », c'est en plus, du moins à ce que le moment des troubadours nous indique, l'invention d'un seul.

(xiv) Un seul, le premier troubadour, a ouvert ce paradis :

Totz lo jois del mon es nostre . dompna s'amdui nos amam .
Toute la joie du monde est nôtre dame si nous nous aimons

45. *Ieu*

(i) L'amour le chant la poésie : pour chacun un substantif et un verbe : *amors, amar, chan, chantar.* Pour la poésie la forme est la même : *trobar,* le *« trobar ».* Il faut comprendre aussi la succession comme un génitif (ainsi « la mort Artu », pour « la mort du roi Arthur ») : l'amour la poésie = l'amour de la poésie (ainsi le titre du livre d'Éluard). Cela contient virtuellement toutes les permutations (6) des trois termes (à l'imitation de ce personnage de Miguel de Unamuno qui répartissait l'ensemble du savoir humain sous trois rubriques : la vie, la mort, le droit ; et leurs combinaisons par génitifs ; la vie de la mort du droit ; le droit de la mort de la vie, la vie du droit...).

L'amour du chant de la poésie, la poésie du chant d'amour...

(ii) Les prendre dans cet ordre, l'amour, le chant, la poésie, c'est mettre le *chantar* au centre. Le chant est le signe de l'amour signifié par le trobar. C'est le signe (le triplet), mais un signe médiéval, c'est-à-dire marque d'une *signifiance* , en mouvement d'un avant vers un après ; un avant qui est cause, moteur. L'amour avant de mouvoir les étoiles meut la poésie par le chant. Le chant *signifie* le mouvement de l'amour à la poésie, par la « remembrance » d'amour et la « démonstrance » du trobar. La faculté de chanter est une anticipation de la poésie « aléathéorique » par le souvenir de l'amour.

(iii) Les manifestations du signe-chant, ses « muances » existent dans vos oreilles le temps d'une « performance » troubadouresque. Les « muances » du chant sont les *cansos*. Toutes les cansos ne sont que des accidents de la *forme canso* ; et comme les « muances » du Graal frappent de mutité, une grande canso présentée, se mouvant devant vos oreilles, vous laisse silencieux : « mut ».

(iv) Une canso commence : qui chante ?

De qui est-ce la voix ?

De quelqu'un qui est chanteur, un *chantador*. Parce que ce quelqu'un aime, seulement s'il aime, s'il aime afin de « trouver ».

(v) A perte de vue, des débuts à la fin du trobar, l'union, la « senefiance » de l'union de l'amour du chant et de la poésie en une voix et un signe orienté, est affirmée par le trobar : dans tous les sens ; par tous les moyens. Par affirmations, par déductions, par aphorismes, par vers, dans la mesure du vers. Par rimes. Le chant chante que le chant est d'amour devenant poésie.

(vi)

Chantars no pot gaire valer . si d'ins dal cor no mou lo chans . ni chans no pot dal cor mover . si no-i es fin'amors coraus . per so es mos chantars cabaus . qu'en joi d'amor ai et enten . la boch' e-ls olhs e-l cor e-l sen .

Chanter ne peut guère valoir si du fond du cœur ne monte le chant et le chant ne peut monter du cœur si en lui il n'y a amour de cœur c'est pourquoi je chante parfaitement car en la joie d'amour j'ai mis la bouche et les yeux et le cœur et le sens

(vii) Une canso commence. Celui qui chante dit : *ieu*, « je ». Il est presque impossible de trouver une canso où la première cobla ne dit pas « je ».

Une exception : la chanson de Guillaume IX que j'ai prise comme canso initiale, *ab la dolchor del temps novel*, précisément aussi parce qu'elle est en dehors de cette règle de voix, la *règle du ieu*.

(viii) L'amour le chant la poésie apparaissent en une voix qui dit « je ».

La canso est au nominatif ; la canso est au cas-sujet. Le triple « je » de la canso est comme un nominatif spécial, tel, paraît-il, que l'étrusque en connaissait un, qu'il réservait aux dieux.

46. Le moment d'amour

(i) L'amour a un moment par excellence, une saison, qui est celle que connaît le monde naturel :

Puisque nous voyons de nouveau fleurir prés et vergers se reverdir ruisseaux fontaines éclaircir les airs les vents chacun doit de la joie jouir en jouissant

Quand le ruisseau à la fontaine   s'éclaircit comme il arrive   et paraît la fleur églantine   et le rossignol sur la branche   répète et reprend et roule   son doux chanter et l'affine   il est juste que je recommence le mien

lanquand sont passés les givres   privés de monts et de combes   et qu'au verger la fleur tremble   dans l'entre-cime devenant fruit   la fleur et le chant et les trilles   de la saison douce et cointe   m'enseignent à empoigner la joie   ici au temps de l'entrée d'avril

(ii) C'est avril, peut-être, en Provence ; mais ailleurs avril est « the cruelest month », le mois cruel ; l'été est plus sûr :

Cette saison claire et noble   qui est tant désirée et voulue   doit être dans la joie reçue   que chacun en soit jouissant   voici l'été   et sa clarté

La joie commence en un beau mois   en la meilleure saison de l'an   quand les oiseaux mènent leur chant   par la douce saison d'été   qui apporte une douce saveur   que donc s'allègrent les chanteurs   et moi hélas en désespoir

(iii) D'où il apparaît nécessaire qu'il soit dit une fois au moins que cela est bien. Ce sera Peire Vidal, à qui « plaît tout ce qui par droit doit plaire. »

(iv) Il n'est pas moins nécessaire d'affirmer que si le printemps ou l'été sont saisons excellentes c'est aussi parce que l'hiver, c'est plutôt le contraire :

Maintenant semblent secs les arbres   et brunissent les éléments   s'en vont les clartés du noble temps   je vois la brume qui fume   dont déconsolation vient par le monde aux gens   et principalement aux oiseaux qui sont engourdis   par le froid qui les a surpris

« Engourdi » est mis pour l'occitan *mec*, qui n'est pas clair ; ce pourrait être « bègue ».

Ce portrait de l'hiver ne surprend pas. Il faut cependant remarquer que l'auteur de ces mornes vers s'appelle *Alegret*, le « joyeux » ; mais surtout que cette strophe commençante n'est pas celle d'une canso, mais d'un *sirventes* sur les hontes de ce temps. Le sirventes est une non-canso. L'hiver est le non-printemps.

(v) Que l'hiver soit le non-printemps signifie que le printemps amoureux sera dans une strophe hivernale par contraste, et une strophe hivernale en devient, par lui, printanière, donc initiale :

> Alors se détachent les feuilles du frêne   les rameaux s'entresèchent aux sommets   car sous la rouille ne peut pousser   la douce humeur de la sève   et les oiseaux sont de siffler muets   du froid qui semble-t-il les étreint

La saison est odeur et son,

> *l'odor de l'erba floria* . l'odeur de l'herbe fleurie *e-l douz chant que l'auzel pia* . le doux chant que l'oiseau pépie

ramure et fleur,

> rameaux fleuris   de petites fleurs enroulées   que font trembler les oiseaux de leur bec   rien n'est plus frais [qu'elle]

couleurs,

> je vois vermeils verts bleus blancs jaunes   *er vei vermeilz vers blaus gruocs* . *verges plais plas tertres e vaus* .   jardins plaines haies   tertres vallées   *e-l baus dels aucels son'e tint* .   et la voix des oiseaux sonne et tinte   en accord doux matin et soir   pour qu'en mon cœur je colore mon chant   *ad eus m'acort m'atcli e tart* . *so-m met en cor qu'eu colore mon chan* . *d'un'aital flor don l'espoutz si'amors* . *e jois lo gras e l'olors d'enuoi gandres* .   d'une fleur telle que son fruit soit l'amour   la joie son grain odeur le baume de souffrance

L'amour crée le « clavecin » coloré dont rêvait Rameau. Ici, les couleurs s'entrelacent sur la terre, qui est noire en dessous (« le monde en dessus est jaune vert et rouge, la terre noire en dessous, *finster sam der Tod* », dit Walther von der Vogelweide, « sombre comme la mort ») ; les couleurs s'entrelacent au moyen de la *rapportatio* : rouges les jardins, vertes les plaines, les haies sont bleues, les tertres blancs, les vallées jaunes ; entrelacement vivant qui dissimule le noir, et ainsi les couleurs s'entrelaceront pour donner le fruit de joie et le parfum mystérieux de ce qui est peut-être un lieu, un jardin, on ne sait. *Noigandres* ? comme le voulait Pound. *Colores rhetorici*, sûrement.

(vi) Les insignes de la saison marquent le lieu qui pourrait difficilement être un autre :

> *At point of separating out   of harsh weather   when it begins to soften   the sap rising along the branches   sap that revives   furze and heather   and turns the peach tree to a mess of blossom   the frogs sing from the marshes and   willow and elder   lengthen   I intend now to make a vers against   the months of dryness*

Il y a le genêt (*genest*), le pêcher (*presseguier*), le saule (*sauses*), le sureau (*saucx*) ; ailleurs le thym (*timi*), la sauge, la vigne... et même la fleur biblique pour Guilhem de Cabestanh :

> et donc je suis couvert clos et ceint   d'amour plus que de fleurs l'hysope

Cela a un son méditerranéen (« doux comme le Seigneur du cèdre et des hysopes »).

(vii) La grenouille est à l'eau ce que l'oiseau est à l'air (*ramas el riu el bosc l'auzel*).

Et dans l'air il y a le vent :

> *oy aura* douce qui vient de par là   où mon ami dort et séjourne et couche   de douce haleine à boire apporte-moi   la bouche j'ouvre du grand désir en moi

(viii) Le mot *aura* est un de ceux qui comptent le plus. Il a sa place dans le lexique du « grand chant » ; par Arnaut Daniel qui en fait son auto-senhal, donc sa signature : signer c'est se cacher sous un nom transparent (« Je suis Arnaut qui amasse le vent, *qu'amas l'aura* »). Plus tard, dans une autre langue, se fait le glissement de l'aura à lauro, laurier (en provençal laura). Et à Laure.

(ix) Quand le vent est amer pousse toute une branche philologique : l'aura amara aux tremblements multiples : vent, laurier, aimer mais aimer mal, qui est amars, opposé à amors ; l'amour, la mort, l'amer (Tristan).

(x) En hiver l'aura est amara ; pourtant, chante Bernard de Ventadour :

quand la froide *aura* vente devers votre pays elle fait que je sente un vent de Paradis c'est l'amour de la *genta* à qui je suis soumis

(xi) C'est que l'amour est insoumis de la saison. Il est la saison belle à lui tout seul. Bremon Rascas nous le rappelle :

que janvier ne vaut pas moins guère qu'avril et mai qui est vert et blanc en tout saison vaut amour

(xii) D'où on déduit inversement :

je dis que je ne lui suis pas violette qui tôt change avant même l'hiver mais par amour ou laurier ou genièvre

C'est Arnaut Daniel encore, qui se voit laurier, comme Pétrarque.

(xiii) Enfin, au terme de cette distinction, on peut tenir que l'hiver vaut mieux que le printemps même, puisque le printemps d'amour ne peut s'y confondre avec la douceur naturelle du temps :

Belhs m'es l'estius e-l temps floritz . quan l'auzelh chanton sotz la flor . mas ieu tenc l'ivern per gensor . quar mais de joy mi es cobitz .
L'été est beau et le temps fleuri quand les oiseaux chantent sur la fleur mais je tiens l'hiver pour meilleur où plus de joie m'est accordée

(xiv) Le point le plus aigu de la maîtrise dans la mesure des antonymes saisonniers, parce qu'ils sont, bien sûr, des « enseigneurs », *essenhadors*, de l'amour, est atteint quand leur coïncidence est affirmée implicitement dans les mêmes vers :

ara non vei puoi ni comba . on fuelha ni flor paresca . mas la blanca neu que tresca . mesclad'ab ven et ab ploia .
je ne vois colline ni combe où feuille ni fleur paraissse mais la blanche neige qui se tresse mélangée de vent et de pluie

et les vergers comme s'ils étaient chenus paraissent blancs
e li vergier cum s'il eron canut . pareisson blanc e verdejon li prat .

Peire Vidal
a plus d'allégresse à voir la neige sur la haute montagne que quand les fleurs se répandent dans la plaine

47. Nouveau et doux

(i) Le premier vers de la chanson que j'ai choisie comme canso initiale donne à la saison printanière deux adjectifs : *novel* et *dous*. Le moment de l'amour, son instant et son lieu, et aussi, on le verra, son objet, est cela : nouveau et doux. C'est la « douce saison nouvelle », « lo dous termini novelh » :

> *Pro ai del chan essenhadors . entorn mi et ensenhairitz . pratz e vergiers albres e flors . voutas d'auzelhs e lays e critz . per lo dous termini suau .*
> Autour de moi j'ai d'excellents maîtres et maîtresses de chant : les prés et vergers, les arbres et fleurs les mélodies d'oiseaux leurs « lais » leurs cris, par la douce saison nouvelle

Le mot « nouveau » est resté neuf, du moins dans les trobars successifs, jusqu'à nous. Mais « doux » s'est affadi au point qu'on ne peut ici qu'affirmer son intensité. Il faut se défaire de sa langue pour en retrouver le sens. Plus loin parfois qu'un mot incompréhensible d'une langue exotique est le mot que l'on comprend tout de suite mais dont le parfum s'est évaporé. Le « doux » de « dous termini suau » accompagne encore « neuf, nouveau » dans la fameuse terzine de Dante où se trouve le « dolce stil novo », avec *stil* à la place de « trobar ».

Un peu de philologie sémantique serait nécessaire pour retracer l'histoire antérieure de « doux », qui sera transmis tel aux autres langues romanes, et qui est neuf en 1090 (comme dans le vers de la *Chanson de Roland*).

(ii) L'essentiel de la saison, de la « sazo », est dans les deux adjectifs, nouveau et doux :

Après les brefs jours et longs soirs où l'air blanc avait bruni je veux que branche et buissonne mon savoir d'une joie *nouvelle* qui fruite et fleurisse car du *doux* feuillage je vois s'éclaircir les haies et sortant du désespoir et du froid le rossignol la tourterelle le geai le pic

(iii) Car tout ce que le temps choisi offre est doux ; le son et l'air et le feuillage :

me saute aux yeux la resplendeur des beaux yeux et de la douce haleine et me vient se mêlant la saveur tant qu'en ma bouche je n'ai que la douceur

e-l fruitz s'ergueilla . don secha-l vais' e-l vims . dels dous refrims . au sordezir la brueilla .
le fruit s'orgueille dont sèchent brin et vigne du doux refrain j'entends s'assourdir la haie

(iv) Car,

du clair doux soir jouissant prend souci celui qui aime

Une telle douceur est d'amour :

ainsi m'a pris vous voyant des yeux rire une douceur d'amour qui m'a féri et me fait le cœur si trembler et frémir qu'à peu s'en faut que je meure de désir

(v) Il ne faut pas remuer beaucoup pour trouver la fin ultime de toute cette douceur. Comme dit Marcabru, prêtant ces paroles au chevalier désireux de séduire la pastourelle :

petite toute créature s'en revient à sa nature au pareil l'apareillure nous devons vous et moi vilaine à l'abri dans la pasture aller vous y serez mieux sûre pour faire la chose doussaine *per far la cauza dossayna* .

(vi) C'est pourquoi ce son, cette lumière qui vient de la porteuse du doux, l'*amia* (et pour l'amia de l'*amic*) :

la joie me vient de là où la douce chose demeure

la douce aura qui est venue de là de mon ami belh e cortes e gay de son souffle j'ai bu un doux rayon

(vii) Et ainsi doux devient l'épithète première de l'aimée :

> vous m'appelez doux ami doucement *car m'apellez dous ami douzament* .

L'érosion dans la langue a rendu très vite ce « doux ami », « douce amie » quelque chose de « courtois », c'est-à-dire tombant dans le poli, si bien qu'en la fin du trobar il faudra qu'une marque supplémentaire en fasse renaître le sens neuf :

> *ai dous'amia* . *mala-us viron miei huoills* . *si chauzimens no-us guia* .

Un moment décisif du *Lancelot en prose* se joue sur l'écart, déjà, entre l'emploi amoureux et l'emploi de politesse ; quand, voyant pour la première fois la reine Guenièvre avant de partir en aventure, il entend ce qu'elle répond à ses paroles de départ :

> *dame fait il se vous plaisoit je me tendroie en quelque lieu que jou alaisse a vostre chevalier* . *chertes fait ele che vœil je moult bien* . *dame fait il des ore men irai a vostre congie* . *adieu fait ele biax dous amis* . *et il respont entre ses dens grans merchis dame* . *quand il vous plaist que je le sois* .

(viii) De « nouveau » il est dit qu'il désigne le renouveau, la jeunesse (*jovens*), la rejeunesse, l'instant où de nouveau tout est neuf et jeune :

> et qui mes bons nouveaux mots entend en sera plus neuf tout son vivant et vieux en doit renouveler

L'amour, permanent printemps, est ce neuf qui à chaque instant n'a rien en avant de lui :

> très tout m'est beau où elle est et respand les forêts les prés les vergers les ajoncs et tous me plaisent en chacun jour de l'an comme la rose qui naît de nouveau *cum fai la rosa qand nais de novel* .

(ix) D'amour en chant et poésie par le chemin du sens, doux et nouveau se déplacent :

> ma mélodie sera douce et basse tendre et légère et courtoise on l'en apprend volontiers

et je vous présente cette chanson nouvelle de son nouveau car dire peut homme ce qu'été dit ne fut qu'il est vrai qu'un troubadour n'est pas bon s'il n'a chant neuf et noblement assis en nouveaux dits de neuve maestrie
quar dir pot hom so qu'estat dig no sia . qu'estiers non es trobaires bos ni fis . tro fai son chans guays nous e gent assis . ab noels digz de nova maestria .

48. *Amors*

(i) Vient enfin amour, *amors*, celui qui meut tout. On le répète avec Peire Vidal :

Amors mi ten jauzens e deleitos . amors mi ten en son dous recaliu . amors mi ten gallars et esforciu . per amor sui pessius e cossiros . per amors sui ta fort enamoratz . que d'amor son totas mas voluntatz . per amor am cortezi'e joven . quar d'amor son mi fag e mi parven .

Un catalogue des effets de l'amour, par couples de quasi-synonymes : la jouissance (*jauzens e deleitos*), la vaillance (*gallars et esforciu*), la courtoisie et la jeunesse, ces inséparables, les actes (*fag e parven*), les soucis (*pessius e cossiros*). La douceur est présente dans la chaleur (*recaliu*).

(ii) Je ne cacherai pas plus longtemps qu'amour, comme le français en a gardé une trace pour romans de la presse du cœur, est féminin en provençal et qu'on ne peut donc s'étonner d'entendre Gaucelm Faidit :

la bon'amors qu'en joy nos ten abdos . la bonne amour qui nous tient tous les deux en joie

Le sexe grammatical d'amour n'est pas sans conséquence.

(iii) Son adjectif « lige », sa plus haute épithète vassale est *fin* ; pas fin comme mince mais comme pur (il nous en reste un peu, qui se trouvait chez les trouvères et Chrétien de Troyes).

On dirait donc *fina amor*, amour fine, « fine amour ». Mais, première *muance* paradoxale du sexe d'amour on en a fait, en s'aidant du hiatus à réduire a-a, *fin' amors*. Mais en fait, si je ne me trompe, le « ' » dans *fin' amors* est mis là pour montrer que la philologie n'ignore pas qu'amors est féminin en occitan, et on lit en fait *fin amor* qui, en l'absence d'autre adjectif ou d'un article, ne signale pas le genre.

> *ai fin amors fon de bontat . c'as tot lo mon illuminat . merce si clam .*
> ah fin amour fontaine de bonté qui a tout monde illuminé je te crie pitié

Fina, fine, est ce qu'est l'or quand il a été épuré par les méthodes des orfèvres, ces forgerons supérieurs, par des procédés qui peuvent être directement transposés à l'amour, pour prouver l'équivalence de *bon amors* et de *fin amors*, du bien moral et du précieux :

> *bon amors* a la même coutume que le bon or quand il est fin qui s'améliore s'affine s'épure en bonté si on le sert de bonté
> *bon'amors ha un uzatge . co-l bon aurs quan ben es fis .*

Fis est aussi fidèle, facilitant le passage de « bon » à « fin ».

(iv) L'absence d'adjectif autre que ceux qui font presque partie de lui résulte de son passage presque atteint, quoique heureusement pas entièrement à la nomination, au nom propre. Je dis heureusement, c'est un jugement. On a le plus souvent « amour », « amors », peu « l'amour », « l'(a) amors ». Mais ce n'est pas non plus Amour, Amors. L'amour, pour les troubadours, n'est pas, sauf exception, une allégorie. Il reste une *persona*. La persona de l'amour, persona de lui-même apparaît alors en tiers dans l'amour (je veux dire dans l'amour de ceux qui s'aiment : *ieu* et la *dona*).

nous trois vous et ieu et amors savons tous trois sans autre garantie [nous n'avons pas besoin de témoins ni de garants] quel fut notre accord [*covens*, « convention »]

(v) Mais le dieu d'amour, Cupidon, le fils de Vénus, le « vieil enfant, aveugle archer, et nu » ? Je dois dire qu'il n'est plutôt pas là. Si l'amour est déifié, ce qui n'est pas clair, ce n'est pas comme dieu pourvu d'un nom de Dieu. Et y a-t-il un dieu sans nom de Dieu (ou noms) ?

et oy deu d'amor . ad hora-m dona joi et ad hora dolor .
oh dieu d'amour tantôt il me donne joie et tantôt douleur

(Mais c'est une « chanson d'amie » de Raimbaut de Vaqueiras, pas une canso.)

(vi) L'exception, la chanson allégorique de Guiraut de Calanson, nous montre plutôt qu'une déesse (les troubadours ne sont pas vraiment, c'est à leur honneur, même si cela prouve leur ignorance, imbibés de mythologie), une grande dame. On est dans une cour médiévale plutôt que sur l'Olympe.

Une de ces grandes dames des romans, qui est aussi une fée :

aitan quan mars ni terra pot tener . ni soleils par se faia totz servir .
partout en mer ou en terre partout où paraît le soleil elle se fait de tous servir [tous lui obéissent ; elle est leur suzeraine]

e vai nuda mas quan d'un pauc d'orfres . que porta ceing . [...]
elle va nue sauf un peu de fourrure autour des reins

[...] e tuit sei parentat . naisson d'un foc de que son assemblat .
tous ses descendants naissent d'un feu dont on les fabrique

(vii) Cela ne veut pas dire que le personnage de la canso qu'est l'amour est sans armes. Mais les *armes de l'amour* qui seront omniprésentes dans le jeu de poésie pétrarquiste ne sont présentes dans le trobar que comme armes contemporaines, pas empruntées à la panoplie grecque.

Au lieu de la trinité feu, filet, flèche, on trouve le feu, la lance et le lien, image centrale qui n'est qu'une arme d'enfermement.

abrazar . *e cremar* . *me fai cum fuecs carbo* .
elle m'incendie elle me brûle comme le feu fait du charbon

qu'als plus guays es lansa d'amor . *que fer al cor ses gandida* . *ab plazers plazens d'amistat* .

(viii) L'amour est une persona qui est encore un nom, un substantif de la langue. Plus qu'un dieu, qu'on ne saurait où mettre sans risque, puisque la place est déjà occupée par le roi (mais il n'y a aucun enthousiasme en Occitanie pour la royauté), un grand seigneur qui serait une dame. Mais sans être la dame elle-même, qui ne prend pas, elle, le nom d'amour. L'amour est très haut, au plus haut qu'on peut imaginer. D'où cet avertissement de Gaucelm Faidit :

il conviendrait puisque le nom est si grand de cette chose qui a pour nom amour qu'amour [la personne] soit sans fausseté

(ix) Il y a une grande fragilité dans toute cette hauteur :

ne se brise une coupe de verre plus vite qu'amour se fracture et rompt
q'anc no frais copa de vaire . *plus tost qu'amors fraih e rom* .

Le « vase brisé » n'est pas loin.

(x) Fragilité inhérente surtout à l'existence, dans l'ombre d'amour, du contre-amour qu'est le *fals' amars*, qui de la substantivation venant du verbe *amar* apparaissant comme doublet d'*amors* reçoit l'amertume de son adjectif homonyme. L'amour ne vient pas d'aimer ; dériver l'amour, sous l'apparence de l'*amars*, à partir du verbe est un renversement moralement suspect de la « senefiance ». Car le *signe*, pour les troubadours est toujours ordonné, en mouvement ; et ordonné éthiquement. *Amors* crée *amar* mais si on place amar à l'origine on n'a qu'*amars* qui est *falsura*.

(xi) Au début de tout, en ce début que nous dit la saison, qui est doux et nouveau, avec le parfum, les couleurs, avec les sons, le goût des feuilles, des airs, *rius*, thyms et lauriers; plus qu'eux et eux tout ensemble, l'amour, *amors*. Unique source de savoir, début de toute science.

de fin commence ma chanson plus que non fait de nulle autre science je ne saurai rien si amour n'était pas
de fin'amors comenson mas chansos . plus que no fan de nulh'autra sciensa . qu'ieu non saubra nien s'amors no fos .

Rien si amour n'était (Aimeric de Peguilhan).

49. Axiomes

(i) Que l'amour soit commencement de tout implique qu'il soit *axiome* de lui-même et du chant.

(ii) L'apparence axiomatique de la théorie de l'amour dans le trobar a depuis longtemps été remarquée. L'axiomatisation emprunte volontiers la voie naturelle du *détournement*: détournement de cette axiomatique de la pensée «naturelle» qu'est la sagesse du proverbe, de la maxime, de l'aphorisme, toutes les variétés du «langage cuit» dont le Moyen Age fut si friand.

qu'eu ai vist acomensar tor . d'una sola peir' al bastir .
une seule pierre suffit pour commencer à bâtir une tour

e pois es en amor razos . que-ls mals deu esser ben e pro .
c'est une chose raisonnable qu'en amour le mal soit un bien et un profit

Les exemples sont nombreux.

(iii) Dans un deuxième temps, l'expression même de l'axiome amoureux prend la forme d'un modèle inexistant dans le langage cuit, imite le proverbe ou le dicton pour lui emprunter non pas une vérité reconnue de tous, mais sa simple force de vérité, contenue dans la forme même. La «vérité première» de l'amour, celle qui nous incite à tendre, comme le chœur des déménageurs dans *Hortense, couche-toi* de Georges Courteline, nos « rouges tabliers » pour les recueillir tombant du ciel ou de la bouche du troubadour, n'est pas une vérité déjà reconnue, mais est une vérité parce que son allure formelle ressemble à celle du proverbe.

l'amour est bon et a bonne saveur *es amors bon' ab bon saber* .

ben es selh pagutz de mana . *qui ren de s'amor guazanha* .
il est comme payé de manne celui qui rien de son amour gagne

je suis sien elle n'est pas mienne *sieus sui non es ill mia* .

La formule devient évidence.

(iv) Certaines de ces vérités formulaires auront une fortune durable. Ainsi :

car sai c'am et sai amatz . *[...]* . *tan can te terra ni dura* .
tant que la terre durera

Robert Burns dira encore :

je t'aimerai [...] *till all the seas gang dry*

(v) La parole d'amour est une parole de vérité et il faut qu'elle apparaisse telle avec évidence. Elle doit contenir en elle-même les moyens de se soutenir comme affirmation. Ces moyens ne peuvent être ceux du récit, du conte qui produit sa vérité par son déroulement. En utilisant, démarquant ou paraphrasant les proverbes ou les autres *moules de langage cuit*, le trobar le met moins au service de l'amour qu'il ne donne au dire d'amour une valeur aussi certaine aussi irréfutable que celle du proverbe.

(vi) En fait les moyens qu'utilise le langage cuit sont très proches de ceux de la poésie : c'est-à-dire la *mise en vers*.

Et c'est pourquoi les mesures des vers les plus nobles sont utilisées pour enfermer en une ou plusieurs parenthèses superposées les axiomes d'amour.

Ce sont les octosyllabes :

nuls om ses amor re non vau . homme sans amour ne vaut rien

Par couples :

en agradar e en voler . *es l'amors de dos fis amans* .
dans le plaisir et le désir est l'amour de deux fins amants

e chanz si d'amors non es faig . *no vai plus que ses dona amar* .
le chant si d'amour il n'est fait ne vaut plus que d'aimer sans dame

(vii) Le décasyllabe surtout :

Dieus sal drut qui ama finamen .
[*sal* : sauve *drut* : amant]

fis gaugs entiers plazens et amoros .
[*gaugs* : jois]

(viii) L'axiome amoureux souvent utilise pour se donner plus de force la mise à nu de la structure forte du décasyllabe, ainsi dans le vers de Peguilhan :

destretz cochos dezamatz amoros .

chaque adjectif occupe l'un des pieds métriques (les deux premiers iambiques, le premier hémistiche ; les deux derniers anapestiques ; les deux hémistiches parfaitement symétriques). Et le dernier, *amoros*, marque la fin du vers, s'opposant aux trois premiers qui expriment l'état de souffrance : *destretz*, en détresse ; *cochotz*, pressé par le désir ; *desamatz*, désaimé.

Le vers est lui-même axiome et donne sa vérité à l'axiome d'amour. Comme le décasyllabe est le « grand vers » par excellence, celui où l'« occasion ample » trouve sa voix, l'affirmation est renforcée par sa parfaite adéquation à la forme « stricte ». De tels vers lèvent haut le « drapeau » de la vérité amoureuse, et leur force n'est vraiment appréciable que si on pénètre dans la tradition du décasyllabe, plus lointaine pour nous que celle du vers de huit syllabes.

(ix) On peut dire que l'utilisation du modèle du vers comme renforcement de la vérité axiomatique suppose une hypermétricité des mots employés ; et dans le cas de l'octosyllabe comme dans celui du décasyllabe les vers les plus métriques sont ceux qui sont le plus indiscutablement iambiques. L'axiome apparaît alors avec d'autant plus de force.

per so es mos chantars cabaus . qu'en joi d'amor ai et enten . la boch'e-ls olhs e-l cor e-l sen .
mon chant est insurpassable car dans la joie d'amour j'ai tout mis la bouche et les yeux et le cœur et le sens

Les positions fortes du vers iambique 2, 4, 6, 8, sont occupées par les monosyllabes *boch'*, *olhs*, *cor* et *sen*, qui contiennent la vérité voulue par le vers.

la boch' e-ls olhs e-l fron e-ls mas e-ls bratz . e l'autre cors que res non es a dire . que no sia belamen faissonatz .
il n'y a rien dans son corps [à elle] qui ne soit bellement fabriqué, façonné et surtout bouche, yeux, front, mains et bras.

Ici, dans le décasyllabe iambique, les monosyllabes significatifs sont dans les positions paires 2, 4, 6, 8, 10.

(x) La démarche axiomatique formelle peut au contraire utiliser le modèle du vers pour mettre en évidence par contraste rythmique le ou les mots décisifs :

aissi sui totz domengeiramen sieus .

L'adverbe pompeux et presque latin de cinq syllabes encombre l'hémistiche et se heurte au *sieus* final.

C'est aussi par le mouvement de l'axiome agissant contre le mètre qu'Aimeric de Belenoi signale le mot décisif de son vers :

et ai amat longamen desamat .

La structure du décasyllabe, 4 + 6, veut que *longamen* aille avec *desamatz*, mais en même temps, la phrase construit naturellement *amat longamen*. La durée chevauche la frontière interne au vers.

(xi) Le fonctionnement par axiomes-vers n'est pas qu'un ornement du trobar. C'est une nécessité interne. Le poème, *vers*, a besoin de paroles réglées qui lui donnent son autorité. Ce sont les *verbas*, à la fois «paroles proverbiales», «sentences», un mot empreint de majesté religieuse. C'est l'accord du verbe et du vers qui permet de fonder la vérité d'amour à laquelle le trobar est avant tout voué. Sans cet accord, il est néant :

quar vers ses verba es niens .

50. Le désir et le jouir

(i) La première conséquence de l'axiome unique sous tous ses vêtements proverbiaux ou rythmiques, l'*axiome d'amour*, a nom désir, *dezir*. Jaufre Rudel se dit « désirant d'amour de loin ». De l'axiome d'amour il faut déduire l'état de « désirant », le mouvement de désir. Pas plus qu'amors, il n'a besoin d'être dit *novel*, l'étant toujours. Il est *termini novel*, saison nouvelle de l'amour, état de commencement d'aimer. On peut dire encore, si l'on veut, que le printemps est lui-même l'état de désir de la nature, suscité en elle par l'amour. Comme la saison, le désir est *doux*. C'est le

> *dous dezirs propdas*
>
> un amor *lonhdana* me tue   et le doux désir proche demeure   et j'imagine que je vais là-bas   en forme de bon pèlerin

(ii) Il y a deux mots désir : *dezir*, et puis *talant*, *talan*. Ils sont échangeables.

> grand *talan* j'ai qu'un baiser   je puisse lui arracher et prendre   et si elle s'irritait   *e si pueys s'en iraissia* . *voluntiers lo li rendria* .   volontiers je le lui rendrais

(iii) Le but du désir n'est pas dissimulé : le *jauzir*, qui est le « jouir » plutôt que la jouissance. C'est une denrée-verbe.

> a tous jours il m'a pris ainsi   que jamais de ce que j'aimais je n'ai joui   ni ne ferai ni jamais ne fis   et c'est pourquoi   voici que souvent le cœur me dit   tout est néant *c'az essiens* .   ainsi étant   *fauc maintas ves que-l cor me ditz* . *tot es niens* . (Guillaume IX)

(iv) L'adjectif en est verbal, le participe présent *jauzens* ; et même le participe passé *jauzitz*, qui pourrait être autant que « ayant joui », un étrange « être joui », de cet amour je suis en souci   veillant et puis rêvant endormi   car là j'ai la joie merveilleuse   je l'enjoie joui jouissant   *jauzens jauzitz*

ou encore le souhait :

e mias sion tan amors . don ieu sia jauzitz jauzens .

Jau est « être en joie », comme dans l'anglais *enjoy*, mais ce n'est pas le verbe qui vient de *joi*, c'est celui d'un substantif *jau* qui est aussi sous la forme *gaugs* et peut être dérivé, sans doute, de *gaudium*. Si on tire du côté de « joi » l'expression *jauzens jauzitz* (je m'en tiens à cette version, car hélas, le *jauzitz jauzens* que j'ai cité aussi plus haut semble bien être une invention de savant, en l'occurrence Alfred Jeanroy : les manuscrits C et E ont *jauzens joyos* qui est impossible à cause de la rime et R a *ab joy jauzen*) alors on a simplement joyeux jouissant, ce qui suppose que l'état joyeux est celui qui vient de la jouissance mais si on reste proche du verbe, et il est difficile de ne pas le faire en ne considérant que les mots eux-mêmes, il y a une ambiguïté dans le vers (et dans le vers-chimère de Jeanroy) : peut-être moi jouissant et joui, c'est-à-dire soit « ayant joui » mais alors on s'éloigne de la forme participale telle qu'elle se présente, soit « joui par elle ».

(v) Le mot *jauzir* présente une vêture phonique particulièrement appréciée des troubadours, étant un hirsute-peigné, hirsute par son *j* qui est consonne double, mais douce, comme son *z*, avec le charme supplémentaire de la palatalisation du second en le premier (les dialectes qui n'ont pas palatalisé ont *gaugs* et manquent cet effet). D'où la visible jouissance innombrablement répétée du mot *jauzir* dans le chant, le *jauzir* de *jauzir* :

dieus si jauzion jauziray . jauzïons ab midons jairay .

(vi) Le « jairay » du vers précédent est proche de « jauziray » par le son et cela d'autant plus que l'infinitif de ce verbe est « jazer ». C'est « coucher », « se coucher », comme dans :

dieu je voudrais voir venir l'heure   où je pourrais coucher près d'elle   *pres de lei jazer* .

(vii) Et «jazer» a aussi le sens du «coucher» moderne, comme dans *Loin de Rueil* de Raymond Queneau. Savaric de Mauléon s'en plaint à Prevot de Valence dans leur partimen :

celle que l'amour ne lie pas *qu'amors non lia* . *vol a totz faire plazer* . veut à tous faire le plaisir et promet trop tôt le coucher le *jazer*.

(viii) Le lieu du *jauzir* est le lieu du *jazer*, le lieu où tend le désir. Un lieu qui ne peut être que *cambra*, la chambre.

je ne pourrai survivre longtemps *longamen estar* [continuer à être ; *estar* est un de ces deux verbes être qui trouveront leur être en espagnol] si le long de moi dévêtue *si josta mi despoliada* je ne la peux baiser et tenir *dins cambra encortinada* dans une chambre derrière les rideaux

C'était alors un luxe qu'une chambre «privada» fermée de rideaux.

(ix) La chambre du jazer et du jauzir ne peut qu'être neuve et douce comme une chambre naturelle en la saison d'amour. Les feuillages alors sont les rideaux.

la cambr'er de ciel guarnida . la chambre sera de ciel ornée *d'un ric jauzir per jauzida* . d'un riche jouir pour la jouisseuse *c'ab dous baizar s'es sentida* . qu'elle sente au-dessous de lui à plat le plaisir *desotz de se plat de pla zenza* .

C'est une cobla de Marcabru mise dans la bouche d'un oiseau, l'*estornel*. Il ne veut laisser aucun doute sur ce que veut dire *jauzir*.

La chambre naturelle en la saison douce avec les rideaux du ciel, cette image est restée longtemps :

l'ébat des anges ; non... le courant d'or en marche,
meut ses bras, noirs et lourds, et frais surtout, d'herbe, elle
sombre, ayant le ciel bleu pour ciel-de-lit, appelle
pour rideaux l'ombre de la colline et de l'arche. (Rimbaud.)

Une ombre demeure du paradis terrestre.

(x) Je veux dire que la chambre est aussi le «jardin fermé», le «hortus conclusus» de la tradition méditerranéenne :

l'amors don ieu sui mostraire	l'amour dont je suis montreur
nasquet en un gentil aire	naquit dans un air de noblesse
e-l luocs on ill es creguda	et le lieu où elle a grandi
es claus de rama branchuda	est clos de feuillage branchu
e de chaut e de gelada	contre le froid et la gelée
qu'estrains no l'en puesc estraire	nul intrus ne l'en volera

(xi) Jardin fermé elle-même au centre du jardin fermé, la dame :

> donc si j'étais *dins vostres bratz enclaus* . entre vos bras enclos inclus et que tous deux nous soyons *d'un voler* *meravil me on poiria-l joy caber* . je me demande comment je pourrais contenir la joie.

(xii) Aussi le désir est-il immense de pénétrer tous les obstacles jusqu'au jauzir-jazer. Une certaine impétuosité affleure chez Bernart de Ventadour, par exemple :

> *e baisera-lh la boca en totz sens* . *si que d'un mes i paregra lo sens* . et je lui embrasserai la bouche en tous les sens tant que de tout un mois il en restera le signe

(xiii) Et cependant on n'a pas manqué de remarquer, avec toutes les déductions que cela permet, que le désir est dans le trobar essentiellement dirigé vers un jauzir au conditionnel « cela serait », « ah dieu, si cela était ! » ; et particulièrement dans le moment conditionnel, le moment du sommeil et du rêve :

> la plus grande joie jamais sentie en mon cœur *lo majer jois* fut en dormant que je rêvai un soir elle me laissait ses mains nues tenir mourir je crus de joie en m'éveillant

(xiv) D'où il résulte que le désir lui-même se tourne vers le sommeil jusqu'à l'espérer remplacer la veille :

> souvent m'advient la nuit quand je suis couché que je suis près de vous par semblant quand je dors alors je suis en si riche jouissance [*jauzimen* : état du jauzir prolongé] je ne voudrais plus jamais m'éveiller si seulement durait la pensée du plaisir

51. Amador, drut

(i) Tout troubadour aime. Donc désire. Donc désire jouir. S'il aime il est *amador, amaire.* S'il est *jauzire*, le nom de son heureux état d'amant comblé est *drut.*
Tout troubadour n'est pas nécessairement *drut.*

(ii)

enquer me menbra d'un mati . encore je me souviens d'un matin *que nos fezem de guerra fi* . où nous avons mis fin à la guerre *e que-m donet un don tan gran* . *sa drudari'e son anel* . [son anneau] *enquer me lais Dieus viure tan* . encore me laisse dieu vivre tant que j'aie mes mains sous son manteau *qu'aia mas mans soz son mantel* .

(iii) Qu'il y a bien deux noms distincts :

amaire et drutz sui ieu . (Peire Vidal.)

(iv) On sait, on l'a dit et répété à satiété, des troubadours l'ont dit, on n'est pas *drut* de sa femme

e per domnei de dompna es hom grazitz . *e per dompnei de moiller escarnitz* .
faire l'amour à sa dame mérite l'éloge faire l'amour à sa femme le blâme

explique péremptoirement Gui d'Ussel à Elias, son cousin, dans un partimen.

Cette « preuve » n'est pas absolument convaincante. Dans un partimen d'amour la dichotomie des réponses ne met pas l'une d'entre elles hors courtoisie. Au contraire : il faut que les deux réponses soient possibles pour qu'il y ait débat. De toute façon ce n'est pas un problème bien intéressant, sinon par ses implications sur les successeurs (la condamnation de l'évêque de Paris est de 1277). Il est certain que la domna peut être mariée et la question de la jalousie se poser en termes de possession et de légalité, mais elle se pose de toute façon et pas principalement dans ces termes. L'insistance sur la situation sociale de la dame, sur son état juridique est surtout le fait de ceux qui, comme Marcabru et ses disciples, polémiquent contre le trobar, à partir de positions religieusement orthodoxes, et mettent en avant l'amors non profane pour l'opposer à l'amors. Pour Cercamon :

> *drut moiller e marit* . tous les trois serez punis du même péché *el fuec major* . *seretz creman* . vous brûlerez au feu majeur

La polémique n'est pas essentiellement entre amour conjugal et amour adultère comme on le croit trop, pour s'en réjouir et le plus souvent autrefois s'en scandaliser, mais entre toute espèce d'amour profane, et l'amour vrai, l'amour de la créature pour Dieu et de Dieu pour sa créature. Et Marcabru en des vers célèbres et magnifiques se vante de n'avoir jamais aimé de dame ni de femme :

> *Marcabrus fills Marcabruna* . *fo engenratz en tal luna* . *qu'el sap d'Amor cum degruna* . *escoutatz* . *quez anc non amet neguna* . *ni d'autra non fo amatz* .
> Marcabru fils de Marcabrune fut engendré sous telle lune qu'il sait d'amour quelle est la graine écoutez jamais il n'en aima aucune ni d'aucune il ne fut aimé

(vi) Il y a certes une raison fort importante pour ceux qui préfèrent une dame à une épouse :

> *maritz a son joi ses affan* . *e-l drutz l'a mesclat de dolor* .
> le mari a sa joie sans souffrance le drut l'a mélangée de douleur

(vii) On a répondu à Marcabru sur le même terrain que lui, en défendant le libertinage des grands face à la morale chrétienne des petits. On lit dans une cobla anonyme :

> *amors vol drut cavalcaire* . l'amour veut qu'un amant soit chevalier [...] *e domna c'ab aital drutz jatz* . et la dame qui couche avec un tel amant *es monda de totz sos pechatz* . est absoute de tous ses péchés

Il y a là de quoi faire s'étrangler de fureur le légat du pape comme devant l'insolence de Guillaume IX. Une telle position, antonyme de la position marcabrune-cercamone, où le fait que le drut recommandé soit chevalier alors que Cercamon est jongleur et Marcabru sans doute pire encore, déplace la polémique vers un terrain sociologico-éthique où nous la laisserons volontiers.

(viii) L'amador, comment se tient-il ? Il est *temoros*.

la lenga-m falh e-l cor n'ai temoros . la langue me manque et j'ai le cœur *temoros* *car qui non tem non ama coralmen* . car qui ne craint n'aime pas coralment

La preuve est cet axiome décasyllabique : ne pas craindre est ne pas aimer en son cœur.

(ix) Il y a un troubadour qui est un véritable spécialiste de l'humilité, un fanatique de la crainte : Arnaut de Mareuil.

sobretemers me fai fulhir . une super crainte me fait fuir *que fai humils los plus espertz* . qui rend humble les plus experts

et

mas eu sui cel que tement mor aman . je suis celui qui terrorisé meurt aimant

On dirait qu'il en remet.

(x) Le *temer* peut être une tragédie :

qu'aissi conquier humils humilian . *humil plazer quant es humils servire* . *humils suy ieu ves midons veramen* .
puisque conquiert l'humble s'humiliant l'humble plaisir par un humble service humble je suis envers ma dame vraiment

C'est une recommandation de Pons de Chapteuil.

Et Ozils de Cadars, comme on peut lire dans les *Annales Academiae Scientiorum Fennicae* d'Helsinki (série B, tome VII, n° 5, 1913, p. 184) :

siatz humil et adreg et acli . soyez humble et adroit et persistant

(xi) Tout cela est un peu pégueux et Peire Vidal préfère se représenter en drut selon la persona du drut par excellence, c'est-à-dire Gauvain :

a l'usatge-m tenh de Galvanh . moi je suis comme Gauvain quand je ne suis pas en aventure je m'efforce tant de tous côtés que je prends et conquiers et gagne

Semblable au personnage du jeune fils de famille dans *L'Hôtel du libre échange* de Feydeau qui a passé en quelques scènes de la lecture secrète du *Traité des passions* de Descartes à d'autres jeux grâce au truchement de la jeune et accorte bonne de sa mère, Peire Vidal fait le portrait du drut peu *humils* en forme d'autoportrait comique (c'est le genre du *gap*, « vantardise ») :

> En hardiesse je vaux Roland et Olivier en amours Berard de Montdidier [héros d'un roman, perdu, comme d'habitude] je suis si preux et on dit tant de bien de moi que souvent je reçois des messages accompagnés d'anneaux d'or de cordons blancs ou noirs et de tels saluts que mon cœur s'en réjouit.

(xii) Il est clair que amador comme drut ne sont ni l'un ni l'autre : le désir ne veut pas fuir; le jouir ne peut pas vaincre.

> *mas quar sap que vencutz so* . comme elle sait que je suis vaincu *sec ma domn' aital razo* . *que vol que vencutz la venca* . ma dame raisonne ainsi elle veut que vaincu je la vainque

Un long *devinalh* (poème énigme) de Raimbaut de Vaqueiras suit cette voie, dans ses implications philosophiques et physiologiques (c'est souvent la même chose).

(xiii) Car enfin il n'y a qu'une seule et droite voie de l'amador au drut qui sont toujours le même, en un seul ieu.

> *sieus sui del pe tro qu'en cima* . du pied à la cime je suis sien.

(xiv)

> *et amei vos anz q'ie-us vi finamen* .

Alors seulement il est, mieux qu'amador ou drut, *amanz,* fin amant.

52. *Joi*

(i) Dezir est un état qui naît de l'amour et ne disparaît qu'avec l'amour même : *dezir ai...*, *m'es pres talen...* Il m'est pris désir, dit le troubadour. Jauzir est un état incertain, même si sa nature ne laisse guère de doute. Mais si la jouissance fait de l'amador le drut, elle n'est essentielle qu'en intention, et quelque chose dans la théorie de l'*amors* la dépasse : c'est la joie.

(ii) Le trobar a inventé, s'est inventé un mot, qui est *joi*.

dona per vos mos deziriers . *m'aportava de joi sabor* .
dame mon désir pour vous m'apportait la saveur de la joie.

Le mot *joi* est un mot-mystère : le candidat étymologique qui a donné, en français, les deux familles, celle de *joie* et celle de *jouir*, est *gaudium* qui fournit en provençal la lignée de *jauzire*. Or le substantif correspondant d'après la phonétique historique aurait dû être soit *gaugs*, en Languedoc et en Provence ; soit *jau, jei*, formes limousines, qu'on trouve encore aujourd'hui, occupant un territoire sémantique proche de *plaisir* ; mais en aucun cas *joi*. Et *joi* ne peut pas non plus être un emprunt au français. On aurait *joia*, féminin, qui se trouve effectivement :

bona es vida . *pos joia la mante* . bonne est la vie dès que joie la soutient .

Des nombreuses interprétations de ce fait bizarre, on peut retenir celle de Camproux qui dérive, avec quelque difficulté il est vrai, *joi* de *joculus*, et apparente ainsi « joie » à « jeu », ce qu'on adoptera volontiers. Mais l'hypothèse la plus vraisemblable, tout à fait en accord avec ce qu'on sait des origines du trobar, est celle qui provient de la constatation qu'une forme *joi* pourrait provenir de *gaudium* par l'intermédiaire du dialecte frontière poitevin, entre oc et oïl, au XIIe siècle. On aurait là un cadeau linguistique de première grandeur, un joyau terminologique offert par le père du trobar, le « comte de Poitiers » à ses enfants. Guillaume IX est le premier à employer *joi* dans une canso qui est bien une *canso du joi*.

molt jauzens mi prenc en amar . un joi don plus mi vueill aizir .
jouissant je me prends à aimer   un *joi* dont je veux tout bonheur

(iii) Ce cadeau de langue, quel est-il ?

Entre désir et plaisir certainement, entre le désir certain et la jouissance incertaine, comme le chant entre amour et trobar, entre amour et poésie ; entre et au-dessus (c'est un concept au moins éthique), signe du mouvement de désir vers jouir. Ainsi le place Peire d'Alvernha :

ab lui ai en guidonatge . joc e joi e gaug e ris .
entre jeu et jouissance   en lui j'ai mis pour me guider   jeu et joie et jouir et rire

(C'est une réponse de la dame au rossignol messager d'amour.)

(iv) Pour Guillaume IX dans son poème des adieux, le *joi* est comme l'équivalent de la prouesse. Ce poème peut être pris comme un adieu du trobar à la chevalerie, car la *prouesse* sera mise par lui en position inférieure, plus exactement en position de vasselage devant le suzerain joie. Je vois là une clef pour les trois romans de Chrétien de Troyes, avant le *Conte du Graal*, d'*Erec et Enide* au *Chevalier à la Charrette* : manifestation romanesque de la dépendance de *proeza* par rapport à *joi*.

de proeza e de joi fui . mais ara partem ambedui . et ieu irai m'en a cellui . on tut peccador troban fi .
de prouesse et de joie je fus   maintenant j'abandonne l'une et l'autre   et je me tourne vers celui   en qui tous les pécheurs trouvent paix

Le trobar, sur ses vieux jours, fera de même.

(v) Dès sa naissance, le trobar est sous le signe du *joi*.

totz lo joi del mon es nostre . dompna s'amdui nos amam .
toute la joie du monde est nôtre   dame si nous nous aimons

Sur ces deux vers axiomatiques de Guillaume IX, où la dame est mise, par l'enjambement, dans le donjon du début de vers, le trobar entre dans le territoire du sublime.

(vi) Il a été nécessaire, pour cela, que le joi demeure, largement, indéfinissable. De quelque côté il touche à la jouissance

[...] *del jazer . dic que drutz deu son joi major . penre al comensar .*

[...] du coucher je dis que l'amant doit son joi majeur prendre au commencer

affirme Gaucelm Faidit dans son partimen avec le comte de Bretagne, mais c'est plutôt là un partitif du concept entier *joi*.

(vii) Car le *joi* est presque une chose, un bien. On le trouve même en possession de la dame, son fief.

votre joi rend le monde heureux (Peire Vidal)
votre fin joi entiers de plaisir et d'amour (encore Peire Vidal)
fis, entiers, plazens, amoros

(viii) L'ubiquité du *joi*, denrée subtile et circulante, partagée entre tous ceux qui savent d'amors

bona domna on que siatz . joi si' ab vos e joi aiatz .

chante Peirol incantatoirement (et vous avez pu l'entendre autrefois par le groupe *montjoia*).

(ix) Le *joi* vient d'amour certes. Nous prenons garde de ne pas l'oublier :

une dame ne peut rien valer *ni par riqueza ni par poder* si le joi d'amor ne l'inspire (Cercamon)

(x) L'amour lie de joie.

et comme amour de joi me lie je ne dois faire privation d'amour *no-i dei far de joi carestia .*

Gaucelm Faidit refuse la *carestia* de joi, le carême de joie.

(xi) Le joi se trouve ainsi mis comme passage obligé de l'amour au chant.

ab fina joia comensa . lo vers qui bels mots assona .
de fine joie je commence le poème qui fait résonner les mots

(xii) Et comme toujours dans le trobar, pour tous les mots

du « grand chant », il y a un joi de chaque mot ; et il y a un joi du joi lui-même.

Ou plus exactement il y a un joi du trobar qui est *joc* (jeu) des mots du « grand chant » tels que l'art de poésie les dispose dans la canso, à la convenance de l'amour :

> *e-l rossinhols autet e clar* . *leva sa votz e mou son chan* .
> le rossignol haut et clair lève sa voix et bouge son chant
> *joi ai de lui e joi ai de la flor* . *e joi de me e de midons major* .
> joie j'ai de lui et joie j'ai de la fleur et joie de moi et de ma dame joie plus grande *de totas partz sui de joi claus e sens* . de toutes parts je suis de joie clos et ceint *mas sel es jois que totz autres jois vens* . cette joie est celle qui triomphe de toutes les autres

(xiii) L'intensité du *joi* est telle qu'elle vous met au bord de l'évanouissement. Le mouvement de joie lance l'alouette dans la douceur du rayon de soleil :

> je vois *la lauzeta mover* . *ab joi sas alas contra-l ray* . du joi ses ailes contre le rayon

Le *joi* endort Gavaudan :

> *per pauc de joi no m'endormi* . *quan mi toqueron siey cabelh* .
> de joie presque je m'endormis quand ses cheveux me touchèrent

(xiv) L'invention de l'amour est sans doute, en grande partie, l'invention du *joi*. Ce pouvoir d'un mot, né dans le voisinage de la filiation phonique de *joc*, le jeu, et de *gaudium*, entre l'oc et l'oïl, changeant, au-dessus de la fracture des langues, pour le français même, quelque temps au moins, jouissance en joie, a, pendant le siècle et demi du trobar, « rémunéré le défaut des langues ».

Joi a été le mot clef, le maître mot des troubadours, celui-là même qui donnait au provençal ce parfum dont parle Dante. (Car la diversité des langues n'est pas toujours à déplorer comme la confusion de Babel. Il y a un « jardin des langues », où se trouvent ses fleurs d'« ogni colore », chacune avec son parfum secret et unique.) Le joi n'a pas survécu aux troubadours. Le mot même a disparu en provençal, en occitan, où n'est restée que la forme antérieure de *jau* ou de *gaug* (*goig* en catalan), avec le sens de plaisir. Joie, en français, sauf chez quelques mystiques, est devenu ombre de joi, ombre même de la joie des romans de Chrétien de Troyes, des chansons des trouvères. Les Siciliens en seront les derniers héritiers. Car c'est une des innovations (de qualité très douteuse du dolce stil novo) de faire disparaître l'idée de joi et presque le mot (un seul exemple dans les *rime* de Dante). Les troubadours eux-mêmes s'identifiaient au joi. Le mot était leur emblème.

Dans une tornada, Raimon de Miraval, faisant allusion à la terrible croisade des albigeois et plaçant son espoir (il devait être déçu) en le roi d'Aragon, évoque le moment futur et heureux où les envahisseurs de Simon de Montfort (qui montaient à l'assaut, ô ironie, au cri de « Montjoie ») repoussés, l'amors serait de nouveau le maître en Provence.

pois poiran e drut . cobrar lo joi qu'an perdut .
alors pourront dames et amants recouvrer le joi qu'ils ont perdu

53. *Douleur et feu*

(i) Quel est l'antonyme du *joi* ? On pense « douleur ».

que plus es ponhens d'espina . la dolors que per joy sana .
elle est plus poignante que l'épine la douleur que le joi guérit

(ii) Mais en fait on constate qu'il y a de nombreux possibles :
— *Sofrirs* :

c'Ovidis ditz el libre que no men . car Ovide dit au libre qui ne ment pas *que per sofrir a hom d'amor son grat .* que par souffrir a l'homme sa récompense d'amour *e per sofrir son maint tort esmendat .* et par souffrir sont bien des torts réparés et le souffrir fait bien des amoureux jouissants *e sofrirs fai maint amoros jauzen .*

— Il y a *mal* qui est souvent antonyme de *joi* plus que de *bien* :

mas lo mals m'es de tan doussa sabor . le mal pour moi a une douce saveur

— Il y a *dan* :

pauc pren d'amor qui no sofris . *l'erguelh e-l mal e-l tort e-l dan* .

On peut observer que dans tous ces exemples le mot est pris comme ayant l'effet opposé à celui qu'il est censé avoir ; produit en fait quelque chose qui est le contraire de ce qui est, donc presque la joie.

— Il y a encore *pena* :

plus trac pena d'amor . *de Tristan l'amador* . *que-n sofri manhta dolor* . *per Iseut la blonda* .
je tire plus de peine de l'amour de Tristan

— Un beau mot, *afans* :

nulhs hom no sap que s'es gran benanansa . *s'enans no sap quals es d'amors l'afans* .
On ne sait pas ce qu'est son grand bienfait si on ne connaît pas l'*afans* d'amour

— Et il a un cousin, *maltraich* :

per mielhs sofrir lo maltrait e l'afan . que me donne amour dont je ne peux me défendre je ferai des chansons faciles à apprendre de mots courtois et d'agréable chant

Tous ces mots sont dans le registre du langage ordinaire, convoqués au-dessus d'eux-mêmes par amors. Un mot seul a quelque chose d'un peu plus proche d'une antonymie privilégiée, d'un peu moins raide, étroit : c'est *cossire*. Il est voisin de *coytado, coyta*, dont les troubadours gallego-portugais feront, dans la couleur mélancolique, leur envers-signature du *joi*.

La comtesse de Die :

estat ai en gran cossirier . *per un cavalier q'ai agut* . j'ai été en grand *cossirier* pour un chevalier que j'ai eu je veux qu'il soit de tout temps su que je l'aimais plus que tout *e voill sia totz temps saubut* . *cum eu l'ai amat a sobrier* .

Une canso de Guilhem de Capestany indique cette élection du mot *cossire*. Elle commence ainsi :

lo dous cossire . *que-m don' amors soven* . le doux cossire que me donne amour souvent

(iii) La multiplicité des antonymes possibles de *joi*, dont aucun n'est privilégié, mais dont l'existence comme contraires de la joie est nécessaire, absolument, à cause de la nature de l'amour, montre que la « douleur », à la différence de la joie, est dispersion. La souffrance, en opposition avec la joie qui est « entière », est fracture. Dans la souffrance, si elle ne se renverse pas en son contraire, l'amour rompt, se brise comme l'épée, se fragmente. Dans le joi seulement l'amour atteint à l'unité. Cette conception aura pour corollaire l'intégrité et l'entièreté du trobar, sa qualité d'être « un » qui doit être prise éthiquement autant qu'esthétiquement.

Feu

(iv) La frontière entre le joi et le sofrirs, qui n'est pas absolue, qui est réversible parce que les états eux-mêmes sont réversibles, qui est comme la paroi infiniment mince d'une surface à un seul côté, est désignée d'un terme, qui est *fuecs*, le feu :

le feu d'amour qui prend sans étincelle *que non tem correg ni verga* . *lo fuecs que compren ses esca* . on ne peut pas plus l'éteindre de verges que la mer de chaînes

plus l'amour est grand plus il est vrai et bon et pur plus il brûle *com meier es plus art lo foc* .

plus il y a d'herbe plus l'amour est printanier et touffu le paysage de la plaine c'est-à-dire plus le corps de celui qui aime est neuf d'amour plus le feu d'amour le brûle

aissi co-l fuecs s'abraza per la lenha . comme le feu s'embrase dans la plaine *on mais n'i a e la flam'es plus grans* . où plus y a la flamme va plus grand *sui embrazatz per selha que no-m denha* . embrasé suis par celle qui ne daigne

Plaine en flammes, « *llano en llamas* » est Gaucelm Faidit et plus on tend vers la jouissance plus on s'enfonce dans ce feu.

on mais vos bays dousa res e vos toc . plus je vous embrasse douce chose et vous touche [ou bien :] là où plus je vous embrasse et vous touche douce chose plus je m'enfonce [moi Guilhem Augier Novella] plus profond dans ce feu *yeu m'en vauc plus prion en aisselh foc* .

(v) Si le feu tend à montrer la souffrance, il est clair qu'il montre en même temps et secrètement la joie ; car, dit Arnaut Daniel « de la connaissance d'amour que j'ai me vient la joie » et c'est pourquoi, alors :

c'aissi m'art per la meola . lo focs non vuoill que s'escanta . alors que me brûle la moelle ce feu je ne veux pas qu'il s'éteigne

(vi) Le feu porteur de la joie et de la douleur d'amour entrelacées se propage dans la plaine du chant,

dinz el cor me nais la flama . q'eis par la boch' en chantan . dans le cœur me naît la flamme qui sort de ma bouche chantant

embrase dames et amants.

54. Mort

(i) D'une seule manière la dispersion de la douleur retrouve son unité ; ce n'est pas dans la joie, mais dans la mort. Le véritable antonyme de joi est *mort*. La mort d'amour s'oppose à la joie plus encore qu'à son antonyme naturel : vie, *vida*. Dans la mort, la brisure du sofrirs est effacée. La mort est un *sobresofrirs*, un plus-que-douleur. Et elle s'oppose au plus-que-joie là où le joi, par le *joi major*, rejoint, en limite inductive, le jauzir.

(ii) La mort, comme le joi, est ubiquité. On le rappelle avec Peire Rogier, le « vieux ».

mas tot quant es s'aclina vas la mort . mais toute chose quelle qu'elle soit s'incline vers la mort

(iii) Joi vient d'amors et le non-amors crée la mort. C'est la première forme de la mort.

Ben es mortz qui d'amor no sen . al cor calque dousa sabor . il est bien mort celui qui d'amour ne sent au cœur quelque douce saveur et que vaut vivre sans amour sinon pour ennuyer les gens *e que val viure ses amor . mas per enoi far a la gen* . [« ennuyer » est faible !]

(iv) Mais il existe une deuxième forme de la mort, celle qui vient du refus d'amour, du refus de joi :

> *ai cum par franch'e de bon aire . cui l'au parlar e cui son gen cors ve* . ah comme elle a l'air franche et bonne quand on l'entend parler quand on voit son noble corps *mas l'usatge de l'escorpïon te . c'ausi rizen et ill fai atretal . c'ab bel semblan me dat lo colp mortal* . mais elle a les habitudes du scorpion qui tue en riant et elle agit de même d'un beau semblant me donne le coup mortel

(Les scorpions provençaux du XIIe siècle avaient des mœurs singulières. Les scorpions dégénérés qu'on débusque parfois de nos jours au pied des restanques ne m'ont jamais donné l'impression qu'ils riaient beaucoup.)

(v) En l'absence du joi on tend vers la limite du sofrirs :

> *que plaing e plor e maint coral sospire . an mes mon cor en angoissos martire* . que plainte et pleur et maint coral souspire ont mis mon cœur en angoisseux martyre

Le martyre d'amour est la condition même du mort d'amour.

(vi) Il est vrai cependant que, si l'on reprend le parallèle d'armes et d'amour, de prouesse et de joie, il existe une autre issue au sofrirs : c'est le *partire*. Mais s'en aller n'est que désertion, recréance. Dans la chanson de la *lauzeta*, de Narcisse et du « je ne sais où », du *no sai on*, Bernart de Ventadour les met ensemble. Il répond à la cruauté par la mort *per mort li respon* :

> je me sépare d'elle *e-m recre*

et du même coup il devient recréant du chant, il quitte le chantar, il meurt au chant. Cette mort est plus qu'un état de mort, elle est le fait d'être tué. Il dit *mort m'a*, « elle m'a tué et comme mort je lui réponds ». C'est ma mort, presque « elle m'a mort ». Comme si « mort » était le substantif de tuer parallèle à l'amars qui accompagne aimer : le mauvais amour, la mort mauvaise, « vilaine ».

(vii) Partir n'est pas échapper à la mort.

mort suy si-us am e mort si-m part de vos .
je suis mort si je vous aime mort si je me sépare de vous
(Guiraudo lo Ros, le « Roux »)

(viii) Alors, en l'absence de joi

e la mort ai ma majer esperansa . en la mort j'ai ma majeure espérance

dit Aimeric de Belenoi décasyllabiquement plaçant la mort en position presque d'anticésure (la syllabe 4 est l'auxiliaire, faible, *ai*), en position de césure lyrique, celle qui fut inventée pour y mettre *dona* (et surtout *dame*, grâce au *e* muet ; c'est un point où les trouvères surpassent les troubadours), en position d'exception.

(ix) C'est que le monde sans joie est, proprement, irrespirable, ce que Raimon Jordan, vicomte de Saint-Antonin, enferme en une des plus belles coblas du trobar :

aital astr'ai com Nicola de Bar . j'ai le destin de Nicolas de Bari *que si visques lonc temps savis hom fora* . qui s'il avait vécu longtemps serait devenu un grand sage il fut longtemps chez les poissons dans la mer *qu'estet lonc temps mest los peissos en mar* . *e sabia qu-ei morria qualqu'ora* . et pourtant il savait qu'il y mourrait un jour *e ges per tan no-m volc venir en sai* . et pourtant il ne voulut pas revenir à terre *e si o fetz tost tornet morir lai* . et le jour où il le fit il s'en retourna là mourir *en la gran mar don pois non poc issir* . *enans i pres la mort senes mentir* . et plutôt prit la mort sans se démentir

Le détournement de légende, la légende de l'évêque Nicolas de Bari qui s'en alla au fond de la Méditerranée évangéliser les thons, les poulpes et les sardines, et plus tard connut une grande fortune sous le nom de saint Nicolas, pour l'amusement et le réconfort des petits enfants, est ici fort pertinent.

(x) La mort d'amour signifie nécessairement la mort du chant. Pas seulement par le silence de Ventadorn : chanter mort d'amour c'est faire que le chant n'est plus entier mais dispersé, « divers ».

et es me mortz qu'ieu ben am no amatz . per que mos chantz diversa .
et ce m'est mort que j'aime non aimé aussi mon chant diverge

(x) Sordel, un Italien du trobar finissant, a aperçu, derrière la figure d'*amors*, son double qui est le non-amour fauteur de mort, mais lui ressemblant ; et comme lui, et comme le trobar, orfèvre.

pero per tal m'es al cor us cairels . c'a fabregat desirs e temprat mortz .
dans le cœur m'est entré cet orfèvre qui en forgeant le désir a trempé la mort.

55. Le côté du con

Du désir par le jauzir vient le joi ou par le sofrirs la mort. Mais il est une autre dichotomie, au centre même du désir de la dame. C'est celle que révèle, avec une grande netteté, un partimen entre deux troubadours carcassonnais, Mir Bernat et Sifre.

Mir Bernat mas vos ay trobat . a Carcassona la cieutat . d'una re-m tenc per issarat . e vuelh vostre sen m'en aon . en una don'ay la mitat . e no-m suy ges ben acordat . si-m val mays d'aval o d'amon .
Mir Bernat puisque je vous ai trouvé à Carcassonne la cité d'une question je suis embarrassé et veux que votre jugement m'aide j'ai d'une dame la moitié et je ne peux me décider s'il me vaut mieux l'aval que l'amont

Sifre be-us tenc per arribat . car cosselh m'aves demandat . e ieu donar lo-us ay onrat . car fort en cossir de prion . so sapchatz ben en veritat . que si-m creziatz d'est mercat . per ver penriatz deves lo con .
Sifre vous êtes bien arrivé si vous me demandez conseil je vous le donnerai honorable car j'ai pensé profondément et sachez bien en vérité que si vous me croyez en ce marché vraiment vous prendrez le côté du con

Mir Bernat ben es enportus . car no-m respondes ab motz clus . la domna prejatz may dejus . et ay vos auzit dire don . ja no-m vuelha lo rey Jesus . s'ieu enans non la prenc desus . de lay on sos cabelhs se ton .
Mir Bernat je vous trouve bien peu plaisant de ne pas répondre à mots fermés vous aimez mieux la dame par le bas et je vous ai même entendu dire où que me repousse le roi Jésus si moi je ne prends le dessus là où ses cheveux elle coupe

Sifre lo mielhs laissatz e-l pus . e so que mays ama cascus . segon la natura e l'us . que fan l'autre bon drut del mon . val may so d'aval no fa-l mus . e ja trobares no-m n'escus . c'om genser de mi no-y respon .
Sifre vous laissez le meilleur le plus important et ce que mieux aime chacun selon la nature et l'usage qui est celui de tous les amants du monde mieux vaut l'aval que le visage vous verrez sans excuse possible que personne ne répond plus noblement que moi
[...]

Dans ce texte, qui fut autrefois longuement commenté par René Nelli (pour une strophe non reproduite ici, où il est question de la mystérieuse pratique de l'« essai », peut-être une tentative de concilier l'amont et l'aval), la dichotomie indispensable au partimen coupe la dame à la ceinture. L'allusion faite par Sifre aux « motz clus » est un des premiers exemples d'une critique et interprétation du « trobar clus » comme dissimulation d'un sens obscène qui a trouvé de nombreux émules dans la critique moderne.

Mais il me semble qu'il faudrait se garder de croire qu'est ici désignée comme inférieure, en un sens moral autant que poétique et anatomique, la préférence pour « le côté du con ». Il est dans la nature même du partimen de séparer en antinomies ce que le trobar tente d'unir dans la théorie de l'amour. Aucun des deux choix proposés n'est, à vrai dire, à lui seul, *le* choix qui s'impose au « grand chant », l'autre étant inférieur, ou non courtois. La « solution » d'un dilemme tel que celui-ci est dans la mise en mots des deux choix à la fois. Chacun est l'ombre dissimulée de l'autre ; chacun évoque l'autre. La noblesse et le pretz de la dame n'excluent nullement, même dans les cansos les plus sublimes, le désir violent de son aval.

C'est pourquoi la dichotomie du *dire*, qui est évidente, ne doit pas conduire à regarder un texte tel que celui-là et bien d'autres (comme la triple tenson sur le « cornar » à laquelle participa Arnaut Daniel lui-même) comme représentant ce que Pierre Bec appelle un *contre-texte*, expression de la révolte de l'en dessous contre l'en dessus, d'une vérité du désir contre la dissimulation prude du « grand chant ». Et l'un et l'autre font partie sans séparation réelle de la tradition manuscrite (dont on peut penser en plus qu'elle a été déséquilibrée par amputation postérieure, quand l'ensemble de la « doctrine » d'amors a été frappé d'interdit).

Voir une opposition absolue entre deux registres comme nous les présentent Sifre et Mir Bernat est, il me semble, un anachronisme. Un des efforts constants du trobar a été précisément de tenir les deux bouts extrêmes de la chaîne du désir, moralement comme poétiquement. Le refus absolu du « côté du con » n'est pas plus *la* position du trobar que son contraire, comme la polémique de Raimbaut d'Orange sous le senhal de « Tristan » avec Chrétien de Troyes, désigné sous celui de Carestia (privation), en témoigne.

L'amour s'adresse à la dame entière, pas à la dame-tronc.

56. Cor

(i) Il faut à amors un lieu de résidence ; c'est le cœur.

tant ai al cor d'amor . de joi e de doussor . per que-l gels me sembla flor . e la neus verdura .
j'ai tant d'amour au cœur de joie et de douceur que le gel me semble fleur la neige verdure

Bernard de Ventadorn :
(Il ne pleure pas dans son cœur, mais il y pleut chaud.)

e si tot venta . ill freid'aura . dès que souffle le vent

froid *l'amors q'inz al cor mi plou* . l'amour qui dans le cœur me pleut me tient chaud où plus hiverne *mi ten chaut on plus iverna* .

(ii) Ayant mis au cœur sa flamme, l'amour l'enlace par la racine :

si-m lassa del cor la razitz .

En cet état, pendant qu'il brûle, l'amour le tient fermé et serré.

si que-l cor . *[...]* . *q'amors l'enclav' e l'escrinha* .
le cœur me brûle [...] l'amour l'enclave dans son écrin

(iii) Ce passage obligé de l'amour par le cœur est en quelque sorte prénatal. C'est le pouvoir « subtil », *sotil*, de l'essence même d'amour, qui est à la fois personne et force impersonnelle, indifférente, de devenir dans le cœur tel amour, avec sa forme particulière. C'est pourquoi on peut dire que l'amour est semence.

per que tot lo fin aman . il faut que tous les fins amants sachent qu'amour est fine bénévolence *sapchan qu'amors es fina benevolensa* . qu'il naît du cœur par les yeux sans aucun doute *que nays del cor e dels huelhs senz duptar* . les yeux le font fleurir il devient grain dans le cœur *que l'uelh la fan florir e-l cor granar* . *amors qu'es frugz de la vera semensa* . car l'amour est le fruit de la vraie semence

D'où il ressort par un raisonnement végétal et chronologique simple que, selon Aimeric de Peguilhan, qui nous éclaire sur ce point de doctrine, le passage par les yeux est antérieur à l'occupation du cœur. L'amour est semé dans le regard et mûrit dans le cœur brûlant.

(iv) Il n'y reste pas inactif. Dans celui de Peire Vidal, il l'oblige à écrire :

q'inz e mon cor m'a fait amors escrire . *sa gran beutat* .

Le visage de la dame, inscrit-écrit dans le cœur, y demeure. Il me semble bien, dit Folquet de Marseille (le traître), *q'inz el cor port dona vostra faisso* . que dans mon cœur je porte dame votre image

Comme il est là toujours, à demeure, son visage, comme le cœur devient son miroir, Aimeric de Belenoi comprend mieux pourquoi il ne peut pas la fuir :

que mos cors m'es miralh de sa faysso . *per que-l fugir no-m fa re si mal no* .
comme mon cœur m'est miroir de son image la fuir ne me fait rien que du mal

L'image intérieure et extérieure à la fois de la dame, écrite dans le cœur et ravivée sans cesse par le truchement des yeux, car les yeux sont *drogoman* (traducteurs) pour le cœur, ne laisse pas beaucoup de pouvoir sur soi, même à Bertran de Born :

al gen parlar que-m fetz et al bel ris . *quan vi las dens de cristau* . ses paroles son rire j'ai vu ses dents de cristal son corps mince délié frais et lisse *e-l cors graille deljat e fresc e lis* . *trop ben estan en bliau* . le bliaut lui va tellement bien *e la colors fo frecha e rosana* . elle tient mon cœur dans sa griffe *retenc mon cor dintz sa clau* .

Transformation brusque de la dame en faucon, qui n'est que justice, Bertran de Born étant un troubadour prédateur.

Plus généralement, comme l'indique le mot *retenh*, le cœur est naturelle propriété de la dame :

e-l cor gardatz si qom vostra maizo .
prenez soin de mon cœur comme de votre bien

(v) Le cœur en vient à être, presque, autonome. Celui de Berenguer de Palazol *falh* (il « faut », trébuche, défaille) et *fon* (fond) mais aussi il fuit (*fug*) :

dona que-l cor que-m falh e-m fug e-m fon .
dame que le cœur qu'il me défaille et me fuit et me fond

(vi) C'est qu'en somme il serait détachable du corps. Cela tient à ce qu'amors, s'il choisit le cœur comme lieu de son feu et de son fruit, ne tient pas à se diviser en deux. Il y a le cœur du troubadour ; il y a le cœur de la dame ; il y a l'amour. Et donc il y a un cœur unique. Aimeric de Peguilhan n'a pas manqué de le prouver d'un vers, un décasyllabe déductif :

e fai de dos cors un tan ferm los lia .
il fait de deux cœurs un tant ferme les lie

Je dis que la démonstration est suivant la déduction de mode décasyllabique, et je le prouve : car le décasyllabe a pour césure première, hiérarchiquement, la position 4. Cette position est ici occupée par *dos*, deux. Or ce n'est pas la césure langagière dominante du vers. Celle-là se place en position 6, où se trouve *un* : faire de deux cœurs un cœur unique, telle est la tâche de l'amour. Il la réalise en déplaçant la césure du 4 au 6. Le mot *cors*, ici nettement « hirsute », est enclavé entre les deux césures, il est en position 5. Tous les autres groupements métriques du vers *e fai, tan ferm, los lia*, sont de bons iambes bien marqués. Les cœurs, qui sont encore deux, avant que le décasyllabe de Peguilhan ait agi, sont dans une position inconfortable, métriquement parlant ; car la césure, quand on est arrivé là, semble hirsutement inévitable, une césure 5, *e fai de dos cors*, et un *taratantara* qu'un décasyllabe noble ne peut se permettre. Il y a plus : le dernier mot du vers, le mot *lia*, qui achève la démonstration métrique en révélant la manière de l'amour, comment il s'y est pris, est, et ce n'est pas un hasard chez Aimeric de Peguilhan, un concept clef du trobar, peut-être *le* concept clef du trobar, peut-être un concept clef de l'esthétique du premier XIIIe siècle, en prose autant qu'en vers, peut-être un concept clef de la théorie de la forme poétique, comme je l'envisage. Voilà qui fait beaucoup pour un seul vers.

(vii) Union des cœurs, fusion des cœurs, cette invention,ou découverte, des troubadours, a tant fait fureur qu'elle en est tombée au sourire. S'il faut que deux cœurs s'unissent, il y a quelque risque que le partage d'amour ne soit pas possible si le deux ne devient pas un. Comme l'affirme Gaucelm Faidit, on a là un critère d'identification de l'amour atteint :

car mas us cors non a en dos amans . plus d'un cœur il n'y a pas en deux amants

(Cœur a repris sa place hiérarchique dans le vers.)

On pourrait encore dire :

que ren no val cors de doas meitatz . il n'est pas bon qu'un cœur reste en deux moitiés

ce qui veut dire que l'amour ayant réalisé l'union des cœurs, il serait bon que la dame en tire les conséquences ; et « l'entérine ».

(viii) Et l'amour, ayant envahi le cœur, y étant devenu fruit, ne peut en sortir que d'une manière : par le chant.

ades vol de l'aondansa . *del cor la boca parlar* .
toujours veut de l'abondance du cœur la bouche parler

Sur ce bel axiome biblique d'Aimeric de Peguilhan, j'achèverai la première partie de cette branche (reprise trois chapitres plus loin), la fracturant donc à l'endroit du cœur.

Chapitre 5

Le champ des rimes

57. Trobar

Le mouvement de l'amour doit se dire, en poésie qui est un chant, des « mots » et des « sons », des paroles portées par une mélodie.

Amors exige d'être dit, n'existe que s'il l'est. C'est un axiome de l'amour.

Celui qui aime doit se nommer, par son seul pronom, « je », « *ieu* », celui qui aime et le dit en poésie. Il doit dire le moment de l'amour, qu'il est nouveau et doux. Il doit dire le désir et la jouissance, il doit porter vers l'auditoire, composé de dames et d'amoureux, ce que c'est d'être amoureux, d'être amant, ce qu'est la joie, ce qu'est la souffrance, le mouvement qui emporte vers la joie, la souffrance et le feu d'amour qui pousse à la mort.

Il doit dire ce qui est en son cœur, il doit porter en son cœur le pouvoir du désir, la joie, la souffrance mortelle de cela qu'il lui faut dire.

Cet état, cette faculté, ce mouvement, ses manifestations, ce qui va en naître, les cansos, les chansons, tout cela est le *trobar*.

Quelle que soit l'origine (durement discutée) du mot trobar, il est clair qu'il faut en retenir, outre ce qu'il désigne, l'art des troubadours et ses productions, l'idée de découverte, qu'on retrouve dans la proximité du français *trouver*. Le mouvement qui de l'amour mène à son dire, le trobar, est un mouvement de découverte. Par le trobar se dévoile la nature de l'amour, d'où il vient, ce qu'il est, qui l'éprouve, pour qui, et la joie.

Trouver, *trobar*, c'est trouver l'amour, c'est trouver d'amour, *trobar d'amor*.

Si l'amour est le moteur du trobar, le trobar est de trouver quoi dire de digne d'amour, de plus approché de son être, d'obéir à ses ordres. Aussi trobar désigne-t-il l'art de ce dire, la poésie, dans son triple mouvement de mots, de sons et de rimes.

D'où l'équivalence finale de trobar et de poésie, l'aboutissement du mouvement de *signifiance* de l'amour, le chant.

58. La forme canso

Le trobar a une forme, la *canso*. C'est la forme première, à laquelle toutes les autres doivent être soumises.

C'est la première forme, dans une langue dite moderne, à reposer entièrement sur le jeu des rimes. Telle est l'innovation majeure, éloignant de la latinité.

Cette forme a gagné d'autres langues : la *chanson* des trouvères en procède : la *canzone* des Siciliens ; les *cantigas* des Gallego-Portugais. Une forme dérivée aussi et parente est inventée par le *Minnesang* allemand.

On peut considérer toutes ces formes comme descendantes de la canso. La canso est *première* dans presque toute la lyrique européenne.

Directement, par ses formes induites, la canso occupe dans toutes ces langues une position de domination. Elle est la forme du « grand chant ». Elle le commande par l'amour. Et elle commande le *champ des rimes*.

Toutes les autres dispositions de rimes, qu'elle n'utilise pas, ou très peu, sont plus élémentaires. Avec quelques débordements, quelques zones frontières, des marches brouillées, mais visiblement, toutes les autres *espèces* de poésie ont leur manière propre de rimer ; et d'utiliser les mètres poétiques. Il y a, à l'époque médiévale, un *sens formel* à un choix de vers, à une disposition de rimes : il n'y a pas (ou presque pas), pour m'en tenir à l'exemple français, de roman d'aventures en laisses, de vie de saints en rimes plates, de pastourelles en quatrains monorimes...

La canso domine un champ de rimes, qu'il est convenu d'appeler « lyrique », et les traits qui le caractérisent peuvent se reconnaître par-dessus la frontière des dialectes.

Cette situation n'est pas absolument nouvelle : autant que je puis me permettre de l'affirmer, étant donné mon ignorance, la poésie classique gréco-latine est aussi divisée en espèces où les mètres et dispositions de mètres se répartissent des *emplois* parfois définis de manière dite « sémantique », des *genres*.

Ce qu'il y a de nouveau à partir des troubadours, c'est que l'élément organisateur est cette fois la *rime*, absente de cette antiquité-là (elle ne l'est pas de l'antiquité celte, par exemple), plus que le *mètre*. Ou plutôt que le mètre joue maintenant avec et contre la rime, alors qu'il était seul, antérieurement, à supporter les valeurs rythmiques de la forme (et son organisation était nettement plus complexe).

Rien de tout cela n'est vraiment ignoré. La particularité du point de vue que j'avance est de donner à ces constatations un rôle central, à faire du *jeu des rimes* le moteur essentiel de toute la forme poétique.

Le jeu des rimes est la manifestation formelle de l'amors.

L'amour est au-dessus de tout et la forme poétique la seule habilitée à le dire est la canso, dont le *joi* est la forme, son *joc* (jeu) où la rime joue le rôle essentiel (que je dirai de manière plus précise).

Mais on pourrait dire en retour que l'amour est souverain parce que la forme canso est la forme poétique la plus élevée. L'amour ne se dit pas qu'en cansos. Il a ses *manifestations romanesques*, le roman en couplets d'octosyllabes, le roman en prose principalement. Mais le principe de subordination de toute forme à la canso fait que le « roman » en toutes ses variétés, s'il est d'amour, est « démontrance » du trobar, mise en déroulement ostensif du trobar, comme je l'ai brièvement énoncé dans le chapitre 2.

Telle était, je crois, la position implicite des troubadours dont silencieusement et indirectement, par le peu d'exemples en langue d'oc de ces genres, les manuscrits conservés témoignent.

C'est la position que je fais mienne, choisissant de supposer qu'elle coïncide avec celle des troubadours. En outre je la fais pleinement mienne, ce qui implique que je fais les plus expresses réserves sur ce qui s'est passé ensuite.

Chaque troubadour tente de créer la canso la plus parfaite, celle qui sera plus excellente que toutes les autres cansos. D'où l'axiome :

La canso est la dona du trobar.

59. *Sirventes*

Que la canso soit dame et seigneur du trobar implique qu'il lui faut, comme à tout seigneur, des vassaux. Il n'est pas suffisant qu'elle soit, en droit, supérieure aux romans et aux chansons de geste, comme aux paysannes de la poésie, les *dansas*, les chansons de « toile » ou « d'amie », et autres *espingaduras* (qui sont d'ailleurs, par les troubadours, dans leurs rares exemples, plutôt traitées avec art, non méprisées).

Il existe, pour servir de vassale à la canso, une espèce privilégiée de poèmes, qui se nomme le *sirventes*.

Le sirventes est subordonné à la canso, parce qu'il l'imite, lui emprunte ses principes formels de construction, mais pour les mettre à nu en les divorçant de leur lien de substance à ce dont la canso parle exclusivement : l'amour. Autrement dit le sirventes est une canso qui parle d'autre chose que ce dont parle la canso ; c'est une canso non-canso.

Un traité catalan, la *Doctrina de compondre dictatz*, le dit ainsi :

sivols far sirventez, deus parlar de fayt d'armes, [...], o de lauzor o de maldit o de qualsque feyts qui novellamen se tracten.
si tu veux faire un « sirventes », tu devras parler de faits d'armes, [...], ou de louanges ou d'insulte ou de quelque événement récent.

Le choix des exemples (définitions en extension) est significatif ; la supériorité de la canso (qui plus tard sera celle du sonnet amoureux) marque la supériorité d'amour sur armes ; marque l'avantage de l'éloge sur la louange, du désespoir sur l'insulte, de la durée sur la circonstance. Toutes ces manières de rimer sont possibles (et les troubadours ne s'en privent pas) mais elles reçoivent leurs pouvoirs, lunaires, de la réflexion de l'astre poétique par excellence, du soleil de la canso.

Le mot lui-même est interprété en ce sens, par un recours à ce *raisonnement étymologique* qui est le grand moyen (jusqu'à la Renaissance et parfois au-delà) de retrouver le cratylisme.

Serventetz es dit per ço serventetz per ço com se serveiz e es sotsmes a aquell cantar de qui pre lo so e les rimes, e per ço com deu parlar de senyors o de vassalls, blasman o castigan o lauzan o mostran, o de faytz d'armes o de guerra o de Deu o de ordenances o de novelletatz.
Le sirventes est dit sirventes pour cela qu'il se sert et est soumis à la canso de laquelle il prend la mélodie et les rimes, et parce qu'on doit y parler de seigneurs et de vassaux, blâmer ou réprimander ou louer ou montrer, ou de faits d'armes ou de guerre ou de Dieu ou de lois ou de nouvelles.

L'explication du mot reprend et amplifie la liste définitoire, y ajoutant « Dieu », et soumettant donc aussi la poésie religieuse à la poésie d'amour (il s'agit en fait surtout de poèmes moraux ou de « chansons de croisade » ; la canso « religieuse » sera une canso d'amour aussi, « a lo divino »).

Le caractère du sirventes est formellement défini par sa dépendance spécifique sur les « sons et rimes » d'une canso donnée, dont il se fait le « serviteur ». La double étymologie met bien en lumière le lien entre les deux « services », le service féodal et le service formel. Le sirventes se soumet à *une* canso ; il lui rend hommage. Il *tient* d'elle ce qui lui permet d'être poème : sa mélodie, ses mètres, ses rimes.

On verra ainsi les grandes cansos avec un cortège de sirventes vassaux (et aussi d'autres cansos, des cansos liges). Les sirventes sont les gens d'armes et chevaliers pauvres du trobar, empruntant leur éclat et leur force aux cansos, et répandant en même temps leur gloire par le monde.

Ils ont été, souvent, des armes redoutables.

60. *Alba e pastorela*

Avant de poursuivre cette métaphore féodale, je voudrais éviter un malentendu possible : je ne suis pas en train de tenter une explication sociologique ou idéologique du trobar. Je n'essaye pas d'illustrer la théorie qu'Erich Köhler, s'appuyant sur les travaux de Georges Duby, a proposée et savamment défendue pour rendre compte du phénomène troubadouresque : expression des aspirations et inquiétudes de la petite noblesse, principalement les «jeunes», les cadets de familles nobles sans fief, dans le monde changeant et «flottant» du XIIe siècle. Je vous renverrai à son article-lecture de la canso de l'alouette de Bernart de Ventadour plus qu'à celui, plus théorique, où il expose son hypothèse : pourquoi ? parce qu'y apparaît, de la manière la plus frappante à mon sens, ce en quoi ces analyses sont, non pas vulgaires ou grossières (auquel cas je n'en parlerais même pas), elles ne le sont pas, mais incroyablement inadéquates, comme un microscope électronique braqué sur Proxima du Centaure ou, réciproquement, le télescope du mont Palomar étudiant le virus de la grippe (on admire le courage d'Erich Köhler qui n'a pas craint d'affronter cette épreuve du texte).

L'image de la canso seigneur (ou dame) permet, il me semble, de mieux saisir un des traits les plus nets de cette poésie : sa grande unité territoriale.

Le fief du trobar, avec ses châteaux, ses bourgs, ses forêts, ses champs et ses jardins, est extrêmement *claus*, clos, protégé contre l'irruption barbare du monde hors les murs.

L'image qui, dans sa transposition moderne, celle de la ville, est si souvent employée par Wittgenstein pour une tentative de représentation mentale analogique du langage (il s'agit d'une langue donnée plutôt, même si c'est de toute langue), s'impose fortement à moi ici. Le trobar a une unité formelle, de cadastre et de bâtiments, extrêmement impérieuse. Les polémiques violentes et constantes, intestines, du trobar, depuis ses origines jusqu'à sa fin, dont je n'ai pas parlé encore, dans ces branches dédiées à l'unité de *la* canso, sont sur le fond de cette unité de langue et de territoire qu'est la *forme* ; aussi bien en ce qui concerne les polémiques sur la manière de « trouver », que sur la nature de l'amour, ou même les rivalités des troubadours entre eux pour la « gloire de la langue ».

Je contrasterai (en un sens non élogieux) cette situation avec celle, plus moderne peut-être, des trouvères. Ils parlent, eux aussi, d'une seule voix, mais ils s'efforcent de tenir à distance la « paysannerie poétique », la marquant d'infériorité formelle et sociale par le genre de la « pastourelle » auquel ils ont donné des caractéristiques métriques et rimiques qu'on ne retrouve pas, ou presque pas, dans la *chanson*, ni d'ailleurs dans la poésie échappant à la tradition du « grand chant ». Il en va tout autrement des pastourelles provençales, qui satisfont aux mêmes exigences que la canso, et qu'on a souvent qualifiées de cansos ou sirventes « déguisés ».

Ce que le trobar emprunte à l'extérieur, ce qui, étranger à lui, le visite, est traité avec honneur, parfois naturalisé, assimilé. On a autrefois, recherchant, à la suite de certains romantiques, dans la poésie médiévale, l'expression neuve, naïve, et non oblitérée de la pure poésie populaire, reproché aux troubadours, quand, rarement, ils se sont exercés à des genres de poésie qui ont, peut-être, une telle origine, de les avoir falsifiés en transformant tout en cansos. C'est vrai et faux à la fois. Du moins, l'image que je propose peut rendre compte de leur manière. Un bon exemple est celui de l'*alba*, l'« aube », type de poésie qui, si on lui donne une définition stricte en contenu, a été identifié un peu partout dans le monde. Comme en témoigne ce beau livre, que devraient lire tous les « amadors » de poésie : *Eos, an Enquiry into the Theme of Lovers' Meeting and Parting at Dawn in Poetry.*

L'« aube » de Giraut de Bornelh est claire (sa mélodie est sublimement non populaire). C'est et en même temps ce n'est pas une canso. L'étrangeté est conservée dans la disposition des rimes. Mais le registre du choix lexical et le mètre, parfait décasyllabe, est, lui, du registre du « grand chant ».

Il existe une troisième voie : celle du *contrafactum parfait.* Elle a été choisie par les troubadours portugais, inventant leurs *cantigas d'amigo* ; et tout spécialement leurs cantigas « parallélistiques » les plus étonnamment « populaires » et, en même temps, les plus savantes qui soient. Un des rares terrains où les troubadours ont été surpassés.

61. Vidas

Tout se passe comme si le trobar, mégalomane et boulimique, avait tendu à absorber la totalité de la poésie, à tout ramener à une forme, la canso, à ordonner le tout de la vie selon ce qui était dit par cette poésie, dans cette forme, l'amour. Il y aura plus tard, dans les siècles, des résurgences de cette position sur les rapports de l'art et de la vie : le surréalisme en est une.

J'interpréterai en ce sens, au moins autant que pour des raisons « fonctionnelles », l'apparition de la prose dans les « chansonniers », celle de ce qu'on appelle les *vidas et razos.*

Le *no sai que s'es* de Raimbaut d'Orange apparaît alors comme un texte précurseur. Il pose le problème du néant du trobar si tout n'est pas poésie, et tout n'est pas poésie s'il y a la prose. Mettre la prose du commentaire, de la glose et celle de la biographie au service du trobar est une tentative de réponse à cette menace.

Les *vidas* des troubadours qui sont des *nouvelles* avant la lettre (certaines d'entre elles au moins) sont nées au moment où font irruption, d'une part, la grande prose de roman ; d'autre part, et surtout, l'« histoire ». Ces deux formes prennent le trobar en tenaille ; et il s'agit de deux ennemies. La prose historique, qui naît avec la *Chronique du pseudo-Turpin*, dans l'entourage des comtes de Flandres, se présente explicitement comme telle : « nul conte rimé n'est vrai », lit-on dans un prologue ; et cette prose, même si elle s'empresse, immédiatement, de nous présenter les inventions les plus abracadabrantes de la « véridique histoire de Charlemagne », est sur la voie de ce qui, avec Froissart et Commynes, formés dans cette tradition, verra la naissance du récit de l'histoire. Quant à la prose de roman, elle est destruction du roman d'amour, donc de l'amour, substituant le Graal à la dame.

Le trobar, à sa manière, allume un contre-feu qui ne manquera pas de se propager avec les siècles, donnant naissance à la nouvelle et à la biographie.

Je commencerai par un exemple de *vida*, celle de Guilhem de Cabestanh.

> « Guilhem de Cabestanh fut un chevalier de la région du Roussillon qui était aux confins de la Catalogne et du Narbonnais. Il fut très élégant de sa personne et très apprécié en armes et en courtoisie et en service d'amour. Et il y avait en son pays une dame qui avait nom ma dame Soremonde femme de Raimon de Castel-Roussillon qui était très noble et riche et mauvais et brutal et cruel et orgueilleux. En Guilhem de Cabestanh aimait la dame par amour et chantait d'elle et en faisait ses chansons. Et la dame qui était jeune et noble et belle lui voulait du bien plus qu'à nulle chose du monde. Et fut dit cela à En Raimon de Castel-Roussillon et lui comme un homme en colère et jaloux s'enquit de ces faits et connut que c'était vrai et fit enfermer sa femme. Et il vint un jour où Raimon de Castel-Roussillon trouva en passant Guilhem de Cabestanh sans grande compagnie et le tua et il lui fit enlever le cœur du corps et lui fit trancher la tête et le cœur il fit porter à son château et la tête aussi et il fit le cœur rôtir et préparer au poivre et fit donner à manger à sa femme. Et quand la dame l'eut mangé Raimon de Castel-Roussillon lui dit savez-vous ce que vous avez mangé. Et elle dit non sinon que c'était bonne nourriture et savoureuse. Et il dit que c'était le cœur d'En Guilhem de Cabes-

tanh qu'elle avait mangé et pour qu'elle le croie mieux il fit apporter la tête devant elle. Et quand la dame vit et entendit cela elle perdit le voir et l'entendre. Et quand elle revint à elle elle dit Seigneur vous m'avez donné si bon manger que jamais je n'en mangerai d'autre. Et quand il entendit cela il courut avec son épée et voulut la frapper en la tête et elle courut à un balcon et se laissa tomber en bas et ainsi mourut. »

Certes il s'agit bien là de ce qu'on appelle un motif folklorique, le « conte du cœur mangé ». Il existe un peu partout, et, comme « nouvelle » en vers, en langue d'oïl, avec pour victime le sire de Coucy, un des plus grands trouvères (ce qui valut à Voltaire un de ses plus monumentaux échecs théâtraux). Mais il est hors de doute que la « biographie », dont la vraisemblance, au moins symbolique, me semble renforcée par la sauvagerie particulière des chevaliers catalans, au moins en paroles, est tout entière dirigée par la volonté d'annexer le « conte » à l'amors, à se servir de sa vérité, le « vrai évident » du conte, qui tient à sa profération même, pour mettre en « monstration » la situation des cœurs dans la théorie de l'amour.

La double nature de la vida provençale est là, et explique la gêne avec laquelle elle a été traitée par la critique. On constate que le « vieux biographe » a souvent donné des renseignements qui semblent fiables, corroborés par d'autres sources, et supposant peut-être même parfois de véritables « recherches » documentaires ; à qu'à d'autres moments, et dans une même vida il se laisse aller à des imaginations telles que celle du « cœur mangé ».

En fait, les troubadours ont créé là une « forme brève en prose » qui n'est ni biographie au sens postérieur, ni non plus nouvelle telle qu'elle se développera plus tard par le *Décaméron* (qui lui doit beaucoup) par exemple. On pourrait l'appeler la *vie brève*. La vida, comme vie brève, est destinée à donner à un ensemble de cansos, désignées comme étant d'un même troubadour, comme ayant la signature d'un nom propre, d'un auteur (les troubadours sont des auteurs, en un sens très moderne), l'unité d'une vie entièrement éclairée par l'amour. De toutes les possibilités que lui offre la réalité biographique, l'allusion possible dans certains vers, sa propre interprétation de l'importance du troubadour et de son rôle, le « biographe » provençal crée sa « vie brève » qu'il met comme le sirventes, au service du trobar.

La forme de la vie brève a eu, au moins, une résurgence très réussie, au XVIIe siècle, avec les « brief lives » d'Aubrey, auquel j'ai emprunté le terme.

62. Razo

« Quand le comte de Toulouse eut été dépossédé par l'Eglise et par les Français et eut perdu Argence et Beaucaire et les Français avaient Saint-Gilles et l'Albigeois et le Carcassès et le Biterrois étaient détruits et toutes les bonnes gens de ces régions étaient mortes et fuies à Toulouse Miraval était chez le comte de Toulouse ils s'appelaient l'un l'autre Audiart et il vivait à grande douleur parce que toutes les gens dont il était seigneur et maître et les dames et chevaliers étaient morts et dépossédés et il avait en plus perdu sa femme comme vous l'entendrez et sa dame l'avait trahi et trompé et il avait perdu son château. Et il arriva que le roi d'Aragon vint à Toulouse pour parler au comte et pour voir ses sœurs ma dame Elienor et ma dame Sancha et il réconforta beaucoup ses sœurs et le comte et son filleul et les bonnes gens de Toulouse et promit au comte qu'il lui redonnerait Beaucaire et Carcassonne et à Miraval son château et qu'il ferait ainsi que les bonnes gens retrouveraient la joie qu'ils avaient perdue. En Miraval par la joie qu'il eut de la promesse que le roi fit au comte et à lui de leur rendre ce qu'ils avaient perdu et à cause du temps d'été qui était venu bien qu'il eût décidé de ne plus faire de chansons jusqu'à ce qu'il eût retrouvé le château de Miraval qu'il avait perdu et parce qu'il était devenu amoureux de ma dame Elienor femme du comte qui était la plus belle dame du monde et la meilleure et à laquelle il n'avait encore fait semblant d'amour il fit cette chanson qui dit :

j'aime chanter être aimable   l'air est doux le temps est gai

laquelle vous entendrez qui est écrite ici. Et quand il eut fait la chanson il l'envoya au roi en Aragon. Et c'est pourquoi le roi vint avec mille chevaliers au service du comte de Toulouse pour la promesse qu'il avait faite de retrouver la terre que le comte avait perdue. C'est pourquoi le roi fut tué devant Muret par les Français avec tous ses mille chevaliers qu'il avait avec lui aucun n'en réchappa. »

« Miraval, nous dit sa *vida*, était un pauvre chevalier du Carcassès qui n'avait pas plus du quart du château de Miraval et en ce château il n'y avait pas quarante hommes. »

La canso de Miraval et sa razo désignent mieux qu'aucun autre texte sans doute la fracture de la Croisade, qui devait, en à peine plus d'un demi-siècle, aboutir à la mort du trobar. En 1209, on le sait, la bataille de Muret mettait un terme aux espérances occitanes et livrait les terres méridionales à une domination étrangère à la fois inculte et brutale.

Or le biographe, avec une sorte de mégalomanie en partie inconsciente, en partie ironique et hyperbolique, laisse entendre par son récit que le roi d'Aragon est allé combattre les Français en recevant une canso, et autant pour rendre à Miraval son minuscule château qu'au comte de Toulouse ses terres ; afin par conséquent que les amants et les dames retrouvent leur joi perdu ; qu'ainsi la sauvegarde du trobar fut un des moteurs essentiels de la guerre et le fief de Miraval, la poésie, son enjeu. Car il était difficile de trouver possession féodale terrestre plus insignifiante que celle-là : une visite au pied de la montagne Noire, devant les vestiges du château et l'inscription en occitan mise par les soins du docteur Ferroul, maire de Narbonne au temps de Marcellin Albert, vous en persuadera aisément. Mais il me semble que par ce choix le prosateur provençal a magnifiquement choisi son symbole, puisqu'en effet le *joi d'amor* a pour lieu le plus petit territoire du monde.

63. Définition de la canso

Une canso est en principe une œuvre unique, comportant

une hiérarchie à quatre niveaux mettant en jeu des éléments de trois ordres.

Le niveau supérieur d'organisation est celui de la canso tout entière.

Le deuxième niveau est celui de la strophe, la *cobla*.

Le troisième niveau est le niveau du vers, ou *bordos*.

Le quatrième et dernier niveau est celui de la syllabe comptée, métrique, *sillaba*.

Les vers sont en syllabes comptées. Je ne m'étendrai pas sur les modalités du décompte. Chaque vers a une rime. Il y a deux espèces de rimes, donc de vers, comme en français, les rimes masculines et féminines. Il n'y a qu'un seul type de rime masculine. Il n'y a, comme en français, qu'une seule syllabe « féminine » possible en fin de vers, mais, à la différence du français les voyelles finales non accentuées ne sont pas réduites à une seule espèce. L'unité du vers est assurée par le nombre, la rime, parfois la musique et, généralement, la disposition manuscrite : un point en fin de vers, en fin de vers seulement.

La cobla est une succession de vers, une disposition de rimes, et une mélodie. Toutes les coblas d'une canso ont en commun ces trois éléments. Elles ont même nombre de vers, même nombre respectif de syllabes, même mélodie, même disposition de rimes, c'est-à-dire même succession de rimes, mais les rimes n'ont pas, d'une cobla à l'autre, nécessairement le même *timbre*.

La disposition des rimes, ce que j'appellerai la *formule de rimes*, est donc une donnée abstraite.

Les vers sont composés en provençal, le plus souvent. Toute canso contient du provençal. La langue des troubadours, par composition, transmission, ou notation, comporte remarquablement peu de variations dialectales. Il y a *un* trobar, parlant une seule langue : qu'on l'appelle oc, provençal, ou *lemozi*, c'est le même ; la langue commune des troubadours gascons, limousins, languedociens, provençaux, catalans... il y a des troubadours italiens, ils chantent aussi en langue d'oc.

La seule chose absolument stable, dans toutes les variations et réfections d'une canso, au cours de sa vie orale-écrite est sa *formule*.

La formule est à deux faces : formule métrique (nombre de vers, la longueur de chacun), formule de rimes (telle qu'elle est définie plus haut). La formule de rimes indique aussi l'espèce de la rime (si elle est masculine ou féminine) ; c'est une donnée à la fois de rime et de mètre.

Dans une canso donnée, comportant nécessairement une musique (on ne l'a pas hélas souvent), la formule a un troisième élément : la formule mélodique. Mais celui-ci peut varier, comme le texte, le nombre et l'ordre des coblas.

La formule est l'invariant de la canso.

La fin de la canso est marquée par une ou plusieurs *tornadas* (s'il n'y en a pas, on admettra qu'elles ont été perdues). Une tornada reproduit un segment final de la formule, distinct de la formule tout entière. Deux tornadas distinctes peuvent reproduire deux segments distincts, auquel cas l'une des deux tornadas peut être vue comme tornada de l'autre. Les timbres des rimes de la tornada sont les mêmes que ceux de la dernière strophe.

64. Rimes

Insistons encore : puisque la formule est l'invariant de la canso, son âme est la cobla, la strophe. La cobla est le « laboratoire central » de la canso. C'est le lieu où le poème, formellement, s'élabore. Et pour cette raison, Dante l'appelle *stantia*, la chambre. Le mystère d'amour, la poésie, se dit dans la chambre de la canso.

Or, dans la formule, même si la mélodie et les dispositions de mètres sont essentielles, le rôle central est joué par la rime, qui est aussi l'élément sur lequel reposera toute la disposition de la canso en strophes, leur enchaînement assurant l'unité, qui est avant tout formelle en ce sens : elle repose sur le jeu des rimes.

La formule de rimes, l'alternance, à effet métrique et mélodique des deux espèces, masculine et féminine, cette sous-formule, le choix et la disposition des timbres, le choix et la mise en valeur des mots où la rime-ongle prendra chair, avec les variations morphologiques des rimes « grammaticales », l'insistance, le poids des mots-refrains, la suspension de la résolution sonore des rimes orphelines, « estramps », toutes choses qui sont apparues déjà dans la lecture de « l'amour de loin » ; et bien d'autres, et bien d'autres.

Ce qui veut dire que les troubadours, les premiers en Europe après l'antiquité (dans les langues romanes et germaniques au moins), ont été véritablement des poètes « mangés de rimes ». La rime, émergeant des assonances interminables, et des successions interminables de timbres semblables de la poésie épique, posée en motif complexe contre la rime plate du roman ou les dispositions strophiques élémentaires des vies de saints (très souvent quatrains monorimes), a trouvé, avec l'art du trobar, son *champ*.

L'ampleur, la subtilité, l'extraordinaire capacité d'invention de l'exploration de la rime que représente le trobar sont proprement irremplaçables. La poésie médiévale galloise, seule, peut offrir quelque équivalent. Dès la seconde génération des « romanistes » du XIXe siècle, qui ont « restitué » le trobar, l'entreprise de description du champ des rimes a été inaugurée. Depuis la publication, voici presque trente ans, du répertoire métrique d'Istvan Frank, il est devenu possible de s'interroger sur une organisation cohérente de ce champ. C'est ce que je vais tenter dans le prochain chapitre, le seul véritablement « technique » du livre. Je ne ferai qu'ouvrir une voie. Les problèmes posés dépassent d'ailleurs la seule compréhension de l'art formel des troubadours.

65. Fabbro

(i) Le mot apparaît dans le fameux et juste éloge d'Arnaut Daniel par Dante, dans *La Divine Comédie* :

Il miglior fabbro del parlar materno

Que, comme toujours chez Dante, l'éloge dissimule un assassinat, en l'occurrence celui du maître et rival Cavalcanti (l'éloge du mort ancien sert au silence sur le mort récent), n'enlève rien à sa force et à sa jeunesse. Ce qu'avait parfaitement compris Ezra Pound.

(ii) L'image du troubadour comme ouvrier, comme fabricant, n'est pas une invention de Dante. Elle apparaît dès le début du trobar, chez Guillaume IX :

ben vueill que sapchon li pluzor . d'un vers si es de bona color . qu'ieu ai trat de mon obrador . qu'ieu port d'aicel mester la flor .

je veux que tous jugent si ce poème est de bonne couleur je l'ai sorti de mon atelier je détiens de ce métier la fleur

(iii) Le mot lui-même, qui désigne le métier, celui de forgeron, est connu des troubadours. Le trobar doit se forger avec « maîtrise ».

Pos vezem boscs e broills floritz . e-il prat son groc vert e vermeill . e-l chant e-l refrim e-l trepeill . auzem dels auzellos petitz . be-s taing c'un novel chan fabrec . en aqest bel douz temps d'abril . e si ben so-il mot maestril . leu seran d'entendr'a unquec .

Les bois et les buissons fleurissent les prés sont jaunes verts vermeils les chants les refrains le tumulte on entend des oiseaux petits il faut qu'un nouveau chant je forge en ce beau nouveau temps d'avril et si ses mots sont de maîtrise il sera compris de chacun

(iv) Pourquoi forgeron ? Le trobar étant ce qu'il est, le troubadour doit être forgeron parce que l'amour est forgeron. Et son métier est de mêler les métaux précieux et rares à l'acier dur.

Domna cel que primiers trobat . c'om mascles fin aur ab acier . per diaman que so requier . mout gran cortesia pensset . [...] et amans es aciers . dompna fis aurs e gaugz entiers . e-l fabrec que l'obra cozen . de totz tres fai obra plazen .

Dame celui qui le premier découvrit qu'il faut mêler l'or fin avec l'acier pour faire le diamant qui l'exige a pensé grande courtoisie le diamant est l'amour l'amant est l'acier la dame or fin et joie entière et l'orfèvre qui mène l'ouvrage à bien de tous trois fait le plaisir de l'œuvre

Pour que le trobar parvienne au diamant de l'art qu'exige l'amour, premier « trouveur » de la poésie, il est nécessaire de se faire forgeron (orfèvre, puisque le métal précieux, l'or, intervient). Le résultat, le diamant, sera à la fois la canso et l'amour de l'amant et de la dame. Ces équations, plus chimiques qu'algébriques (il y a un mouvement nécessaire du temps dans le signe amour-chant-poésie), reviennent sans cesse dans le trobar parlant de lui-même, comme il le fait. Le vers de Dante, qui donne un nom, Arnaut Daniel, à l'excellence dans l'art du trobar, vient en axiome condensé de toutes les cansos où le troubadour s'identifie au forgeron. Il y ajoute la langue, le « parlar materno » ; car amors est aussi « amour de la langue » ; dont l'un des visages est la poésie.

(v) La perfection de l'art du « fabbro », son « obra », est la canso. Et sa beauté n'est parfaite que par l'« affinement » du travail de poésie. La beauté de la canso est, comme celle de la dame, et dans le même feu, l'amour, non une beauté naturelle, que l'on rencontre en se promenant, comme les couchers de soleil « poétiques » achevés en cartes postales napolitaines, mais une beauté d'art, obtenue par la science et l'effort de l'artisan. La canso devient pure par le trobar, comme la beauté de la dame si elle aime :

on s'afina si beutatz . cum l'aurs en l'arden carbo .
où s'affine sa beauté comme l'or dans l'ardente braise

(vi) Chaque canso, sortie de l'atelier du troubadour, devra être unique, jamais imitable vraiment, comme la dame, sortie de la forge d'amour et de nature :

c'anc natura non obret tan . c'altr'an fasses del sieu semblan
la nature ne pourra jamais travailler assez pour en refaire une semblable

(vii) Le forgeron lui-même, le troubadour, sort « affiné » du feu de la forge d'amour :

fis la sopley fis l'am fis la dezire . aissi cum l'aurs s'afin' el fuoc arden . suy afinatz
fin je la supplie fin je l'aime fin je la désire ainsi comme l'or s'affine dans le feu ardent je suis affiné

(viii) Le métier de forgeron du trobar est « art d'amour ». Il s'exerce sur les mots et les rimes. On ne saurait mieux faire que de citer ici Arnaut Daniel lui-même :

obre e lim . motz de valor . ab art d'amor .
je forge et je lime des mots de valeur par art d'amour

en cest sonet cond' e leri . fauc motz e capuig e doli . e serant verai e cert . quan n'aurai passat la lima . qu'amors marves plan' e daura . mon chantar
sur cette mélodie élégante et gaie je mets des mots je les rabote je les amincis ils seront exacts et sûrs quand j'aurai passé la lime car amour polit et dore mon chanter

(ix) L'effet enfin du forger sur le forgeron, on le lit dans Raimbaut d'Orange, le maître d'Arnaut Daniel, la source de lumière cachée de toute une partie du trobar :

enquier e serc . com si liman . pogues roire . l'estraing roïll . ni-l fer tiure . don mon escur . cor esclaire .

je quête et cherche   si en limant   je pourrais gratter   la rouille étrangère   et la croûte mauvaise   pour éclairer   mon cœur obscur

On se souvient que le forgeron antique est au cœur obscur des Enfers.

Deuxième partie

Chapitre 6

Le champ des rimes

66. *Les deux axiomes de la canso*

(i) L'amour doit être nouveau toujours, neuf, *novel* ; le chant par conséquent doit avoir cette propriété ; tout doit être nouveau, « novel ». Il en est donc de même du trobar, troisième terme du signe troubadouresque.

Toute canso doit avoir quelque chose de *novel.*

(ii) Cette nouveauté est de substance. Elle pénètre la forme même de la canso. La nouveauté n'est pas d'abord ce qui est dit. Elle n'est pas même dans ce qui est dit. Elle doit apparaître même contre ce qui est dit.

(iii) Chaque canso doit être neuve.

Ce qui appartient en propre à une canso, ce qui est à elle, c'est sa *formule.* Si la formule est par excellence ce que la canso a à soi, elle doit avoir une formule neuve. Or la formule est formule de rimes et formule métrique et en troisième lieu mélodie.

La nouveauté, pour une canso, pourra donc s'entendre : formule de rimes originale, ou formule métrique originale (ou non exclusif) ; et mélodie originale.

Les données musicales sont très lacunaires. Mais on peut supposer ceci : deux formules distinctes ne peuvent avoir même mélodie. En tout cas, par suite du lien entre mélodie et mètre : deux formules métriques distinctes ne peuvent avoir même mélodie.

(iv) Les traités ont même comme exigence : non seulement

les formules diffèrent mais aussi les mélodies (auquel cas, il faut considérer comme cansos distinctes deux cansos ayant les mêmes mots et deux mélodies différentes ; je ne le ferai pas ici).

(v) La mélodie musicale peut être considérée comme une réalisation de la formule métrique. La mélodie de rimes (les rimes concrètes, avec leurs timbres) est une réalisation de la formule de rimes. Il y a un parallélisme de la situation formelle des deux mélodies face aux deux formules abstraites.

(v[a]) Remarquons que si le sirventes se caractérise par une imitation forte des formules, i-e les deux mélodies et les deux formules, un poème ne sera pas un sirventes s'il n'a pas même formule qu'une autre canso (cette hypothèse n'est évidemment pas empiriquement vérifiable, le « corpus » étant nécessairement lacunaire).

(vi) *Axiome de renouvellement, ou d'unicité.*
Deux cansos qui ont même formule et même mélodie (au sens large : les deux mélodies) coïncident. Donc sont une seule (donc ont les mêmes mots).

(vii) La canso est unique parce que la dame est unique. Chaque canso est une dame. Il n'y a pas deux dames identiques.

(viii) L'axiome d'unicité est vrai et impossible dans sa conséquence : s'il est une seule dame en effet, et si le troubadour la chante, toutes ses cansos devraient être de même formule ; donc il en serait une seule. Mais un troubadour n'a pas qu'une canso. Il est donc impossible, quoique nécessaire que... et ainsi de suite.

(ix) Qu'en est-il en fait ? S'il y a coïncidence entre deux formules pour deux cansos différentes, ce que je ne peux déceler que sur le *Répertoire métrique* de Frank, et laisse donc encore ouvert le changement de mélodie, il ne doit pas y en avoir beaucoup. Les calques sont rares, très rares.

(x) Si deux mélodies ont le même texte, je devrai les examiner comme deux cansos. Il se peut que les deux mélodies soient des variantes d'une même. Mais si deux textes ont même mélodie il est aisé de décider s'il s'agit de deux cansos.

(xi) Le deuxième axiome : l'*axiome du pretz, ou d'unisonance.* Une mesure de la valeur d'une canso est le nombre des poèmes qui l'imitent ; en mélodie, bien sûr ; ou en quelque autre élément.

(xii) On peut hiérarchiser les imitations :
— même mélodie
— même mélodie de rimes
— même formule de rimes...

(xiii) Le *champ des rimes* en sera ainsi *marqué.*

(xiv) Il faut se dépatouiller avec les lacunes de la tradition manuscrite, particulièrement grave en ce qui concerne la musique.

(xv) Je vais seulement indiquer ce qu'on pourrait faire.

(xvi) Pour des raisons théoriques générales, je vais donner la prééminence à la *formule de rimes.*

(xvii) Conséquence des axiomes : l'axiome de renouvellement (que j'appellerai aussi axiome *singulars*), même s'il n'a été qu'en partie respecté, a un effet énorme : l'exploration frénétique des formules possibles. En s'en tenant aux seules formules de rimes et à une seule formule par canso (sans regroupements) il y en a près de 900 pour 2600 textes environ (en comptant tous les sirventes !). L'axiome *unisonans* en même temps fait que quelques grandes formules (les grandes dames de la forme-canso) sont représentées par beaucoup de textes. C'est ce double aspect qui oriente ma tentative de démêlement de l'ensemble formel des textes de troubadours.

67. Données élémentaires sur les formules de rimes

(i) Les formules de rimes sont des inventions descriptives abstraites, pour lesquelles il faut disposer d'une notation. Afin de rendre moins « hirsute » cet exposé, je vais l'introduire à partir d'une cobla de la canso de Raimon de Miraval dont j'ai cité et commenté plus haut la razo.

ii)

Bel m'es qu'ieu chant e coindei . pois l'aur' es dous' e-l temps gais . e per vergiers et per plais . aug lo retint e-l gabei . que fant l'auzeillet menut . entre-l vert e-l blanc e-l vaire . adoncs se deuri' atraire . cel qe vol c'amors l'ajut . vas chaptenenssa de drut :

Le premier vers se termine en *-ei* ; c'est la première rime rencontrée ; on la note a. Le deuxième vers se termine en *-ais* ; c'est la deuxième rime (différente de la première) ; on la note b. Le troisième vers est encore b, le quatrième a. Le vers 5 introduit une nouvelle rime *-ut* ; on la note c (on suit donc l'ordre alphabétique pour le renouvellement des symboles de rimes). Le vers 6 a une rime *-aire*. Cette rime est nouvelle ; elle est notée d, mais de plus, alors que les trois premières rimes sont masculines, la rime d est féminine ; on la note alors d'. Le vers suivant est encore d'. Les deux derniers vers sont c.

D'où la formule :

abbacd'd'cc.

La mélodie de rimes, dans ce cas, sera :

-ei, -ais, -ais, -ei, -ut, -aire, -aire, -ut, -ut.

(iii) Le champ des formules est très vaste, je l'ai dit. Il n'y a rien de comparable dans l'histoire de la rime, sinon celui des trouvères, qui est d'une ampleur et d'une diversité comparables.

(iv) Il n'y a rien eu de semblable depuis. Bien que l'axiome de renouvellement ait continué, plus ou moins, à agir, dans d'autres langues, et jusqu'à la Renaissance, un des signes de la dépendance immense de la poésie lyrique par rapport aux troubadours.

(v) Dans l'exemple de Raimon de Miraval, chaque rime introduite trouve sa réponse dans la strophe même. Il arrive (souvent) que ce ne soit pas le cas. Ainsi dans la chanson « de l'amour de loin » la dernière rime *-atz*, la rime d, est sans écho dans la cobla. De telles rimes sont nommées estramps. Il faut les distinguer des rimes *espars* ou *brut* qui n'auraient pas d'écho du tout dans la canso. Une rime estramps reçoit sa « résolution » dans les coblas suivantes, qu'elle sert à lier entre elles. Les troubadours n'aiment pas la rime espars.

68. Pour défricher le champ des rimes

(i) J'ai proposé et essayé cette méthode de défrichement, qui est à la fois une méthode de description et un peu plus, puisqu'elle essaye d'orienter la description à l'aide des axiomes précédents, pour le champ de rimes des trouvères. Je vais l'esquisser ici dans le cas des troubadours.

(ii) Une mesure du *pretz* d'une canso (ou d'un texte qui n'est pas une canso, mais qu'on peut considérer *in loco canso* à cause d'une lacune dans la tradition manuscrite) sera le nombre de textes de mêmes formules. En l'absence de données chronologiques absolument sûres, et dans un premier temps (on s'intéresse à la grande canso intemporelle du « moment » des troubadours) on va mesurer le pretz d'une formule, en commençant, pour simplifier encore (mais en accord avec le principe de prépondérance de la rime), par le pretz d'une formule de rimes.

(iii) On construit une représentation du champ comme un graphe, où les formules sont des points (les sommets du graphe) et où une flèche est tracée d'une formule à une autre (d'un sommet du graphe à un autre) si le pretz de A est supérieur au pretz de B.

(iv) Bien sûr, cela seul est insuffisant pour s'y reconnaître. On fait une hypothèse additionnelle, qui est de nature combinatoire : on suppose que les formules de rimes sont des groupements de formules plus élémentaires (des fragments de mélodies de rimes) que l'on met bout à bout (c'est le point de vue de la concaténation). Là est l'approche proprement rythmique du problème.

(v) On suppose que l'axiome de renouvellement, l'axiome *singulars*, agit d'une manière simple (en première approximation) sur la construction de nouvelles formules à partir de formules existantes. Tout simplement par *allongement*.

(vi) Les groupements, les formules de rimes attestés ayant presque tous une certaine longueur, les groupements les plus simples (comme les quatrains de différents types) ne sont pas des formules rencontrées beaucoup. Les formules qui ont un grand pretz sont déjà des formules complexes et on ne peut pas les ordonner totalement puisqu'on exige de passer de l'une à l'autre à la fois par diminution du pretz et par allongement.

(vii) On trouve alors un petit nombre de formules qui à la fois ont un grand pretz et ne se déduisent pas les unes des autres par allongement. Ce sont ce qu'on appelle les *éléments maximaux* de l'ensemble ainsi ordonné.

(viii) Voyons en effet comment se présentent les formules les plus fréquentes : il y en a 8 qui ont un pretz de 25 au moins, c'est-à-dire à peu près un pour cent du total de toutes les formules.

Ce sont :

abbaccdd	P = 306
ababccdd	112
abbacddc	92
abbaccddee	70
ababcddc	37
ababcdcd	26
abbaaccdd	26
ababccddee	25

Je retiens, dans ces huit formules, cinq *sommets maximaux* :

abbaccdd, ababccdd, abbacddc, ababcddc, ababcdcd.

Aucune d'entre elles ne se déduit d'aucune autre, par-abaissement du pretz-allongement par simple concaténation.

(ix) Des trois autres formules, deux sont non maximales : abbaccddee est un allongement par le groupement simple -ee de la formule abbaccdd ; de même, par le même groupement simple -ee, on allonge ababccdd en ababccddee. L'allongement, dans les deux cas, s'accompagne bien d'une chute du pretz, ce qui veut dire qu'à ce stade très grossier encore de l'opération la cohérence entre les deux exigences, la déduction de l'axiome du pretz et l'exigence rythmique sont compatibles.

(x) Reste la dernière formule abbaaccdd. Cette formule semble aussi un allongement d'une formule de plus grand poids abbaccdd mais la manière de cet allongement (qui peut être discutée) est en tout cas moins élémentaire que les précédentes et je la laisse de côté pour le moment.

Avant d'aller plus loin je vais regarder d'un peu plus près les cinq formules retenues comme « maximales ».

69. *Pedes, cauda*

(i) Les sept formules principales s'analysent suivant des principes et une terminologie qui est déjà celle de Dante, en deux parties : *pedes* et *cauda* :

abba/ccdd
abab/ccdd
abba/cddc
abba/ccddee
abab/cddc
abab/cdcd
abab/ccddee

La formule abbaaccdd est ambiguë de ce point de vue :
abba/accdd ou — abb/aaccdd

(ii) L'hypothèse qui préside à une telle séparation est celle de l'existence d'un sous-niveau : il y a l'unité canso, l'unité cobla. Et la cobla elle-même, en tout cas les coblas que je viens de présenter, est divisible. (J'emploie ce mode de présentation de préférence à celui d'un système de réécriture pour me placer dans le cadre de la Théorie du Rythme.)

(iii) Il y a donc une première frontière intérieure à la cobla qui définit : avant, les pedes, constituant le *frons* ; après la cauda. Les pedes sont identifiés par leurs éléments de symétrie.

(iv) En privilégiant les éléments de symétrie, on reconnaît aussitôt un deuxième sous-niveau, car le frons et la cauda de chacune de ces formules sommets sont eux-mêmes analysables : les *pedes* sont les constituants du frons ; les *volte* ceux de la cauda. La coupure, que j'ai marquée, est la *diesis*.

(v) Les frons des formules dominantes sont tous divisibles en pedes, « pieds » :

ab/ba
ab/ab

Dans le premier cas il s'agit d'une simple concaténation ; dans le deuxième il y a un renversement, une symétrie palindromique.

(vi) Mais on remarquera que ces deux groupements sont bien symétriques par renversement par rapport à leur frontière interne (palindromiques) en tant que *formules de rimes* : car abab donne baba et abba donne abba ; le groupement baba a la même formule que abab ; le groupement abba, par renversement, est non seulement de même formule mais identique à lui-même ; sa symétrie est plus forte.

(vii) Les sept caudas sont également divisibles en volte de deux ou trois rimes : cc/dd qui n'est autre que la formule aa/bb ; mais encore ab/ba ou ab/ab ; et une formule à trois rimes qui est aa/bb/cc.

(viii) En se reportant au *Répertoire* de Frank on obtient ainsi 668 textes appartenant à l'une ou l'autre de ces formules.

(ix) Du point de vue de l'analyse rythmique il y a un niveau (un sous-niveau) d'analyse supplémentaire entre la syllabe et le frons (ou la cauda) : c'est celui des « pieds » rythmiques proprement dits ; il y en a trois (pour l'instant) :

00
01
000 (celui-ci dans les volte seulement).

(x) On atteint en définitive cinq niveaux d'organisation :

sillaba
« pied »
frons ou sirma
cobla
canso.

La cobla seule a quatre niveaux d'organisation.

(xi) On peut alors revenir au corpus des formules (c'est-à-dire le « répertoire ») et examiner celles qui comportent l'un des deux frons présents dans les formules maximales. En utilisant l'ordre donné par Frank, on voit que

le frons abab est présent dans les formules F214 à F435
le frons abba dans les formules F455 à F654.

Ayant reconnu le groupement aabb dans les caudas on se demande s'il peut être présent dans le frons : on trouve les formules F130 à F187.

(xii) C'est un premier résultat notable : pour ce qui est de l'invention des formules, ce qui dépend de l'axiome de renouvellement, le frons *plat*, aabb, est beaucoup moins « productif » que les frons abab et abba.

(xiii) On se demande également s'il y a des frons ternaires du type aaabbb : on n'en trouve pour ainsi dire pas.

(xiv) Il y a d'autres frons ternaires possibles (d'après les principes de l'analyse rythmique) : aab/aab. On trouve les formules F91 à F116 ; c'est peu.

(xv) Il y a enfin une dizaine de formules où le frons est à deux pedes mais trois ou quatre rimes : abc/abc, abcd/abcd.

(xvi) Si on se tourne alors du côté de l'axiome du pretz, on voit qu'une seule formule en aabb atteint 10 exemples : aabbaab (dont l'analyse, d'ailleurs, est ambiguë).

70. Pedes, cauda (suite)

(xvii) On peut déjà préciser les *préférences combinatoires* des troubadours : les formules les plus fréquentes, représentées par un pretz de 8 au moins occupent la moitié à peu près des textes (1 306).

Parmi celles-là :

le frons de type T = abba a un pretz global de 706
le frons F = abab moitié moins (356)
le frons plat N = aabb 10 seulement.

On peut classer de manière évidente :

T ⩾ F ⩾ N.

(xviii) Si on se tourne vers la cauda, le frons N (dans ses deux variétés N2 = aabb ; N3 = aabbcc) l'emporte largement avec 510 de total de pretz contre 213 pour T et seulement 71 pour F.

(xix) Il faut remarquer que dans l'ensemble du champ, les frons de type T, F ou N, pour les formules fréquentes (c'est-à-dire de pretz au moins 8), atteignent un pretz total de 1072 sur 1306, ce qui est beaucoup. En ce qui concerne les caudas, le pretz de ces types est seulement 794. Il apparaît déjà nettement que les frons sont mieux divisibles de manière élémentaire que les caudas. Je dirai encore : la partie de la cobla située avant la diesis est plus *métrique* (globalement, pour la canso totale, la mégacanso, l'hypercanso du champ total) que les caudas. Le début de la cobla l'établit comme groupement rythmique organisé (c'est le repos nécessaire de l'oralité, de même nature que celui que j'ai évoqué pour la tenson et le partimen). La complexité des formules s'introduit plus tard.

(xx) L'ordre de préférence dans les caudas est :

N ⩾ T ⩾ F.

Je l'interpréterai en disant que *T l'emporte sur F*, et que par ailleurs la *cauda est l'envers du frons* en ce qui concerne la situation respective des types T + F = L et N. Le choix de ces lettres n'est pas innocent : L est mis pour *lyrique* ; N pour *narratif*.

Autrement dit L l'emporte sur N dans le frons ; N l'emporte sur L dans la cauda.

La reconnaissance d'un trait formel de la distinction lyrique/narratif est un point essentiel du dispositif d'interprétation que je mets en place ; et, comme je le signalerai plus loin, elle est valable aussi pour les trouvères.

(xxi) On peut poursuivre ainsi : à chaque niveau d'organisation est marquée la prédominance du L sur le N. Ce n'est pas un paradoxe : si on avait aussi dans la cauda la supériorité numérique du L sur le N, cela veut dire qu'à ce niveau d'organisation (supérieur au précédent) on aurait un modèle LL, ce qui veut dire qu'il serait analysable en le groupement aa, ce qui veut dire qu'à ce niveau la cobla serait de type N.

Autrement dit le type narratif N s'identifie combinatoirement au répétitif strict. J'appelle ce mode le mode du *corythme* ou *mémoire*. Le mode lyrique L s'identifie au non-répétitif, que j'appelle *rythmique* ou *comémoire*.

Bien entendu, il ne s'agit pas du répétitif ou non-répétitif seul dans aucun mode (chaque mode contient du répétitif et du non-répétitif) mais d'une *dominance*. Il y a une différence dans la manière de regarder le répétitif et le non-répétitif, de les marquer.

(xxii) L'examen de la répartition des pretz totaux des différentes combinaisons possibles TT, FF, TN, TF, FN, FT (les groupements commençant par N sont négligeables) n'apporte rien de neuf du moins dans cet état encore grossier de l'analyse.

(xxiii) Il importe de remarquer que le N initial est *très faible*, donc que le mode lyrique L est affirmé très fortement au début de la grande majorité des coblas.

(xxiv) Ceci conduit à regarder plus en détail l'intervention de ce que j'appelle le narratif ou non-lyrique N dans le champ des formules. Les modalités concrètes du N sont le *métrique pur*, c'est-à-dire la disposition *monorime*, et la *platitude* (il y a un troisième mode, le plus ancien, celui des chansons de geste, la *laisse*, qui est monorime avec variations de longueur des groupements mais ce mode est bien évidemment interdit à la canso, puisque les coblas ont toutes la même formule).

Or on trouve (toujours parmi les formules qui atteignent le pretz seuil de 8) des formules monorimes (ou monorimes avec marquage final) :

aaaaaa	P = 14
aaaaaaaa	P = 20
aaaaaaaaa	P = 10
aaab	P = 10

Sur ces 54 textes il n'y a que 2 cansos (3 si on compte une tenson fictive d'Aimeric de Peguilhan).

Sur les 65 textes monorimes, il n'y a que 5 cansos.

L'éviction des modes du N est donc marquée encore plus, puisque le nombre des cansos et assimilées (en excluant les sirventes-cansos) est de 1025 sur un total de 2660 environ.

(xxv) A l'intérieur du mode dominant L, c'est le T (mis pour « troubadours ») qui l'emporte sur le F (mis pour « français »).

C'est le groupement abba qui est un groupement plus complexe que le abab.

C'est un mode nouveau de prédominance du rythme sur le corythme.

(xxvi) Si on regarde maintenant les deux premières flèches du graphe des formules selon le pretz décroissant :

abbaccdd	abbaccddee
ababccdd	ababccddee

on fait l'hypothèse suivante : il est raisonnable d'espérer un mode d'intervention de l'axiome singulars (renouvellement) : allongement par concaténation de groupements par la cauda. Il est raisonnable de supposer que ce sera le mode dominant.

(xxvii) Pour voir de plus près on se tourne vers des formules d'importance moyenne (de 8 à 20 exemples). On trouve :

ababccd	P = 16
abbaccd	P = 14.

Il s'agit là d'une cauda non divisible de type aab. J'analyse la formule comme un frons à pedes (T ou F) *ponctué*, c'est-à-dire allongé, concaténé avec un groupement dont le niveau d'organisation est inférieur.

Dans la même direction, celle de la recherche de *ponctuations*, on rencontre :

abbaccdde	P = 12
abbacddee	P = 10.

Les groupements N de la cauda sont là ponctués par une rime unique initiale ou finale.

On a aussi :

abbacc.

(xxviii) L'allongement par concaténation donne naissance à des organisations ternaires avec diesis marquée, comme dans

ababccddeeff P = 11
abbaccddeeff P = 13

on vérifie que cela est compatible avec l'axiome du pretz et son interprétation : il y a bien une flèche (diminution du pretz) de la formule la plus courte vers la formule la plus longue.

(xxix) En combinant les concaténations et les ponctuations, ou les transformations du 2 en 3, on aperçoit un moyen d'engendrer de nombreuses formules pour lesquelles sera tenté le test : établissement de flèches correspondant à un pretz décroissant entre deux formules dont la seconde (but de la flèche) se déduit de la première (source) par l'un de ces modes.

Bien entendu, plus le pretz décroît, moins les variations de pretz sont significatives.

En faisant cela, on tente de donner au graphe une forme particulière : celle d'un arbre (puisque les pretz décroissent, si on impose qu'ils décroissent strictement, il n'y aura pas de « boucles ») dans le graphe.

On essaye donc de représenter la plus grande partie du champ des formules en *catégorie ordonnée*.

Le résultat, comme dans le cas des trouvères, est remarquablement cohérent.

(xxx) On remarquera qu'une formule comme

abbaccd

ou

abbacddee

fait intervenir une rime « estramp » dont la « réponse » n'est qu'en les autres coblas. C'est une rime-mémoire qui sert de lien entre les coblas. L'abondance de telles rimes est un des traits originaux différentiels de la canso.

71. Enchaînement des coblas divisibles

(i) J'introduis maintenant un deuxième type de flèche dans le graphe, l'arbre ou catégorie ordonnée du champ des rimes. Ce sont des flèches d'enchaînement, de mémoire (corythme) ; des flèches d'intrication. Qu'est-ce à dire ?

(ii) Prenons une formule :

ababcbcb

Elle porte le n° 353 dans le catalogue de Frank. Son pretz est 8, elle a été employée par Bertran de Born, par exemple. Elle est aisément divisible en un frons abab et une cauda

abab/cbcb

La cauda est du même type F que le frons. Mais il y a quelque chose à dire de plus : il existe un *lien* entre les deux parties de la strophe, par-dessus la diesis. C'est un lien d'intrication : les rimes b entre elles.

(iii) Le principe de diminution des pretz qui détermine la possibilité d'une flèche entre deux formules amène à supposer qu'on passe de la formule

ababcdcd

dont le poids est 26 à la formule F 353 par l'identification

d = b

qui est une opération combinatoire d'*intrication* ; ici une intrication particulière, l'*imbrication*.

Les deux formules sont les mêmes du point de vue rythmique. La règle de pretz descendant permet d'interpréter le passage de l'une à l'autre comme imbrication plutôt que son inverse qui serait une désimbrication.

Les troubadours, à la différence des trouvères, favorisent massivement l'intrication des formules. Ce qui veut dire que leurs formules maximales (les plus employées et non comparables) sont des formules non intriquées, et non l'opération inverse, ou duale, de désintrication à partir de formules déjà complexes.

Cela tient à ce que la cobla n'est pas pour eux le niveau supérieur du jeu combinatoire des rimes. L'intrication apparaît dans la canso entière, de manière plus hirsute, par les rimes estramps par exemple.

(iv) Ici s'impose un retour sur les formules de base des frons :

abab = F
abba = T
aabb = N

Cet examen est crucial pour la théorie du rythme et l'arithmétique surnaturelle qui en est le «bras séculier». On pourrait dire, et c'est partiellement vrai, que l'*arithmétique surnaturelle* vient de là.

(v) La formule la plus «claire» du point de vue qui m'intéresse ici est la formule *abab*.

Toute disposition de rimes en effet, toute formule de rimes, doit être regardée de deux manières différentes :

— une formule de rimes quelconque contient (sauf dans le cas des laisses) du *non-répétitif*, dans ce cas le «pied» *ab* qui dans les rimes concrètes fera paraître une mélodie de timbres à deux «notes»

— et cette formule élémentaire non répétitive est *répétée*

ab/ab

— c'est cette répétition même qui nous dit comment mettre la frontière entre les deux morceaux, et identifie la formule. Par elle on sait comment isoler et grouper.

Autrement dit chaque formule doit être examinée de deux points de vue : celui que je viens de dire où d'abord est supposé qu'il y a du non-répétitif, où le non-répétitif est dominant. Et puis celui où le répétitif domine : car la rime *a* n'est rime que si elle est mise en mémoire, répétée par une autre rime *a* qui l'identifie comme rime ; et de même pour la rime *b*. Il y a un lien entre les deux rimes *a*, elles forment un *peigne à deux dents* a a

de même les rimes *b* et ces deux peignes s'*imbriquent*

a b a b

Du point de vue des intrications, que j'appelle le point de vue de la mémoire (corythmique), la formule abab s'analyse ainsi, c'est une imbrication. Du point de vue rythmique, celui des groupements dans la succession de l'identification de leurs frontières, il se parenthétise :

(ab) (ab)

On voit que les deux points de vue sont étroitement dépendants l'un de l'autre. C'est le trait exceptionnel des formules de rimes que leur réversibilité absolue du point du rythme à celui de la mémoire. Et ce trait est dans la formule plus que dans la mélodie (les timbres réels) parce que dans la mélodie intervient déjà la substance phonique du langage qui n'a pas cette propriété. Pour cette raison :

(vi) Thèse : *Les formules de rimes sont un champ privilégié de la théorie du rythme.*

72. Enchaînement des coblas divisibles (suite)

(vii) Dans le cas de la formule abba, sa structure d'intrication est un *enchâssement*

a b b a

La structure rythmique est moins évidente : pour identifier la frontière de groupement, il faut utiliser deux marquages contradictoires : le marquage initial, qui donne la prééminence au début de groupement, et le marquage final. On en déduit un premier groupement, ab encore, et le second est le renversement du premier par échange des marquages. ba apparaît comme miroir de ab.

Il s'ensuit que abba est plus complexe que abab.

Ces deux groupements essentiels du champ lyrique sont très *stables* :

— du point de vue rythmique ce sont les groupements iambiques qui dominent (et un trochaïque par renversement), qui sont les plus stables de tous, les groupements minimaux de la théorie du rythme ;

— du point de vue corythmique les deux intrications en jeu, l'imbrication et l'enchâssement binaire, sont les intrications élémentaires les plus fondamentales.

(viii) Revenons à aabb le groupement non lyrique de base. Sa parenthétisation résulte de l'analyse corythmique qui l'identifie comme concaténation des deux peignes

a a et b b

Sa structure fait dominer le point de vue corythmique sur le point de vue rythmique et le corythme par ailleurs est essentiellement métrique, métronomique même. Mais l'intrication obtenue par une simple concaténation n'est pas, en un sens, une intrication véritable ; c'est une intrication sans mémoire.

(ix) Pour qu'il y ait mémoire il faut qu'il y ait répétition, mais *répétition séparée par autre chose*. Ceci est une thèse sur la mémoire.

(x) Dans le champ des rimes, alors, la définition des flèches du deuxième type, les *flèches d'intrication*, permet de créer de nombreuses nouvelles formules à partir des anciennes, déjà construites, par concaténation, non-intriquées, comme le sont les formules mères du champ. Cette situation est celle où le rythme implique le corythme.

Thèse : *Dans la cobla la mémoire est dominée par le rythme.*

(xi) Thèse : *La cobla est le lieu rythmique privilégié de la canso.*

Remarque : du point de vue de la formule de rimes seulement bien entendu.

Remarque : on verra plus loin la thèse complémentaire sur le rôle de la mémoire.

(xii) Quelques exemples de formules (de pretz moyen) :

abab abba bb	P = 10
abab baab	P = 12
abab baba	P = 14
abab ccb	P = 9
abab cddc dd	P = 11
abba ab	P = 10
abba cca	P = 9
abba cc dd a	P = 9
abba ccad	P = 8 (de construction déjà plus complexe).

(xiii) Arrivé à ce stade, ayant ainsi absorbé un grand nombre de formules dans la catégorie ordonnée (il n'y a pratiquement jamais de difficultés avec le sens des flèches) (c'est-à-dire si on exige plus que la relation dans un des deux sens possibles, mais une cohérence de ces choix de sens des flèches), on rencontre, avant d'essayer d'absorber d'autres formules, un phénomène intéressant : celui des *formules d'interprétation combinatoire ambiguë*, le plus souvent double, parfois multiple.

Le « premier » exemple (premier par son pretz) est celui de la formule que j'ai laissée de côté plus haut, en sixième position ex-aequo pour la fréquence :

abbaaccdd

On peut l'interpréter comme ayant un frons ponctué :

abba a

suivi d'une cauda normale de type N, ccdd — la ponctuation étant obtenue à partir de abba c (ponctuation normale) suivie d'imbrication c = a.

Mais une autre interprétation donnerait :

abb/aaccdd

Indépendamment de la faible vraisemblance de la deuxième interprétation, la *préférence combinatoire* va à la première suivant un principe « métaphysique » « d'économie », « occamien ». Avec un résidu d'ambiguïté : faut-il placer la ponctuation dans le frons (analyse ci-dessus)

abba/a ccdd

ou dans la cauda qui serait alors ponctuée à l'initiale

abba/a ccdd

Abstraitement, il y a des « raisons » qui vont dans les deux sens. Peut-on aller plus loin dans le cas concret ? Il s'agit de cansos. Il existe un indice possible, d'interprétation un peu difficile (dans l'état actuel d'avancement de la recherche), celui des tornadas (on pourrait aussi utiliser la mélodie et la formule métrique).

La formule en question est la formule F 504 du répertoire de Frank. Une chanson de Bernart d'Auriac présente cette formule avec une tornade de 4 vers. La donnée de cette tornade renforce l'hypothèse d'une ponctuation finale du frons, la métricité des découpages des formules par la tornade étant grande. Il se pourrait toutefois que ce soit une syncope : le non-syncopé a malgré tout la préférence combinatoire sur le syncopé, sinon on ne parlerait pas de syncope. Ici en outre il y a un changement d'espèce de la rime (qui passe de masculin à féminin entre a et c). La vraisemblance d'une diesis au vers 5 en est renforcée. La considération du squelette rythmique pourrait donner d'autres indices, mais ce n'est pas de cela dont j'ai besoin ici, voulant rester au niveau le plus abstrait possible.

En revanche, dans la même formule, une chanson de Gaucelm Faidit a une tornade de 5 vers, ce qui pointe une diesis en position 4.

73. Extensions et indivisibilité

(i) Toujours poursuivant l'interprétation de la même formule abbaaccdd, on peut exhiber la tornada d'un texte de Guilhem de Montanhagol qui indique, elle, une organisation possible de la formule, très différente :

(abb) (acc) (cdd)

(ii) On voit là que le découpage est indiscutablement tributaire d'hypothèses, d'une méthode empirico-déductive sur la façon de regarder, combinatoirement, le corpus.

(iii) Celle que j'esquisse ici représente la seule idée que j'ai eue sur la question. Elle a des avantages.

(iv) On ne peut, je crois, éviter complètement toute idée d'organisation externe à leur pure contemplation, qui ne peut guère conduire qu'à un pur et simple catalogage.

(v) Pour les troubadours aucune tentative réelle de ce genre n'existe.

(vi) Il en existe une, celle de Dragonetti, pour les trouvères ; elle est un peu mieux qu'un catalogue, essentiellement parce qu'elle confronte la réalité des formules utilisées par les trouvères aux hypothèses que fait Dante sur le découpage de la canzone. Mais l'absence de toute idée proprement combinatoire autre que d'une extrême banalité rend le résultat assez décevant.

(vii) Un cas d'ambiguïté un peu différent (je ne l'examine, encore, que du point de vue strictement combinatoire) est celui de la formule F 627 :

abba cddcc

On peut admettre un frons de type T normal et l'ambiguïté porte sur l'interprétation de la cauda : soit ponctuée par un c final et intrication depuis un e final, soit une ponctuation initiale c, et intrication à partir d'un -ddee, un groupement N donc. Je choisirai la deuxième solution pour deux raisons qui se renforcent :

— la première est la vraisemblance combinatoire déjà signalée dans le champ de rimes de la formule globale T-N, préférablement à la formule T-T (trois fois plus d'exemples) ;

— la seconde raison est que la deuxième interprétation permet une flèche de la catégorie, allant de abba cddee P = 10

vers la formule étudiée, dont le poids est 8.

En fait, on pourrait aussi « répartir » la formule entre les deux interprétations selon leur vraisemblance globale, et ça irait encore mieux (il y a un certain coefficient vraisemblable de perte de pretz selon une flèche).

(viii) La méthode de répartition des poids en tenant compte des tornades et d'autres hypothèses dont j'ai décrit un exemple permet de lever la plupart des difficultés rencontrées dans le tracé des flèches de la catégorie (par exemple si les pretz augmentent quand on fait les implications de construction dans le sens choisi).

(ix) On a ainsi une première extension de l'occupation du champ par le réseau des flèches.

(x) Je donnerai deux derniers exemples simples d'*extension du champ*.

La formule abbc ddee s'identifie, par désenchâssement, à la formule majeure abba ccdd de pretz 10. Il est clair que dans le frons, essentiellement intriqué, la désintrication a un pretz diminuant.

(xi) Le deuxième cas est celui des formules « tendant au non -N » ce sont celles qui ont le plus de rimes estramps. Ainsi

abcdefgh

formule à 8 estramps. Cette formule est de pretz 13, ce qui n'est pas négligeable. Je le rapprocherai du fait, déjà signalé, que la formule monorime

aaaaaaaa

est de pretz 20.

Les formules fortement estramps, « duales » des formules narratives strictes, ou très proches des formules plates, et antonymes de celles-ci sont, comme les formules monorimes ou presque monorimes, hiérarchisées (pour le pretz) de façon purement « quantitative » ; avec un sommet de pretz pour les formules à 8 vers, suivi du 9 = 8 ponctué, ce qui est satisfaisant de point de vue de la théorie combinatoire qui reconnaît, en l'absence des principes d'organisation rythmique et corythmique autres que le seul nombre arithmétique comme c'est le cas dans ces deux types d'exemples, précisément la même hiérarchie « d'espérance combinatoire » que l'on aperçoit dans le corpus des formules de rimes des troubadours.

(xii) Avec tout ça on approche presque toutes les formules attestées ; l'axiome du pretz et son interprétation, que je viens de décrire à grandes lignes, fonctionne bien. Mais pas mal de formules (beaucoup d'entre elles des « unica ») échappent, ce qui veut dire que l'axiome de renouvellement fonctionne bien lui aussi, et dans le sens d'une complexification des formules. Il y a près de 600 unica, avec un même poids global que les formules de grand pretz. Et cette singularité est « nicely hierarchized » en ce sens que dans les unica il y a à peu près autant de cansos que de non-cansos (alors que les cansos sont à peine plus du tiers du total).

(xiii) Une autre intrication, de principe très différent, a été utilisée par les troubadours. Elle consiste à créer un « peigne » de rimes distinctes au moyen du principe de liaison qu'on appelle « rimas derivativas » ; c'est-à-dire deux vêtements morphologiques et phoniques distincts d'une même donnée lexicale.

> *Contra l'ivern que s'enansa . ab cossirier que m'assailh . m'es belh que del chant m'enans . ans qu'autre cossirier m'assalha . pus per un cosselh decresc . no m'es ops qu'autre m'encresca .*
> Contre l'hiver qui s'élance avec un désespoir qui m'assaille il m'est beau mon chant élancer avant d'un autre désespoir l'assaut puisque par un projet je décrois pourquoi par un autre croître

La formule de rimes si on la regarde strictement est toute « estramps » :

abcedef

les rimes dérivatives *-enansa*, *-enans*, *-assailh*, *-assalha*, *-decresc*, - *encresca* créent une formule implicite :

ababcc

Raimbaut d'Orange est un virtuose de la rime dérivative.

Un de ses poèmes a une formule (record) à 14 rimes estramps, mais une formule, plus courte, à 9 rimes par reconstitution d'octosyllabes sur d'autres vers fragments et faisant apparaître des rimes dérivatives ; dans la formule ainsi reconstituée grâce aux mètres une intrication assez subtile :

abcdedba

Et il s'y ajoute un jeu de timbres par alternances de « peignés » et d'« hirsutes » :

-ilh, *-iure*, *-aire*, *-enhs*, *-esc*, *-erc*...

74. *Le modèle*

Un des effets de l'axiome de renouvellement, à mesure que le champ des rimes s'étend, est l'allongement des formules, une tendance à l'*encombrement* (pour lequel on peut donner une « mesure », tenant compte du nombre des vers et de leur longueur). On risque alors d'avoir des cansos non maniables dans leur durée et dans leur organisation : trop longues, trop complexes à saisir par le simple effet de l'étendue ; trop de niveaux d'organisation, trop de poids de formule.

Un moyen de lutter contre l'encombrement est le recours à la *rime intérieure*. Par la rime intérieure la formule, cet A.D.N. de la canso, se replie sur elle-même et permet le déploiement du jeu combinatoire dans des limites sévères qui interdisent ce qui sera le grand défaut de la canzone italienne : le gigantisme.

Cependant la notion même de *rime intérieure* pose un problème, dans le champ du trobar. Si on admet comme je l'ai fait l'axiome d'Istvan Frank : *il n'y a pas dans le trobar de rimes sans vers ni de vers sans rime*, une relation de biunivocité entre rimes et vers est établie et la rime intérieure n'existe pas.

Frank lui-même a bien senti qu'on ne pouvait pas s'en tenir là. Il a admis, dans son *Répertoire*, un certain nombre de formules *multiples* : une formule étant définie par le déploiement en vers de toutes les rimes rencontrées, on peut reconstituer dans certains cas des vers plus longs, créant une nouvelle formule subordonnée (Frank les met en note) pour laquelle apparaissent évidemment des rimes intérieures.

Le principe de reconstruction des formules qu'il adopte est le plus limité et le plus évident : il reconstruit des vers longs à partir de vers plus courts de façon à obtenir des octosyllabes ou des décasyllabes, pourvu que ces derniers aient une structure conforme à la métrique, c'est-à-dire que les rimes intérieures n'entrent pas en contradiction avec les césures possibles dans ce vers.

Un examen complet du champ des rimes que je ne fais qu'effleurer ici devrait reprendre ce problème dans toute son ampleur. On pourrait procéder ainsi : généralisant la solution timidement proposée par Frank, pour chaque *formule* on engendrerait *toutes* les formules possibles par reconstruction de vers longs à partir de vers plus courts. On hiérarchiserait ces formules, on leur donnerait donc des poids, tenant compte de la « vraisemblance » des mètres (le décasyllabe étant un vers de plus de poids que le tétrasyllabe par exemple), de la cohérence et stabilité des formules elles-mêmes (en tenant compte, ici, des règles d'organisation du champ mises en évidence précédemment).

Toute formule, alors, apparaît comme une *multiformule* (dans certains cas à une seule interprétation possible) et la hiérarchie des poids de ces différentes formules ferait apparaître celle ou celles ayant des poids maximaux, qui auraient ainsi une position privilégiée ; on approcherait ainsi de manière moins arbitraire que Frank (qui de toute façon ne pouvait guère trancher autrement dans son *Répertoire*, en l'absence de théorie utilisable) le problème : dans certains cas la formule principale obtenue est à vers longs et les vers courts sont des rimes intérieures. Dans d'autres au contraire les vers courts sont le noyau de la formule et les vers longs en lesquels on peut les combiner leur sont subordonnés, créant plutôt alors des *sous-coblas*. Le mouvement de recomposition n'est pas le même que celui de la décomposition qui conduit à la rime intérieure. Les troubadours ont joué des deux.

La *potentielle multiplicité de la formule de rimes* d'une canso est un des traits essentiels du *modèle* que j'essaie de décrire. Certains troubadours, comme Gaucelm Faidit et surtout Giraut de Borneil, sont des virtuoses de la formule multiple, qui est, en un sens, « hirsute ».

La question de la multiplicité de la formule et de la rime intérieure est un des points où le *jeu des rimes* qui est le jeu principal rejoint le *jeu métrique*.

La canso, en effet, a aussi une *formule métrique*, et secondairement une *formule d'alternance des rimes*, si on note seulement les deux espèces, masculine et féminine, qui font que deux vers de même dénomination métrique diffèrent en fait en « syllabes réelles ». Le jeu, ici encore, est complexe : les coblas peuvent être construites, c'est un des modèles dominants, sur la platitude métrique (tous les vers égaux en longueur) mais il peut y avoir des formules métriques d'une grande complexité, que je n'aborderai même pas ici.

Enfin entre l'événement vers et l'événement rime, des relations de congruence et de dissonance apparaissent : un certain nombre de cansos à plusieurs mètres et plusieurs rimes sont en effet construites sur le principe suivant : à chaque rime distincte un mètre distinct. Mais face à cette situation de renforcement d'une formule par l'autre on rencontre tout un champ de dissonances contrôlées dans un jeu rythmique qui renforce l'idée mise en avant dans l'examen du problème de la rime intérieure : que toute canso est à multiformule rythmique.

Si on examine, très grossièrement (une analyse du même type que celle décrite beaucoup plus en détail pour les formules de rimes est possible), les *formules métriques*, on trouve environ 500 formules monométriques contre 850 hétérométriques (mais les formules monométriques ont un pretz plus élevé, sont représentées par plus de textes). Les formules fréquentes montrent clairement une courbe dont le maximum est obtenu pour les formules à 8 vers.

J'en viens alors au *modèle de la canso générique* :

M I. La cobla a plus ou moins de 8 vers. Ce qui veut dire que c'est par rapport aux coblas de 8 vers qu'une cobla peut être considérée longue ou courte.

M II. Le champ des rimes et les axiomes de son organisation opèrent entre deux bornes : la borne inférieure est celle du quatrain non plat N. La borne supérieure a deux niveaux d'organisation de plus et un « encombrement » qui ne dépasse pas trop le poids total de 150 (syllabes et rimes).

M III. La canso modèle est divisible par diesis (la cobla à diesis est plus vraisemblable que la cobla non divisible). Dans la cobla à diesis il y a des pedes plutôt que pas ; dans la cauda il y a division (voltes) plutôt que pas, mais la domination des pedes sur les non-pedes est plus nette que celles des caudas divisibles sur les non divisibles.

M IV. Les formules d'organisation en « pieds » du frons sont plutôt binaires que ternaires ; c'est vrai aussi pour la cauda, mais moins.

M V. La cauda est plutôt différente du frons.

M VI. Enfin, la formule modèle des troubadours a un trait essentiellement discriminant, la *signature combinatoire du trobar* : la formule T (abba) l'emporte sur la formule F (abab).

Le modèle qui apparaît de toutes ces « préférences » n'est évidemment pas un modèle de forme fixe, au contraire. Chacun des traits dominants du modèle a son trait antonyme « récessif » ; ils jouent l'un par rapport à l'autre. La mise en évidence de ce modèle (et la plus grande précision qu'une recherche ultérieure pourra lui donner en tenant compte de tous les éléments, formules métriques et rimes intérieures notamment) permet de voir comment une canso réussit simultanément à établir sa singularité dans le champ et à affirmer aussi sa parenté avec toutes les autres.

75. Digression sur les trouvères

Les trouvères occupent dans la poésie lyrique française une situation comparable à celle des troubadours. Le « trouver » français est d'abord une *ombre du trobar*. Suscité, influencé par lui, il commence sans doute une ou deux générations plus tard et se développe parallèlement à lui pendant près de deux siècles.

Les trouvères ont, en français, exploré un *champ de rimes* équivalent, en étendue et en quantité, à celui des troubadours. On est en présence d'une situation éminemment favorable à la comparaison.

Les deux axiomes, de renouvellement et de « pretz », sont aussi à l'œuvre dans le champ français.

Le principe de construction des formules, les méthodes d'organisation du champ que j'ai présentées plus haut s'appliquent de la même manière. Le fond de la comparaison est celui d'une ressemblance très étroite.

La chanson des trouvères est la traduction formelle de la canso des troubadours.

Sur le fond de cette parenté étroite, il est particulièrement intéressant de discerner les différences, qui éclairent à la fois les deux champs. Je me bornerai à quelques-unes :

— Le champ de rimes des troubadours est essentiellement homogène, en revanche, il apparaît dans le champ des trouvères un registre particulier, celui des *pastourelles* qui, bien que faisant partie intrinsèque de la forme, présente des caractères différentiels absents des pastourelles provençales. Je ne citerai qu'une seule de ces distinctions : *les seuls décasyllabes figurant dans les pastourelles françaises sont des décasyllabes en rimes plates*. Des traits formels de ce type rendent le corpus de la chanson des trouvères relativement inhomogène, avec des implications de nature sémantique et idéologique considérables.

— Les trouvères n'ont que peu recours à la *rime estramp*. Plus généralement, les strophes des trouvères sont construites sur moins de rimes et ne sont pas imbriquées par les rimes, du moins pas par la formule elle-même (je dis *pas* pour *peu*, il s'agit évidemment de préférence globale dans le champ). Ceci ne veut pas dire que les trouvères ne possèdent pas un moyen d'enchaînement des strophes de fonction parallèle à celle de la rime estramp des troubadours. Ce moyen existe, et les troubadours l'emploient aussi, mais peu. C'est le *refrain*. Car le refrain n'a sa signification que répété, comme la rime estramp qui n'est rime que quand elle apparaît dans les strophes suivantes. Dans la strophe, le refrain est isolé, mais à la différence de la rime estramp (sauf dans le cas des refrains qui ne riment pas *dans* la strophe) cet isolement n'est visible qu'après coup.

— Cette différence ne va pas seule : l'art français de la rime chez les trouvères répugne non seulement à la non-résolution immédiate, il est plus généralement tenté d'être le plus proche possible, différentiellement, de la répétition immédiate : l'écart avec le monorime, la laisse, ou la disposition plate, n'est pas moins sévère que chez les troubadours mais il opère *minimalement*. Dans le champ de rimes des trouvères la *distance de toute rime à son écho est aussi faible que possible*. Elle est en tout cas beaucoup plus faible que dans le champ de rimes des troubadours. Et si on regarde de plus près ce phénomène on voit, a contrario, que le champ de rimes des troubadours tend à donner à la distance entre deux rimes une moyenne maximale compatible avec la stabilité des formules. La comparaison des deux champs permet de placer les deux traditions de part et d'autre d'une « moyenne combinatoire » de la résolution des échos dans une strophe.

— Plusieurs phénomènes du choix de rimes des trouvères sont corrélables à ce principe : le petit nombre de rimes, le peu de distance entre deux occurrences d'une même rime, la faible occurrence des estramps et leur remplacement par les refrains. On peut d'ailleurs rapprocher ce fait d'un fait de métrique (qui excède le champ auquel je me limite) : si la rime des troubadours se situe dans la rime romane entre la rime française et l'espagnole ou l'italienne, n'ayant que deux espèces, comme la française, et pas trois, elle est du côté de l'espagnole et de l'italienne en ceci que les timbres des rimes féminines ne sont pas comme en français réduits à un seul, le *e* muet. Le *e* muet, moteur du mètre français, donne au vers lyrique inventé par les trouvères une position originale dans les décasyllabes romans, et crée un jeu rythmique d'une grande complexité que n'a pas (pas de même manière) le décasyllabe provençal. Or on peut « déduire » les propriétés précédentes des formules de rimes des trouvères des règles de fonctionnement du « *e* muet » ; et c'est pourquoi cette répugnance française à la distance des rimes ne cessera pas d'agir après la période médiévale. Elle joue un rôle décisif dans la création du sonnet français et comme l'a bien montré Pierre Lartigue, dans l'impossiblité de l'acclimatation sans déformations de la sextine en France. On peut le voir encore à l'œuvre dans la question du vers libre à l'époque moderne.

— C'est le même principe encore qui est à l'œuvre dans la différence fondamentale, en ce qui concerne le *modèle de chanson générique*, entre les troubadours et les trouvères. La formule de base préférée des troubadours pour la construction de proche en proche des formules de rimes est, par opposition au quatrain plat, le quatrain que j'ai noté T (pour troubadours) c'est-à-dire le quatrain abba. Les troubadours le préfèrent au quatrain que j'ai désigné F (pour « français »), le quatrain abab. Or les trouvères préfèrent, de manière massive, F à T. Ceci découle du principe de minimalité des distances, le quatrain abab étant moins « séparant » que abba, où la deuxième rime a est à distance 3 de la première.

76. *Jeu et joie des rimes*

(i) Une proximité étymologique, sans doute, lie jeu et joie dans le trobar.

(ii) Le jeu et joie des rimes est jeu et joie comme, et parallèlement, au jeu et joie d'amour. Jeu et joie d'amour n'existent pas sans jeu et joie des rimes. Essayer de séparer, d'opposer les deux, est une absurdité. C'est pourtant ce qu'ont essayé beaucoup d'entre ceux qui se sont occupés de la poésie des troubadours. Les troubadours sont on ne peut plus explicites à ce sujet. L'amour les oblige à la rime et dire l'amour c'est dire des rimes, les « trouver », les forger, les dorer, les polir.

(iii) Cela veut dire que toutes les dichotomies de l'amour, toutes les tensions entre les deux pôles du joi et de la mort trouvent leur équivalence dans la disposition, la convenance des rimes : ainsi à la douceur opposer l'« hirsute », à la tranquillité, à la simplicité du chant monométrique en rimes simples opposer les échafaudages complexes de vers inégaux, de rimes intérieures, la solitude des rimes « estramps ».

(iv) Cela veut dire aussi que tous les concepts, tous les mots clefs de la théorie de l'amour ne prennent sens qu'incarnés en vers, dits en axiomes qui jouent dans la forme des vers, que mis en valeur ou rompus ou cachés dans les vers et les rimes, se répondant, en échos ou en dissonances, de vers à vers et de strophe à strophe. On ne peut pas enlever aux mots de l'amour, du « grand chant », leur vêtement de rimes et les faire aller nus pour voir enfin la vérité de ce qu'ils disent. Ils ne disent rien sinon en jeu de rimes.

(v) Cela veut dire enfin que l'« unité de l'amour », son universalité comme la singularité toujours nouvelle du moment où il se dit a sa conséquence dans l'unité revendiquée et sans cesse éprouvée de la forme. La forme de la canso a tous les caractères de l'amour : elle est une toujours, elle est suzeraine de toute autre forme de poésie et même d'expression (elle est au-dessus du roman), et en même temps elle est toujours singulière, toujours nouvelle. Les deux axiomes générateurs du champ des rimes, l'axiome de singularité et celui d'unisonance, de « prix », ne signifient pas autre chose que cela : le « prix » universel et l'irréductible unicité de l'amour. C'est pourquoi il y a une seule canso dans tout le trobar, et en même temps deux cansos ne sont jamais réductibles l'une à l'autre.

(vi) Pour ces raisons le *moment originel du trobar* peut être marqué comme celui où le jeu des rimes lui-même commence, émergeant de sa préhistoire épique, où le vers lyrique s'établit, qui se soutient entièrement et uniquement de la rime, de ses dispositions, de ses inventions.

(vii) Mais aussi que ce que j'ai appelé le *moment des troubadours* est celui où l'ampleur du champ de rimes est suffisante pour que ceux qui y vivent aient devant eux au moment de composer assez de cansos portées et polies par les voix depuis assez de temps pour donner à toute création ou audition d'un chant l'immensité d'échos capables de le faire entendre partout. Alors, alors seulement (et on ne peut qu'essayer, difficilement, par l'analyse, de retrouver les conditions de ce moment) la multiplicité des voisinages de formules, de mélodies de citations, d'échos doux ou hirsutes est véritablement *jeu et joie* et fait partie, indissolublement, du sens d'une canso. Qui est toujours un sens formel.

Chapitre 7

L'amour le chant la poésie

77. Corps

(i) Le chant sort du cœur. La bouche parle.

de l'abondance du cœur toujours   il faut que la bouche parle

Elle chante la canso faite de deux musiques enlacées par les rimes : *motz e so*, la mélodie et cette « musique naturelle qui est une musique de bouche proférant paroles métrifiées » (Eustache Deschamps).

Où va la canso, hors de la bouche qui la chante ?

A la dame, la *dona*.

Je reprends ici ce chapitre par-dessus la fracture que j'ai comblée de deux autres, consacrés au latin d'oiseau des rimes, à la forme canso.

Du cœur du chanteur la canso va vers le corps de la dame. Elle vole de *cor* à *cors*.

Cœur et corps, par les pluriels et les « cas régimes », n'ont que deux nuances sonores distinctes à se partager, celle-là même, cor et cors, qui débordent l'une sur l'autre, empiètent, comme corps et cor (l'instrument) dans les romans du Graal ; équivoque sonore dont seraient nés les récits. Et comme le cœur de la canso est un *cor* unique « senefiant » tous les cœurs, la canso chante une dame unique dans une forme unique. Une dame dont le *cors* est comme celui de la dame de Bertran de Born :

irai per tot achaptan . de chascuna un bel semblan . per far domna soisseubuda .

j'irai partout empruntant   de chacune un beau semblant   pour faire dame composée   jusqu'à ce que vous me soyez rendue

Chaque domna réelle donne à la dame que chantent les cansos un peu de son corps pour bâtir le corps *soissebutz* présent en tous les chants comme une bête « glatissant » dans les versions « a lo divino » des romans du Graal : diverse et composée.

Elle est mise en lambeaux par les regards et les désirs, reconstituée plus belle par les rimes.

(ii) Il n'y a pas de description. Le « cors » de la dame est « corps présent » qu'il n'y a pas à montrer, puisque la monstration est l'affaire du récit.

La dame de la prose est un portrait c'est-à-dire qu'elle tient rectangulaire dans la grande page du manuscrit où on la parcourt par la vue en la lisant, selon l'ordre rhétorique, qui est un ordre de lecture : « Autresi », dit Brunet Latin dans le *Livre dou tresors*, « fist Tristans quand il devisa la biauté dame Yseude. Ses cheviaux, fit-il... ».

Sur la droite voie forestière de la prose, la clairière de la description nous donne le temps de lire la dame, de haut en bas, comme si elle y était enfermée. C'est un préalable à la reconnaissance. La sœur de Bran de Lis, dans la « première continuation du *Perceval* de Chrétien de Troyes », confronte Gauvain à son portrait, fait par une servante sarrasine de la reine Guenièvre, et l'ayant ainsi reconnu lui donne aussitôt le « joi major ». Tout autre est la manière du trobar. Car, nous dit encore Brunet Latin, dans son beau français d'oïl (il a choisi l'oïl, lui, le Florentin, ce qui lui a valu l'enfer selon Dante) :

> la voie de prose est large et pleniere, et comme est ore la commune parleure des gens, mais li sentiers de rimes est plus estrois et plus fors, si comme celui ki est clos et fermé de murs et de palis, c'est à dire de pois et de nombre et de mesure certaine de quoi on ne puet ne doit trespasse.

La vision du corps que donne la « rime » à travers les « palis » est nécessairement fort différente. J'utiliserai encore une comparaison : l'allure de la canso, même si elle se donne le temps de la mélodie et l'ampleur du décasyllabe, est toujours d'une extrême rapidité. Les débordements d'homophonie que crée la rime, cette seconde sophistique autant que seconde rhétorique, font faire des sauts que ne se permet pas, ou rarement, le conte, avançant sur sa voie « large et pleniere ». Si on voit le corps de la dame dans la canso, on ne le voit pas longtemps. On voit pour revoir, par la mémoire, par les échos. La richesse sonore et métrique donne à la vue plutôt l'intensité d'une illumination que je comparerai à celle, hallucinatoire, que rapporte De Quincey dans *The English Mail Coach.* C'est l'illumination de l'éclair de poésie. La rime condense le temps et la vue :

dans la lumière
de l'éclair
qui peu demeure
j'ai compté le nombre
des gouttes de pluie sur la feuille

dit un poète japonais.

(iii) Du corps de la dame il ne faut pas oublier ceci : il appartient à un grand lignage.

qu'anc no cug qu'en nasques semble . *en semblan del gran linh N'Adam* . il n'en est pas souvent née de semblable dans le grand lignage du seigneur Adam

beau corps bien étant précieux et juste *bel cors benestan car e just* . *blanc e lics plus qu'un almatist* . blanc et lisse plus qu'une améthyste *tan bella no-m aspiret Crist* . si belle n'en inspira encore jamais le Christ

Il est donc sous l'inspiration du Christ une œuvre par essence divine, à laquelle Dieu lui-même a apporté tout le soin dont on le sait capable, ce qui n'est pas peu :

ai bon'amors encobida . ai bonne amour convoitée *cors be faihz delgatz e plas* . corps bien fait délié et sans aspérités *frescha chara colorida* . fraîche chair colo-ride

chara nous rappelle que Bernart de Ventadour était limousin, que sa mère « ramassait les sarments et les faisait brûler dans le four du château ».

frescha chara colorida . *cui Deus formet ab sas mas* . *totz tems vos ai dezirada* . *que res autra no m'agrada* . *autr' amor no volh nien* .
tout temps je vous ai désirée aucune autre ne m'agrada d'autre amour je ne veux rien

Dieu l'a formée de ses propres mains.

78. Nuda

(iv) Si on n'oublie pas cela, si on se souvient de l'origine en somme paradisiaque de la dame, coprésente en fait à celle des créatures du jardin d'Eden, on comprendra qu'Aimeric de Belenoi nous dise qu'elle est la plus noble. Oui, mais la plus noble quoi ?

la genser que nasques nuda . la plus noble de toutes celles qui sont nées nues

C'est dans cet état qu'il faut penser à la dame, l'état de nudité où les soins mis par Dieu à sa forme et à sa chair sont les plus indiscutablement visibles. Ce qui justifie pleinement l'axiome dû à Aimeric de Sarlat (révélé en 1910 par René Lavaud dans *Lou Bournat*, bulletin de l'école félibréenne du Périgord ; je me demande ce que les félibres ont bien pu en penser) :

que dompna val mais nuda que vestia . qu'une dame vaut mieux nue qu'habillée

Le vêtement n'est là que pour laisser penser à l'axiome d'Aimeric de Belenoi. Bertran de Born, faisant le tour des dames de sa connaissance pour composer sa *domna soisseubuda*, demande à celle qu'il appelle du nom secret, du « senhal » de *Mielhs-de-Be* :

son adroit corps neuf et précieux *son adrech nuou cors prezan* . *de que par a la veguda* . *la fassa bo tener nuda* . car il apparaît rien qu'à la voir qu'il la ferait bon tenir nue

Il est par conséquent difficile de penser à elle autrement que nue

dompna d'als non ai a parlar . mas de vos dompna que baisar . vos cuig domna quand aug nomar . vos dompna que ses vestimen . en mon cor domna vos esgar .
dame il n'y a rien autre à dire que de vous dame qu'embrasser je vous crois dame quand j'entends nommer vous dame que sans vêtement en mon cœur dame je vous regarde

dit Raimbaut d'Orange unissant l'enjambement et la litanie. Et Ademar de Rocaficha :

c'ades la cuich vezer nuda . enaissi con l'ai veguda .
toujours je crois la voir nue exactement comme je l'ai déjà vue

Imagination et transformation qui ne sont pas sans dangers.

(v) Le corps intervient dans le vers assez souvent accompagné d'une trinité d'adjectifs qui ne sont pas tous de vision :

que-l cors a gras delgat et gen . son corps est pas maigre délié et noble

tant es fin' e pura . graile gras'e plana . elle est fine et pure mince grasse et bien aplanie

blanch' e grayl' et escafida . blanche mince et svelte

Bernart de Ventadour croit qu'il mourra du désir qui lui vient si elle ne le reçoit pas là où elle se couche :

qu'eu la manei e bai . et estrenha vas me . so cors blanc gras e le .
que je la manie et embrasse et étreigne contre moi son corps blanc dodu et lisse

(vi) Au toucher comme à la vue, et en soi, ce corps est bien sûr *dous*. Il l'est au fond bien plus que l'étoffe douce dont il se couvre généralement. Ce qu'a bien remarqué l'évêque de Bazas qui, de par sa fonction, s'y connaît en étoffes :

oilz de falcon trait de muda . bocha rien per bien dir . e-ls cors plus dolz per sentir . œil de faucon qui sort de mue bouche riant pour bien parler et le corps plus doux au toucher *c'uns prims ranzans sus char nuda .* que neuve étoffe sur chair nue

« Ranzans » est une toile de Reims particulièrement appréciable, puisqu'elle vient de la ville des sacres.

(vii) Pour d'autres précisions je vous renvoie aux textes. Mais j'ajoute quand même deux indications précieuses. La première est de Peire Vidal :

front huelh mas boch' e maissella . front yeux mains bouche et mâchoire [sont parfaits] *blanc pieitz ab dura mamella* . blanc pis à dure mamelle [ou, si vous préférez cette traduction : les seins sont blancs la pointe dure] *del talh dels filhs d'Israhel* . sa taille est celle des filles d'Israël *et s'es colomba ses fel* . elle est une colombe sans fiel

la seconde, très brève mais fort explicite, est de Bertran de Born :

e sembla conilh de l'eschina . elle est comme un lapin de garenne au bas du dos

Tout Languedocien vous indiquera ce que ça veut dire.

(viii) Pour tout dire, elle est belle, nue ou vêtue. Son corps est plein de la beauté qu'y a mise le Seigneur, et de façon permanente :

e beutatz no-i va ni no-i ve . *anz i a fait son estamen* .
la beauté n'y fait pas un va-et-vient elle y a fait son établissement

Le corps de la dame et la beauté sont unis comme âme et corps. Le *cors* est lieu de résidence de *beutatz*.

(ix) D'où il s'ensuit que la beauté corporelle a obligatoirement aussi un sens moral : ceci apparaît à son rire :

e midonz ri-m tant doussamen . et ma dame rit pour moi si doucement que je crois voir le rire de Dieu

C'est pourquoi, ouvrant la bouche pour rire, ou parler, si elle montre ses dents, c'est pour qu'entre elles passent les mots « vrais » :

pus blanca es qu'Elena . [...] . *blanca dens ab mots verais* .
elle plus blanche qu'Hélène [...] de blanches dents s'ouvrant sur des mots vrais

(i) Le bien le vrai le beau, tout est ensemble dans la beauté de la dame. Son corps est éthique.

ai fran cors clars . *res veraia* .
ah franc corps clair chose vraie

Peire Bremon Ricas Novas, « riches nouvelles », accumule :

be-us dic lauzor verai' adrechamen . je dis louange véridique à bon droit *domna plazen car vos tenetz la clau* . dame donneuse de plaisir car vous détenez la clé *d'onrat pretz fis e car ab un suau* . d'honorable prix pur et cher à l'aide d'un suave *sobregentil segur captenemen* . plus que noble sans défaillance comportement

(ii) La perfection morale de la dame s'apparente à une virginité d'une espèce particulière, presque mystique. Elle n'a pas été déflorée par le mal violateur :

e de totz mals aips piucella . elle est pucelle de toutes mauvaises actions

C'est en ce sens peut-être qu'il faut entendre la recommandation, à première vue étrange si on s'en tient au sens obvie, de Gavaudan dans son beau *planh* (plainte), éloge funèbre sur la mort de sa dame. Il demande à Dieu de la mettre en son Ciel ; et là

entre les virges coronar . de la couronner entre les vierges, parmi les vierges

(iii) La droiture de la dame, sa franchise, sa noblesse, les mots vrais qu'elle prononce entre ses dents, font qu'on peut être sûr d'elle, si on la lit bien. Et son rire, étant de Dieu et procurant la douceur, vaut promesse. C'est ce que le grand troubadour génois Lanfranc Cigala, lors de leur entretien, révèle à mon ancêtre Rubaut (j'attendais cette occasion de vous révéler mon ascendance) :

Rubaut apres lo ris aten . *qu'eu aurai joi de leis e benananza* . Roubaud après le rire j'attends le joi que j'aurai d'elle et la récompense *qar non desmen ma domna sa semblanza* . car ma dame ne fait pas mentir son apparence

(iv) La qualité, précieuse entre toutes de *jovens*, jeunesse, est donc autant morale que corporelle. Cela est précisé par Rigaut de Barbezieux, corrigeant l'incorrigible Bertran de Born qui avait chanté :

vielha la tenh si de dos drutz s'apatge . je la tiens pour vieille si elle se met avec deux amants *et es vielha quant avols om lo-lh fa* . et elle est vieille si un homme mauvais le lui fait *vielha la ten si ama dintz son chastel* . vieille je la juge si elle aime dans son château [c'est-à-dire si son amant est un de ses vassaux et non Bertran de Born]

Rigaut de Barbezieux montre que Bertran de Born n'a rien compris (ou fait semblant de ne rien comprendre) à ce qu'est vraiment le couple de termes vieux-jeune dans le trobar :

vieilla de sen e de laus . *joves on jois lia* .
vieille par sagesse et gloire jeune où la joie l'enlace
vieilla de pretz e d'onrar . *joves de bel domnejar* . *loing de folia*
vieille de prix et d'honneur jeune de bien aimer éloignée de folie
vieille en ses actions loyales jeune où jeunesse est sauve
vieilla de faitz liaus . *joves on jovenz es saus* .
Miels de domna . Mieux que dame
viell' en tot bel joven . *avinen* . *vieilla ses viellezir* . *e joves d'anz e de gent acuillir* .
vieille de toute la beauté de jeunesse gracieuse vieille sans jamais vieillir et jeune d'ans et de bel accueil

Ainsi fut Guenièvre, ce que le conte marque en nous disant qu'elle avait plus de cent cinquante ans lors des événements rapportés dans *la Mort le roi Arthur*.

Voilà pourquoi on peut toujours la dire neuve. Son corps est neuf. Elle est nouvelle ; comme le chant :

e quar am dona novella . [...] . *para-m rozas entre gel* . *e clar temps ab trebols cel* . j'aime une dame qui est nouvelle [...] des roses m'apparaissent sous le gel le temps clair dans le ciel troublé

80. Pretz

(v) Le bien le plus précieux de la dame, sa qualité majeure, c'est le *pretz*, traduit, faute de mieux, par prix, où se résument sa beauté, son éclat, de corps et de vérité, son être d'excellence. C'est une très riche denrée morale, qui peut s'accroître ; ou se perdre.

> *mas cella qu'en pren dos o tres* . *e per un non si vol fiar* . mais celle qui en prend deux ou trois qui en un seul ne veut mettre sa foi *ben deu sos pretz asordeiar* . elle doit bien s'attendre à ce que son pretz soit déchu

On traduit « asordeiar » par « déchoir » mais il est clair qu'il y a dans le mot, aussi, s'assourdir. C'est que le pretz, qui est en la dame, qui lui a été donné par Dieu, que Dieu lui a mis dans le cœur et le corps en la « formant », son *pretz naturau*, ne vient vraiment à son plus haut point, ne paraît vraiment au monde que par l'amour. Et alors, en quelque sorte, la dame devient une station émettrice de pretz, qui est comme un rayonnement, comme un son. La dame rayonne le pretz.

Le pretz est donc aussi la renommée de la dame. Il fait qu'on parle d'elle quand elle passe : « Comme son pretz est grand ! »

Le pretz s'entend au loin, porté par les paroles de ceux qui la connaissent. C'est par le pretz, par la rumeur du pretz que Jaufre Rudel tombe amoureux de la comtesse de Tripoli. Il lui est parvenu avec les « pèlerins qui venaient d'Antioche ».

Et quel véhicule meilleur pour le transport du pretz que la canso ?

(vi) Voyons un peu une razo de Raimon de Miraval :

> Raimon de Miraval tomba amoureux d'Azalais de Boissezon qui était jeune et noble et belle, et fort désireuse de pretz et de gloire et de louanges. Et comme elle savait que Miraval

pouvait lui donner plus de prix et de gloire qu'aucun homme au monde elle en fut tout allègre quand elle vit qu'il lui voulait du bien. Et elle lui fit tous les beaux semblants et elle lui dit toutes les choses agréables que dame sait facilement faire et dire à un chevalier. Et lui l'exalta en chantant et en parlant, autant qu'il put et sut. Et il fit d'elle maintes bonnes chansons, glorifiant son pretz et sa courtoisie. Et il la mit en si grand honneur que tous les barons de cette région furent amoureux d'elle : le vicomte de Béziers et le comte de Toulouse et le roi Peire d'Aragon auquel Miraval en avait dit tant de bien que le roi, sans l'avoir vue, en fut fort amoureux et lui envoya son message et ses lettres et sa joie. Et il mourait du désir de la voir. Aussi Miraval se mit en peine d'aider le roi à la voir. Et il fit une cobla dans la chanson commençant par *Ar ab la forsa del freis*, où il disait :

S'a Lumbertz corteja-l reis . per tostemps er jois ab lui . e sitot s'es sobradeis . per un be l'en venran dui . que la cortezi' e-l jais . de la bella N'Azalais . e-l fresca colors e-ill pel blon . faun tot lo setgle jauzion .

Si le roi fait sa cour à Lombers pour toujours sera la joie avec lui et bien qu'il soit déjà habile pour un bien il lui en viendra deux car la courtoisie et la joie de la belle Azalais sa couleur fraîche ses cheveux blonds rendent le monde entier joyeux

Donc le roi vint à Lombers, en Albigeois, pour voir Azalais. Et Miraval vint avec le roi le priant de l'aider auprès d'elle. Le roi fut fêté et honoré et volontiers vu par elle. Et le roi dès qu'il fut assis près d'elle la pria d'amour. Et elle lui dit aussitôt de faire tout ce qu'il voudrait. Si bien que la nuit même le roi eut tout ce qu'il lui plut avoir d'elle. Et le lendemain tout le monde le sut dans le château et toute la cour du roi. Et Miraval qui attendait la richesse de joie que lui donnerait l'intervention du roi entendit aussi la nouvelle. Il en fut triste et douloureux et s'en alla.

[..]

Et il perdit toute joie et toute allégresse et tout plaisir, et le chanter et le trobar. Il fut comme homme éperdu pendant deux ans.

[...]

Mais une jeune fille et gentille dame, nommée Brunissen de Cabaret qui désirait pretz et honneur lui envoya salut et réconfort et lui dit qu'il devrait retrouver l'allégresse pour l'amour d'elle. Et qu'il pouvait savoir qu'en vérité elle viendrait le voir s'il ne venait pas jusqu'à elle et lui ferait tant d'amour qu'il saurait véritablement qu'elle ne voulait pas le tromper. Et il fit aussitôt la chanson que vous allez entendre...

Tout est bien qui finit bien grâce à Brunissen.

(Remarquons que le roi d'Aragon était aussi un troubadour mais Guiraut de Borneil lui fait la leçon lors de leur célèbre tenson.)

(vii) On voit (je tenais à vous rassurer sur ce point) que les dames peuvent être « enganairitz » comme un Guillaume IX. Il n'est pas certain qu'Azalais de Boissezon ait vraiment augmenté son pretz « in the long run ». Les troubadours avaient la dent dure et « ne pratiquaient pas le pardon des injures ».

81. Merce

(viii) Il apparaît clairement, selon la razo physique et morale de Raimon de Miraval et Azalais, que les pouvoirs du pretz tiennent à sa transmission par la canso. La canso elle-même, dame du trobar, a son pretz. Si Raimon de Miraval n'avait pas été un grand troubadour, si ses cansos n'avaient pas eu un pretz élevé, le roi d'Aragon n'aurait pas été aussi saisi d'amour pour la blonde Azalais.

(ix) Le pretz, donc, est porté par le chant. Le pretz du trobar est le chant. On chante de la dame, elle a du pretz, et en retour donne du pretz au chant. Le pretz circule.

(x) Mais le pretz n'est rien sans *merce*.

Qu'est-ce que la merce, la « pitié amoureuse » ? C'est le désir de la dame. C'est le désir qui montre l'entrée de l'amour et la merce qui le révèle chez la dame. Le pretz aussi est dû à l'amour mais il est en quelque sorte presque indépendant de la dame, puisqu'elle n'est pas nécessairement saisie d'amour.

L'amors n'est pas forcément en son cœur même s'il la fait rayonner de beauté et de pretz. Il y a un pretz du trobador : c'est l'éclat qui est en ses cansos. Cette dissymétrie est une dissymétrie de situation. Quand la comtesse de Die, une *trobairitz*, c'est-à-dire un troubadour qui est une femme, chante, elle ne parle que de son désir, elle ne chante pas sa *merce* mais celle qu'elle réclame de son chevalier. La merce est le désir induit par le chant et le service amoureux.

(xi) Le pretz n'est donc rien sans la merce. On s'attend d'ailleurs tellement à les voir ensemble que Gaucelm Faidit ne comprend pas ce qui se passe en sa dame :

> *be-m meravill pois e midonz es tan* . *pretz e valors plazers e digz cortes* . je suis stupéfait de voir qu'alors qu'il y a en ma dame tant de pretz de valor de plaisir et de paroles courtoises *com pot esser que no-i sia merces* . comment est-il possible qu'il n'y ait aucune pitié

Ce n'est que si la merce est présente en la dame qu'elle peut faire cesser le *sofrirs* dû à l'amour qu'elle a suscité par son pretz. Seule la merce fera qu'elle accorde l'indispensable *socors*, secours :

> *je ma domna mo mal non celarai* . *car hom pot trop tart querir lo socors* . je ne cacherai pas mon mal à ma dame il peut se faire qu'on tarde trop à demander le secours *e que me val socors pos mort serai* . et que me vaudra le socors si je suis mort

Il faut donc réclamer la merce continuellement :

> *e merceian sui e serai jasse* . je suis et serai d'ore en avant votre vassal réclamant *vostr'om clamans merce merce merce* .

Quelle dame résisterait ? Ne serait-ce que pour le faire taire.

82. *Lums*

(i) J'ai, dans les paragraphes précédents, omis un élément essentiel du corps de la dona : les *huoills*, les yeux.

Leur douceur surpasse presque toute autre :

> *q'ades m'es vis qe-m voilla dar s'amor . qan volc mas mi sos huoills plens de doussor .*
> toujours il me semble qu'elle veut me donner son amour quand elle tourne vers moi ses yeux pleins de douceur

Les yeux lancent le regard qui pénètre :

> *a cum m'ant mort vostre belh huoill e vos .* ah comme m'ont mort vos beaux yeux et vous par un regard qu'ils lancèrent doucement *ab un esgart qe-m feiron doussamen .* [si doucement] *q'ieu cujava c'o fesson veramen .* que je crus qu'ils le faisaient vraiment

c'est-à-dire que leur douceur était vraie, était promesse.

Le moment du regard de douceur, si décisif qu'il sera plus tard théorisé avec les armes de la mythologie et de la médecine, est celui dit par Gaucelm Faidit, du « rire aux yeux » :

> *c'aissi-m pasmei qan vos vi dels hoill rire . d'una doussor qe-m ven ferir .*
> je m'évanouis vous voyant les yeux rire d'une douceur d'amour qui m'a frappé

Le rire est le signe de joi qui provoque l'évanouissement, le sommeil-rêve du souhait d'amour.

(ii) Les yeux doivent leur importance exceptionnelle à une qualité du monde naturel qui joue un rôle essentiel à chaque endroit dans la théorie de l'amour et du trobar : la lumière, *lums*.

(iii) On peut dire que la lumière a sa résidence en la dame : son pretz, cette qualité de son être qui se propage comme une rumeur, est lumière. Et on le compare à l'étoile du matin (il faut toujours qu'il y ait quelque côté « novel ») :

si com la stella jornaus . comme l'étoile du matin *que non a paria* . qui n'a pas d'égale *es vostre rics pretz ses par* . votre riche pretz sans égal *e l'oill amoros e clar* . vos yeux amoureux et clairs

La dame est la clarté au-dessus de toutes les autres clartés :

tot atressi con la clartatz del dia . *apodera totas altras clartatz* . *apodera domna vostra beltatz* . *e la valor e-l pretz e-ill cortesia* . *al mieu semblan totas celas del mon* .
tout aussi bien que la clarté du jour soumet à elle toutes autres clartés soumet à elle dame votre beauté et la valeur le prix la courtoisie à mon avis toutes celles du monde

(iv) En sa beauté est une lueur qui rend claire la nuit, éblouissant le jour :

car sa beutatz alugora . *bel jorn e clarzis noih negra* .
sa beauté remplit de lueur le beau jour éclaire la nuit noire

Cette clarté, cette lueur est en son corps. Elle est corps lumineux. Cachée par le vêtement sa clarté apparaît dans la nudité :

que sos cors es bels e bos . *e blanca sos la vestidura* . [...]
car son corps est beau et bon il est blanc sous la vêture [..]
que la neus quan ilh es nuda . *par vas lei brun' et escura* .
et la neige quand elle est nue semble près d'elle brune et obscure

Le maintien de la qualité de lumière du corps nu par la blancheur implique d'ailleurs qu'il ne faut pas le cuire comme un pot de terre au soleil. Il faut donc, pour que la lumière de la nudité soit la plus pure, que la nudité soit nocturne :

que la nuoich fai semblar dia . *la gola e qu'i-n vezia* .
la nuit fait paraître jour sa poitrine et si on la voyait le monde entier en serait heureux

Il n'est pas nécessaire d'en dire plus que

quar la nueg quan pus s'asera . *resplandis la cambr' escura* .
la nuit quand plus il fait soir [quand on avance dans la nuit] dont resplendit la chambre obscure

Le corps de la dame nue illumine la chambre noire de nuit.

83. *Diaphan*

(v) D'où vient-elle, cette lumière, cette « esplendeur » ? Une courte canso de Guilhem de Montanhagol introduit l'image nécessaire à la compréhension de la source lumineuse :

> *A Lunel lutz una luna luzens . qe dona lum sobre totas lugors . d'aqui pren lum jois dompneis ez amors . e gais solatz e beutatz e jovens . e qan le lums pres a Lunel luzensa . q'enlumina daus Tolsa part Proensa . estavan jois e dompneis tenebros . mas ara-ls fai Lunels luzir amdos .*
>
> *Le noms del lum es clars e resplendens* . [...]
>
> A Lunel luit une lune luisante qui plus illumine que toutes les lumières d'elle s'allument joie courtoisie et amour et gai ensoleillement et beauté et ardeur et quand la lumière sur Lunel se mit à luire qui enlumine de Toulouse à Provence joie et courtoisie étaient dans les ténèbres Lunel les fait maintenant luminer
>
> Le nom de la lumière est clair et resplendissant [...]

Comme la lumière de la lune lui vient du soleil, la lumière de la dame, c'est clair, lui vient de l'amour. Ce qui implique qu'elle-même peut devenir soleil second :

> *li hoill del cor m'estan . a lieis vas on qu'ieu vire .* les yeux de mon cœur se tournent vers elle partout où je vais si bien que toujours où qu'elle soit je la vois et je la regarde *si c'ades on qu'ill an . la vei e la remire . tot per aital semblan .* entièrement semblable à *cum la flors c'om retrai . que totas vias vai . contra-l soleill viran .* la fleur dont on dit qu'à tous moments elle va se tournant contre le soleil

La dame est d'une telle lumière qu'elle transforme Peirol en grand héliotrope.

(vi) Elle est lumière, soleil, étoile, lune, elle est resplendeur capable d'illuminer la nuit de sa nudité parce qu'il y a l'amour. L'amour est, comme dira plus tard Nicolas Le Digne, mais dans un autre esprit, « Soleil des soleils ».

L'amors, le Soleil véridique, a jeté un regard sur le monde. Il a cherché jusqu'à ce qu'il ait trouvé ce qu'il voulait, la dame à qui transmettre sa lumière. Rigaut de Barbezieux en déduit, en retour, une intéressante explication de la nuit, due comme on sait aux voyages du soleil :

tuit demandon qu'es devengud' Amors . et eu a totz dirai ne la vertat .
tous demandent ce qu'est devenu amour et moi à tous je dirai la vérité
tot eissamen con lo soleilz d'estat . que per totz locs mostra sas resplandors .
tout également que le soleil d'été qui en tous lieux montre sa resplendeur
e-l ser s'en va colgar tot eissamen . o fa Amors e quant a tot sercat .
le soir s'en va coucher tout également a fait amour et quand il a cherché partout
e non troba ren que sia a son grat . torna s'en lai don moc premieramen .
et rien ne trouve qui soit à son gré il s'en retourne là d'où il se mit en mouvement

(vii) L'amour est soleil, est lumière. La qualité de cette lumière est nécessairement d'être toujours neuve et douce. Il faut être, comme encore aujourd'hui en Provence, si on n'est pas touriste, loin du soleil excessif, dont l'éclat est blessant :

e-l sols blancs e clars . vez qe raia . cautz greus secs durs et ardens . qui-n frais totz mos bons talans .
le soleil blanc clair je vois qui rayonne chaud dur sec rude ardent qui brise mon désir

Le soleil qui n'est que feu brise et fracture le désir. La lumière d'amour qui pleut dans le cœur doit avoir quelque chose de mouillé, comme le savent les escargots :

e-l soleils lutz e-il herba nais . per la rosada que s'espan .
le soleil luit l'herbe naît dans la rosée qui s'étend

(viii) Sauf contre le froid de la dame, pour l'enflammer et la rendre neuve douce et humide de merce :

si co-lh solelh per freg cristal se lansa . de tal esfors qu'outra nais fuecs ardens . atressi es amors
comme le soleil sur le froid cristal se lance de tel effort qu'au-delà naît feu ardent ainsi l'amour

L'amour s'élance sur la dame froide comme le chevalier avec sa lance.

Transparente et inflammable à l'amour, à sa lumière, la dame est une surface réfléchissante, un prisme. Peire Vidal crée une image qui aura ses résurgences, dans un autre contexte, chez Gui Le Fèvre de La Boderie, par exemple :

aissi com selh' que bad' al veirial . que-l sembla bells contra la resplandor . comme celui qui bée devant la verrière qui lui semble si belle à la resplendeur *quan ieu l'esgar n'ai al cor tal doussor .* quand je la regarde j'ai au cœur telle douceur *que m'en obli per lieis que vei aital .* je m'oublie d'elle que je vois telle

(ix) Car la dame est, comme le dira Cavalcanti, *diaphan*. La lumière qu'elle émet est en elle mise en mémoire par l'amour. La nudité, la lampe, la font émettre. C'est là le sens d'un des plus beaux vers du trobar, d'Arnaut Daniel :

voilla [...] q'ieu e midonz jassam . je veux que moi et ma seigneur nous couchions dans la chambre où nous commande d'aller tous deux *en la chambra on amdui nos mandem . uns rics covenz per que eu tal joi atendi .* un accord dont moi j'attends la joie que son beau corps jouant riant découvre *que-l seu bels cors baisan rizen descobra . e qe-l remir contra-l lum de la lampa .* et le contemple contre la lumière de la lampe

Contra-l lum remirar : regarder, contempler comme en miroir ; confronter la lumière intérieure, la lumière propre du corps à la lumière de la lampe, *de cera e d'oli*, de cire et d'huile, la lumière douce et mouillée. Deux lumières jouent l'une contre l'autre, la lumière est là, dans la substance dont est faite sa chair nue, *char nuda*, *seu bels cors*. Le joi et le jeu sont mis ensemble et expliquent le rire qui est la manifestation corporelle de l'unité homophonique du joi et du joc, convoquée par la convention du seigneur de tous, Amors; le *covenz*, le «covenant» qui n'admet qu'une réponse «oc»; *eu e midonz* le chanteur et la cause du chant; découvrir en riant, *rizen*, ensemble *seu bels cors*, son beau corps, sa *lums*, lumière.

84. Le service d'amour

(i) Au commencement de l'amour vrai, la dame accepte le troubadour comme vassal. Elle devient son seigneur et le retient à son service. Cela se passe ainsi pour Lancelot. Pour le «commencement de l'amour vrai» Guenièvre devant Galehaut l'embrasse et il lui appartient désormais.

(ii) Guillaume IX d'Aquitaine est le premier troubadour à s'être mis au pouvoir de l'amour. Il avait beau aller par le monde pour «enganar las domnas», sa dame fut son suzerain. Il l'avait choisie, si on en croit les frémissements indignés des historiens ecclésiastiques, de manière appropriée à son rang et à son rôle d'inventeur du trobar : son senhal était Na Dangerosa. Il la portait peinte sur son écu à la bataille; ce qui n'était, nous rapporte-t-on de ses paroles, que justice, puisqu'elle le portait bien, elle, dans le lit. Le premier, il écrit avec exactitude juridique :

qu'ans mi ren a lieis e-m liure . *qu'en sa carta pot escriure*
je me rends à elle et me livre en sa carte [charte] elle peut m'inscrire

Il fait alors partie de la liste de ses vassaux.

(iii) Le service d'amour commence par une demande, dont les gestes sont imposés :

mas jonhtas ab col cle . vos m'autrei e-m coman .
mains jointes col incliné je m'octroie et me commande à vous

Si la demande est acceptée, on est *hom* de son seigneur, la dame, ce qui suppose beaucoup de choses pour lesquelles je vous renvoie aux historiens :

sos hom plevitz e juratz . serai ades a leis platz . davan toz autres seignors .
son «homme» voué et juré je serai désormais s'il lui plaît plus qu'à tout autre seigneur

Ce qui peut vouloir dire deux choses : qu'il sera vassal de sa dame avant de l'être de toute autre qui a reçu son hommage. Le système des vasselages multiples était loin d'être inconnu. Guillaume IX lui-même était vassal du roi de France sous sa casquette d'Aquitaine mais aussi des comtes de Toulouse pour certaines possessions qu'il avait par là-bas. Cela donnait aux troubadours d'intéressantes possibilités, du côté des «plazers menors» (plaisirs secondaires) par exemple. Et je ne parle pas des pastourelles, ou mêmes des épouses.

Mais la dame est en tout cas le seigneur de rang le plus élevé.

Il est possible aussi de lire dans ces vers ce que le trobar ne cesse de montrer, la supériorité d'Amors sur tout seigneur terrestre. De même que Dieu unique est un seigneur dont le service passe avant celui du suzerain mortel, de même le service de la dame a une valeur supérieure à celui des armes. Amors non seulement est «fons» (fontaine) de toute prouesse (et la prouesse du troubadour c'est la canso) mais la prouesse d'amour est intrinsèquement supérieure à toute autre, même au sauvetage des «pucelles déconsolées».

Il n'est cependant pas certain que l'on trouvera tout de suite le seigneur qui mérite votre hommage ferme et définitif :

aissi com cel qi chamja mainz seignors . tro q'un troba qi gran honor li fai . sui eu qi mais non voil chantar aillors .
comme celui qui change plusieurs fois de seigneur jusqu'à ce qu'il trouve qui lui fasse grand honneur je suis celui qui ne veut plus chanter ailleurs

Il faut donc chercher jusqu'à ce qu'on trouve, ce qui peut prendre un certain temps.

(iv) Mais attention, une fois le seigneur choisi et le vasselage accepté, le service est absolu. Toute faute est terriblement punie :

> *e s'aissi pert s'amistat* . *be-m ten per dezeretat* . *d'amor* si ainsi je perds son amitié [si je la perds comme amie, au sens amoureux] je me tiens pour déshérité, privé de mon fief *e ja deus no-m do* . *mais faire vers ni chanso* . et désormais il me sera interdit de faire poèmes et chansons

L'emploi de l'image et du champ de lexique féodal permet de guider le système de représentation éthique de l'amour, dans toutes les situations. La demande amoureuse, ainsi, est demande de « guerre-don », la récompense que donne le seigneur pour les services rendus. La traduction en le lexique féodal donne une « razo » pour l'analyse des fautes, celles du troubadour et celles de la dame. C'est une banalité de dire que, déféodalisé par les siècles, ce système s'est, dans une large mesure, perpétué jusqu'à nous, les laïques de l'amour, comme la plus stricte morale chrétienne régnait, sans dieu, chez les instituteurs de la IIIe République.

La minutie, la précision de la transposition sont telles qu'elles ont nourri bien des légendes, comme celle des *cours d'amour*. Elle permet aussi l'hyperbole, comme dans cette canso de Guiraut de Bornelh, où il avoue un faute grave contre sa dame. « Qu'ai-je fait », chante-t-il, contre

> celle dont je suis plus le serf que l'homme lige *de cui sui plus liges que sers* . *terra tu com me sofers* terre toi comment peux-tu me supporter

85. Midons

(v) Que peut attendre la dame-seigneur du troubadour à son service, si elle lui donne « s'amors » : qu'il porte ses armes contre tout ennemi ; les armes du trobar. Qu'il fasse retentir son pretz dans toutes les terres où l'oc est entendu, ce qui est fort loin : Gaucelm Faidit a chanté à la cour de Hongrie. Bernart de Ventadour en Angleterre, chez les Plantagenêts. Raimbaut de Vaqueiras, comme le trouvère Conon de Béthune, est allé jusqu'en Bulgarie. Aujourd'hui les poètes oraux sont ceux qui bougent le plus : Michèle Métail, oulipienne, a été jusqu'en Islande.

> *e vos domna retenetz mi si-us plai . q'en vostre cort ben estai unz trobaire . qi fassa lonc votre pretz far saber.*
> et vous dame retenez-moi s'il vous plaît   qu'en votre cour il sera bien qu'un troubadour soit   qui fasse au loin connaître votre pretz

(vi) Le fief symbolique majeur que la dame a en son pouvoir et a le pouvoir de donner n'a, lui, aucune représentation possible dans le service féodal tel qu'il fonctionne réellement ou même idéalement. C'est là un point où l'explication dubysienne-köhlerienne se heurte à une difficulté particulière. Il s'agit de bien autre chose que de la « faveur » particulière dont peut espérer jouir le chevalier auprès du suzerain, le mettant à la place, par exemple, qui est celle de Gauvain à la cour du roi Arthur (dont il est d'ailleurs le neveu). Un chevalier aspire à être le « neveu » de son suzerain. L'appel à la lignée, aux dérivations sanguines n'est jamais loin et tous les héros de romans se découvrent, en fin de compte, avoir le même roman familial. Tout cela est très strictement absent du trobar.

En revanche, que le seigneur du royaume d'amour soit la dame a des implications que le trobar n'a pas du tout refusées, mais au contraire affichées tellement que cela donne à ces images, en somme de couleurs plutôt passées, une étrangeté et un pouvoir de violence poétique.

(vii) Après tout la dame est peut-être un seigneur elle n'en est pas moins femme. La transposition telle quelle de l'idéologie féodale se heurte à quelque difficulté par conséquent, qu'on ne pourrait lever qu'en supposant que le troubadour se situe dans la position de la fille du roi Léodegan de Carmélide quand le roi Arthur vient en son royaume : c'est Guenièvre, et elle deviendra reine. Cette interprétation n'a pas été refusée par tous et elle n'a pas moins de cohérence que celle de Duby-Köhler. Il reste qu'elle n'apparaît pas plus possible si on prend soin de lire la moindre canso.

(viii) Ce que les troubadours ont fait, et ici encore Guillaume IX est supposé être le responsable, est tout autre : ils ont inventé un mot, qu'on pourrait dire sexuellement valise, le mot *midons*, redéployé en ses composants par les Gallego-Portugais, en *mia senhor* (les trouvères, je crois, l'ignorent). Je le traduis par « ma seigneur », comme les Portugais.

totz joi li deu humiliar . e tot' autr' amor obezir . midons per son bel acuillir . e per son bel douset esgar .
tout joi doit se soumettre tout autre amour obéir à ma seigneur pour son bel accueil et pour son beau et doux regard

Un axiome de Raimbaut d'Orange éclaire la construction double du mot :

de midonz fatz dompn' e seignor .
ma seigneur je fais dame et seigneur

Elle est *mia*, je suis *seus*, elle mon seigneur. Elle est donc ma seigneur. La double dépendance dissymétrique selon laquelle le trobar voit l'amour est là, aussi inséparable de lui que le joi. L'union existe dès que la dame est amie et c'est pourquoi Guiraut de Calanson commence sa canso théorique :

celeis cui am de cor e de poder . domn' e seignor et amic volrai dir . à celle que j'aime de cœur et de pouvoir dame et seigneur et amie je voudrais dire *en ma chanso si-l platz qu'o deign' auzir .* en ma chanson s'il lui plaît daigner l'entendre

Le grand pouvoir d'amour.

(ix) Trois mots clefs du trobar, unis en oc seulement, amors, joi et midons, s'efforcent ainsi de « rémunérer le défaut des langues », par le mystère des décisions de genre qu'ils proposent.

86. Les ennemis de l'amour

L'analogie féodale, l'image du service d'amour présentent cette particularité de fournir un cadre tout à fait adapté à l'imagination des dangers qui menacent l'amoureux.

Si la dame est son seigneur d'amour, si le troubadour est son vassal, comment peut-il, en premier lieu, satisfaire l'exigence d'exclusivité qui est la sienne ?

Tout autre chanteur, tout autre troubadour est un rival potentiel, toute autre individualité poétique est foncièrement haïssable, car peut-être la qualité propre d'un autre chant, sa renommée, son pretz détourneront la dame de celui qui la sert si fidèlement. Ils la couvriront de louanges, ils « raisonneront » d'amour devant elle, ils lui adresseront eux aussi des cansos, ils diront du mal de celui qui l'aime, en son absence :

> *qe dizon de tort en travers* . *de cel qe lur er en semblan* . ils disent tordant le vrai pour celle qui est en leur pensée *domna es vers qu'ieu enten tan* . dame est-ce vrai ce que j'entends dire *que-il domna cuig en tot trasaig* . *qe sos amics l'aia espars* . et la dame croit comme chose certaine que son ami l'a abandonnée

Espars est le mot qu'on utilise pour les rimes qui restent isolées, sans *pars*, compagne.

Pis, il révéleront l'amour aux oreilles qui ne doivent pas entendre. Ils le feront voir aux yeux qui doivent rester fermés. Comme les mauvais frères de Gauvain forçant le roi Arthur à reconnaître le vrai de l'amour coupable de Lancelot et de Guenièvre : un acte de médisance est au début des événements conduisant à la catastrophe finale le royaume.

Le troubadour vit donc entouré d'ennemis. Cette engeance douée d'ubiquité, multiforme, argus et langue doucereuse à la fois, vipérine, porte le nom significatif de *lauzengiers*.

Les « lauzengiers » sont les médisants, les tordeurs de louange, car le terme a peut-être appartenu initialement au champ de *lauzar*, louer. Ce sont des louangeurs. Et la louange de l'un est odieuse à l'autre, si l'objet convoité est le même : la faveur du suzerain, de « midons ».

La mise en scène du trobar, la foule des grandes et petites oreilles, des petits jongleurs pauvres de talent mais pas d'ambitions qui veulent devenir troubadours en renversant la hiérarchie naturelle au chant, qui met le troubadour au-dessus du jongleur et le bon troubadour (vous) au-dessus du mauvais (lui, eux). Ils cherchent à recevoir du pretz pour leur canso grâce à la faveur de la dame et non le contraire.

Telle est l'atmosphère où se représente l'aventure d'amour. Les amants, s'ils se sont reconnus l'un à l'autre, ne partent jamais en quelque retraite secrète ne regarder qu'eux-mêmes pour toujours. Ils se doivent à leur public. *Amors* est une affaire à la fois absolument privée et entièrement publique. Comme il y a les heures du jour, et celles de la chambre, la nuit.

Le chant d'amour doit se faire entendre au-dessus du bruit de voix hostiles des lauzengiers et la canso contient presque toujours, la canso « générique » que je décris, la cobla des lauzengiers, où s'exprime la haine que ressent l'amour à leur égard :

> *als durs crus cozens lauzengiers . enojos vilans mal parliers . dirai un vers que m'ai pensat .*
> aux maldisants durs crus cuisants ennuyeux grossiers mal parlants je dirai les vers que j'ai pensés (Raimbaut d'Orange)

Remarquons que les adjectifs employés (et d'autres, le registre est étendu) sont les mêmes qui sont employés pour insulter la mort dans les chants funèbres, les *planhs*.

Les lauzengiers sont *fels fals e mols*, trinité d'adjectifs à la fois hirsutes et sourds et identiques, affirmant la vérité du médisant, lauzengier (l-s, l-z), telle que la contient son nom.

Leurs paroles mauvaises sont comme la neige qui ne peut fondre qu'au soleil de l'amour :

> *li lauzengier mal parlan . qu'ist son d'atretal semblan . com la nivols que s'espan . q-el solels en pert sa raia .*

Car le soleil perd sa clarté sous la nuée (*nivols*) de médisance, dit la comtesse de Die qui en a tant souffert.

«Ils mentent suavement entre leurs dents» (Raimbaut d'Orange), alors que, nous l'avons vu, les dents de la dame ne s'entrouvrent que sur des mots «vrais». Leur rêve est de parvenir à la rupture entre la dame et l'amant, chasser le troubadour, l'obliger à l'exil, à la «recréance».

En autra terra irai penre langaje . si que ja mais en aquesta non seia . e-l lauzengier qui m'on mort par enveja . n'auran gran joi quand me veran salvaje . e-m menerai com paubres peleris . e-l desirer mi auran tot aucis .

Guilhem de Cabestanh (c'est ce qu'il nous dit) s'en ira à cause d'eux en une autre terre en une autre langue et il ne pourra rester en celle où il était car les lauzengiers l'auront mis à mort par envie. Ils auront la joie honteuse, la «Schadenfreude» de le voir vivre sauvage, il s'en ira comme un pauvre pèlerin, les désirs insatisfaits l'auront tué.

Bernart Marti leur souhaite le sort que Marcabru réserve aux Sarrasins dans sa chanson de croisade, le «vers du lavador». Ceux-là, ces amasseurs d'argent, ces mal parleurs et langues tranchantes qui croient le chasser (lui, Bernart Marti) de l'amour, si Dieu répond à sa demande, ils n'iront jamais au «lavoir» (là où on lave les péchés, la Terre Sainte, «washateria» des péchés); ils souffriront grande souffrance en enfer. Raimbaut d'Orange pour qui le «néant» du médisant, la torture et l'horreur de sa parole sont éléments obsessifs dans son trobar les appelle *fad' inversa*, c'est-à-dire doués par les fées d'un destin contraire à celui de tous, qui est d'être doué, «fada», pour l'amour, même malheureux (comme Jaufre Rudel dans la chanson de l'amour de loin).

Mas una gen fad' enversa . cum s'eron noirit en tertres . que-m fan pro pieigz que conglapis . qu'us quecx ab sa lengua trenca . e-n parla bas et ab siscles . e no-y val bastos ni giscles . ni menassas ans lur es joys . quan fan so don hom los clam croys .

Mais l'espèce des «fadas» inverses   qui furent élevés en collines   me font plus de mal que la glace   ils parlent bas et bas sifflent   rien n'y fait ni bâton ni branche   ni menaces car c'est leur joie   de faire ce qui les fait corbeaux

Les paroles mauvaises, les paroles en chuchotements malveillants, en sifflements de mauvaise bouilloire, sont ici des mots « hirsutes » où les obstacles consonantiques, les sons durs et crus, rompent la continuité harmonique du vers d'amour. Et les quatre premiers vers de la cobla sont en rimes « estramps », les « hirsutes » des formules de rimes.

« Ah ! dit Bernart de Ventadour, si on pouvait séparer les faux des vrais amants », si les tricheurs portaient, et les lauzengiers, une corne sur le devant du front.

ai deus car si fosson trian . dentr'als faus li fin amador . e-lh lauzenger e-lh trichador . portesson corns el front denan .

87. La jalousie

La dernière image de Bernart de Ventadour nous fait penser au personnage du vaudeville avec ses cornes sur le front, image qui est absente des vers de Bernart de Ventadour. Pourtant il y a une parenté profonde, et de nature, entre le lauzengier et cet autre ennemi des troubadours qu'est le « jaloux », le « gilos ». Les troubadours n'en parlent que peu, peut-être à cause de l'existence d'un genre de la littérature « comique » ou « basse » : le *castia-gilos*, la « punition du jaloux ». Mais il est nécessaire de dire quelques mots de la jalousie.

La jalousie, pour les troubadours, est une *maladie*. Et c'est une maladie grave, à la fois morale et physique, comme on le voit dans sa magnifique figuration romanesque du « roman de Flamenca ». C'est une maladie contagieuse, que transmettent les lauzengiers. Le jaloux, le « gilos », est un malade, qu'il soit mari, dame ou amant. Les lauzengiers sont, essentiellement, des envieux, et d'être en envie et haine du pur amour qu'ils sont incapables d'éprouver, ils cherchent à l'empoisonner, comme une fontaine, par la jalousie. Et que la dame soit jalouse, que son mari, s'il en est un, soit jaloux, que le troubadour soit jaloux et se croie trahi, qu'ils soient jaloux ensemble ou séparément, tel est leur but. Mais contrairement à ce que rêve Bernart de Ventadour, les conditions de l'amour sont telles que les lauzengiers et les gilos leurs victimes ne peuvent être chassés définitivement de l'horizon de l'amoureux et du chant.

Car d'une part il y a en fait une identité profonde de substance entre le lauzengier et le gilos. Le médisant peut transmettre la maladie de la jalousie parce qu'il est lui-même jaloux. Il est jaloux de « voir » l'amour ; il est voyeur de l'amour qui le rend malade.

Mais aussi il se trouve que le troubadour est, tout naturellement, le rival de tout autre troubadour. Il est donc susceptible à tout instant de devenir « lauzengier » de « l'autre ».

Il ne peut jamais se sentir, sauf en le rare moment d'exaltation du « joi », totalement soustrait au doute, et donc, plus profondément, à la « gelosia ».

Le signe dont rêve Ventadorn, la corne au front du « trichador », comment pourrait-il ne pas pointer, à certains moments, au front même des plus *fins* (purs) ?

C'est ce que Folquet de Marseille, qui s'y connaissait en trahison, la suite l'a bien montré, a exprimé dans un vers axiomatique et illuminant

> *qu'ieu sui tornatz de me mezeis gilos* .
> je me suis changé en jaloux de moi-même

88. Les noms secrets

On est tenté d'ajouter un axiome à la canso générique. Sa validité reste indécidable, en raison des fluctuations de la tradition manuscrite. Certaines cansos n'ont pas de tornada ; supposons qu'elles l'ont (ou les ont) perdue(s). Certaines cansos ont plusieurs tornades ; dans les tornades, deux destinations peuvent apparaître : ou bien un destinataire nommé « en clair » (je simplifie la situation), un protecteur, un ami, une protectrice, un autre troubadour... ou bien la dame, sous un nom de dissimulation, un *nom secret*, désigné de cette appellation extraordinairement adéquate, le *senhal*.

Disons donc cet axiome imaginaire : *la canso s'adresse à la dame, par un nom secret, un senhal, contenu dans une tornada.*

(Une large classe de cansos remplit ces conditions.)

La tornada qui est écho de la fin de la canso, sa formule et ses mots et sons, révèle alors, par le senhal (sans le dévoiler tout à fait) la différenciation entre le *ieu* (le je) générique du troubadour et celui qui la compose, entre la dame universelle qui reçoit la canso et celle qui reçoit *cette* canso.

Ajoutons, pour rendre l'axiome encore plus significatif, que *le troubadour se nomme lui-même dans sa tornada.*

Sans doute l'emploi du senhal a des origines peut-être « fonctionnelles ». Pour éviter l'action des médisants, des *lauzengiers*, il conviendrait, idéalement, que l'amour reste secret.

> *ai deus com bona for' amors . de dos amics s'esser pogues . que ja us d'aquestz enveyos . lor amistat no conogues .*
> ah dieu comme serait bon l'amour de deux amants s'il se pouvait que jamais un de ces envieux leur amitié ne connaisse

Mais ce n'est pas seulement parce qu'il doit être caché que le nom de la dame est secret. Il l'est parce que le nom secret est plus révélateur que le nom même de la vérité de la dame, de son être unique. Le senhal est « cratylique » dans son essence.

Car l'amour doit se dire dans le chant, et le pretz de la dame doit être répandu, la joie d'amour susciter les mélodies et les rimes, la dissimulation absolue serait contradictoire. Par la solution imaginaire, le senhal, l'identité ordinaire est maintenue secrète, mais l'identité de la dame en amour s'y révèle. Le senhal est un des noms de l'amour. Il dit, quand il est choisi par un maître du trobar, à la fois l'essence de la dame concrète et l'essence de la canso qui la chante. Il tend à l'évidence rigide du concret et à l'universel de la qualité qu'il nomme.

Il y a là un lien entre la forme et le nom, le nom propre, qui est caractéristique du trobar et de la forme canso (les trouvères l'ignorent) et qui se retrouve plus tard dans le sonnet.

La forme poétique a affaire aux noms.

Une liste de senhals peut elle-même être un chant :

Alauzeta alouette *Rai* rayon *Miels de Domna* meilleure des dames *Bels espers* bel espoir *Bels Cavaliers* beau chevalier *Doussa Enemia* douce ennemie *Mirail de Pretz* miroir de pretz *Noms Verais* nom vrai (la dame dont le nom est « nom vrai ») *Na Dezirada* la désirée *Bel Carboncle* belle escarboucle *Bel Diaman* *Bel Cristalh* *Bel Cors Joios* beau corps de joie *Bel Sembeli* belle zibeline *Na Dous Esgart* dame doux regard *Na Esmoi* émoi *Mon Estiu* mon été *Mon Estui* mon étui *Na Flor* *Flor de lis* *Na Flor de lis* *Na Flor Vermelha* *Gaug de Cor* jouissance de cœur *Mon Guerrier* *Na Jauzida* la jouie *Fin Joi* *Mon Joi* *Joi Novel* *La Loba* la louve *Mon Sobre Gaugz* mon plus que plaisir *Mon Ses Enjan* mon sans tromperie *Mo Conten* *Bel Papagai* beau perroquet *Na Bel Ris* dame beau rire *Bel Senhor* beau seigneur *Ses Merce* *Sobre Luenh* plus que loin *On Tot Me Platz* où tout me plaît *Tristan* (c'est une dame).

89. *Auzels*

Tout est en place maintenant pour le chant, qui est, comme je l'ai dit le signe unificateur, le signe en mouvement de l'amour à la poésie, au-dessus de leur couple ordonné (*canso, trobar*).

Mais on se place un moment en dehors du trobar, dans un autre trobar, le « trobar naturau », dans le monde naturel, qui est celui des *auzels*, les oiseaux.

Il ne s'agit pas, je le pense, de l'oiseau sociologique, même si on peut, sans trop d'effort d'imagination, déceler du « domnejar » chez les pintades, des « lauzengiers » parmi les pies et les corbeaux, je ne parle même pas du comportement peu recommandable des « tortres » (tourterelles) et des cygnes. Je suis persuadé que Raimbaut d'Orange, interrogé à leur sujet, aurait dit, exactement comme nous : « Les oiseaux sont des cons. »

Leur rôle est autre : ils doivent servir d'incitation au commencement du chant, d'introducteurs à l'idée du nouveau, du doux, du désir ; du chant, surtout.

Le chant des oiseaux est un chant sur des paroles : *lor lati*, leur latin.

Il s'agit, en somme, d'un modèle commode du trobar.

Les oiseaux, avant tout, sont des annonciateurs. Leur parler, leur « latin » est celui de l'amour, sans autre usage. Ils chantent la douceur, la suavité d'amour. Ils chantent dans le printemps courtoisement parce qu'ils savent l'amour, puisqu'ils souffrent l'amour.

Les oiseaux les plus courtois, ceux dont le chant est « grand chant », sont l'alouette et le rossignol :

> *la lauzet'e e-l rossinhol . am mais que nulh' autr' auzell .*
> l'alouette et le rossignol aiment plus que nul autre oiseau

Le rossignol heureux :

> *lo rossinholet salvatge . ai auzit que s'esbaudeia . per amor en son lengatge . e-m fai si morir d'enveia . car leis cui dezir . no vei [...].*
> le rossignolet sauvage j'ai entendu se réjouir par amour en son langage et il me fait mourir d'envie car celle que je désire je·ne vois [...] (Gaucelm Faidit)
>
> dans le feuillage il donne l'amour il le réclame il le prend il meut son chant joui jouissant il regarde sa compagne souvent

Le feuillage est la chambre des chevaliers perchés. L'oiseau prend le plus grand soin de sa canso, tout oiseau qu'il est, car il est doué d'un « trobar naturau ».

> *e-l rossinholetz el ram . volf e refranh ez aplana . son douz chantar et afina .*
> le rossignol sur la branche répète et reprend et roule son doux chanter et l'affine

Sans aucun doute c'est un maître et il faut suivre son exemple, comme nous le dit Peire d'Alvernha, qui n'admet que lui comme rival (surtout pas les autres troubadours).

Amics Bernartz de Ventadorn . *com vos podetz de chant sofrir* .
Ami Bernart de Vendatour comment pouvez-vous vous empêcher de chanter *can aissi auzetz esbaudir* . *lo rossinholet noih e jorn* . quand ainsi vous entendez se réjouir le petit rossignol nuit et jour *auyatz lo joi que demena* . écoutez la joie qui l'agite *tota noih chanta sotz la flor* . *melhs s'enten que vos en amor* . il chante toute la nuit sur la fleur il s'entend mieux que vous en amour

Lui aussi, comme tous les autres oiseaux, chante du printemps, « s'alegre » « del cortes temps », le temps courtois qu'il voit apparaître. Le chant de cet oiseau pénètre parfois le sommeil du troubadour.

pel doutz chan que-l rossinhols fai . *la noih can me sui adormitz* . *revelh de joi totz esbaitz* . *d'amors pensius e cossiranz* .
au doux chant que fait le rossignol la nuit quand je suis endormi je me réveille de joie tout ébahi d'amour pensius et désespérant

L'alouette, comme il est dit en sa chanson, montre l'intensité d'une joie qui va jusqu'à l'évanouissement.

L'initiateur, l'intercesseur de Raimbaut d'Orange est le *bederesc*, un roitelet biterrois dont le chant lui donne une leçon formelle extrêmement précieuse. Car il agence ses trilles comme le maçon les briques dans le mur :

oiseau acéré espace entre ses notes comme un espace de briques

Bernart Marti reconnaît l'effort artistique du chant amoureux de la *rana*, la rainette :

c'om s'obrei . *pel sablei* . *tota nueit fors a l'aurei* .
comme elle peine sur le sable toute la nuit sauf dans l'orage

Entendre des oiseaux heureux si l'on est soi-même dans la douleur est un supplice et leurs rimes en paraissent alors « hirsutes ».

brais chans quils critz . *aug dels auzels pels plaissaditz* . *oc mas no los enten di denh* . *per un' ira-m cenh* . *lo cor on dol m'a pres razitz* . oui mais je ne les écoute pas à cause d'une douleur qui a pris racine dans mon cœur *per qe-n sofer* . et je souffre

L'omniprésence ornithologique (qui a sa justification naturelle à ce moment de peu de villes, où en l'absence de chasseurs massacreurs et surtout de pesticides, le printemps était une véritable explosion vocale et les aubes abasourdies d'oiseaux) a aussi ce sens qu'au fond le « lati » des oiseaux, l'individualité du chant de *chascus*, « rossinhol, airiola, pics, gais... » figure aisément la situation du chantar de chaque troubadour, l'individualité de chaque canso dans un concert général harmonieux.

Guiraut de Bornelh, nous raconte-t-on, passait l'hiver chez lui, à Excideuil, dans sa maison avec ses livres, préparant ses cansos, et sortait à chaque printemps, quand le temps courtois indiquait qu'il était possible de les faire entendre dans les cours. Le printemps provençal voyait un retour d'hirondelles.

Plus encore, il semble que les troubadours aient vu dans les sons proférés par les gosiers d'oiseaux, qui après tout n'avaient de sens que pour chacun et sa dame en leur latin commun, une image particulièrement apte à représenter d'une part le lien privilégié de la canso avec une auditrice, la destinataire, d'autre part la rime, ce son plein de sens qui n'est pas mot et cherche sa *pars*. La suavité, la mélodie, la douceur de ces sons rimes oiselles sortant si bien « peignées » en voltes lais et gazouillis d'un lieu par excellence hirsute qu'est le bec, a sa transposition dans les jeux de heurts consonantiques-vocaliques qui sont une partie si importante non seulement du « joc » des rimes mais de toute l'architecture de la canso. Ce qui a à voir sans doute avec un certain usage rythmique et phonique des « auzels » dans ce qu'on appelle le *trobar ric* dont je parlerai dans la prochaine branche.

Les oiseaux, enfin, sont un modèle important parce qu'ils sont leur propre public.

90. Grand chant

La joie des oiseaux autant que celle des troubadours a une source qui est la dame, qu'ils ont leurs moyens à eux de voir :

et son corps est si gai — que les oiseaux chantador — s'en
allègrent par les haies — et font musiques et laies

mais il n'en reste pas moins que la comparaison du trobar et de son public avec les cours d'oiseaux a sa raison intrinsèque ; ce n'est pas qu'image. Les oiseaux représentent parfaitement le « trobar naturau », celui qui nous vient spontanément de la nature et de Dieu.

Pour les troubadours, dont les rapports avec Dieu sont à la fois simples et pour nous étranges, Dieu a voulu et soutient l'amour, et en dehors des exhortations ou remerciements n'a, en somme, rien de particulier de plus à y faire. L'amour « meut les étoiles » et le monde et par conséquent aussi les oiseaux.

Mais les oiseaux ont ceci de particulier, à la différence des ours, des éléphants, des écureuils, des hérissons ou des blaireaux, qu'ils chantent. Et leur chant est un chant de langue, car ils chantent chacun « en son latin ». Chaque cour d'oiseaux a ses chanteurs, ses dames et sa propre langue. Le trobar naturau des oiseaux est ainsi un chant, un chant d'amour, en une langue, une variété de la famille des langues en lesquelles est né le trobar, un « latin ».

Cependant bien sûr le trobar des oiseaux n'est pas celui des troubadours : il n'en est que l'introduction, le miroir, le prétexte. Le chant véritable, celui d'amors, est au-delà du chant de nature et n'a lieu que des troubadours vers les dames, pour des oreilles qui sont de troubadours et de dames. Parmi tous les chants, le plus beau, le « grand chant ».

S'il faut le désigner d'un terme, je préférerai celui-là. Parler d'amors, de l'amour et du grand chant, plutôt que d'amour courtois, de chant ou de registre courtois. Le terme « courtois » n'est pas celui qu'emploient les troubadours pour nommer le chant ou l'amour ou le trobar. C'est une invention du XIXe siècle. Peut-être serait-il bon de le réserver au roman. Car le trobar même s'il est chanté dans les cours d'Occitanie est à vocation universelle.

91. L'orifanz

Le trobar suppose un public idéalement homogène. Ceux qui le composent doivent, idéalement, avoir « connaissance de l'amour ».

C'est à un tel public que Cavalcanti dédiera sa « canzone doctrinale » :

Tu puoi sicuramente gir canzone
La've te piace ch'io t'è si adornata
ch'assai laudata sarà tua ragione
da le persone ch'ànno intendimento
Di star con l'altre tu non hai talento

Un public qui par conséquent se compose idéalement de troubadours et de dames. La canso universelle, celle du moment du trobar, s'adresse au public universel des troubadours et des dames qui ont « intendimento » de l'amour. Tous peuvent être troubadours, sauf les paysans. Les vidas insistent lourdement sur le spectre social du trobar qui va des rois et empereurs aux « soudadiers ».

Toutes peuvent être dames, presque même les paysannes, si on considère la manière particulière dont a été, en oc, traité la pastourelle.

Et les seigneurs ? et les dames nobles ? Ils n'appartiennent pas de droit au monde du trobar. Ils doivent se soumettre à leur seigneur commun qui est amour. Les chevaliers doivent être troubadours.

Les troubadours peuvent-ils être chevaliers ? Oui (je ne dis pas au sens strict) si la dame est troubadour. Le trobar suppose idéalement que la situation soit réversible ; qu'il y ait des « trobairitz ». Ce qui est le cas. Il y en a peu. Au moins une, la comtesse de Die, est parmi les plus grandes.

Je dirai en digression que cette situation, où tous poètes et destinataires de la poésie sont potentiellement dans l'un ou l'autre rôle, me paraît être excellente pour une poésie. Je ne pense pas que, contrairement à certaines affirmations, la division du travail soit une chose mauvaise en soi, et qu'on doit tendre nécessairement à la faire disparaître, autrement dit que le boulanger doit obligatoirement coïncider avec le mangeur de pain. Mais il ne me semble pas que la plainte, si habituelle et si hypocrite : il n'y a pas assez de lecteurs de poésie, qui dissimule la version réelle et plus franche : les poètes n'ont qu'eux-mêmes pour lecteurs, soit recevable. Il faudrait dire : il n'y a pas assez de poètes. Une poésie n'est vivante que si ses lecteurs sont eux-mêmes des poètes.

Pour « démontrer » ce qu'était le public des troubadours dans sa représentation idéale, il n'y a rien de mieux à faire, conformément à ma définition antérieure de la prose que de donner une « razo », celle de la *canso de l'orifanz* de Rigaut de Barbezieux.

La situation de la razo est la suivante : Rigaut a trahi sa dame pour une autre qui ensuite a refusé de tenir les promesses qu'elle lui avait faites, précisément parce qu'il avait trahi.

> « Et la dame [dit] qu'il n'était pas homme à qui aucune dame doive faire ni dire plaisir qu'il était l'homme le plus faux du monde puisqu'il était parti de sa dame qui était belle et si gaie et qui lui voulait tant de bien pour les paroles d'une autre dame et comme il était parti d'elle il partirait d'une autre. Et Rigaut quand il entendit ce qu'elle disait fut le plus triste homme au monde et le plus douloureux qui jamais fut. Et il s'en alla et voulut retourner en la merci de sa première dame mais elle ne voulut pas le retenir et lui par la tristesse qu'il eut s'en alla en un bois et se fit faire une maison et s'enferma disant qu'il ne sortirait plus de là tant qu'il ne trouverait pas pitié de sa dame c'est pourquoi il dit en une de ses chansons « Miels-de-Domna que j'ai fuie deux ans . » Et alors les dames et les chevaliers de ce pays voyant le grand dommage de Rigaut qui fut ainsi perdu s'en vinrent là où Rigaut était reclus et le prièrent de partir et de sortir de là. Et Rigaut dit qu'il ne partirait pas jusqu'à ce que sa dame lui pardonne. Et les dames et les chevaliers s'en vinrent à la dame et la prièrent de lui pardonner et la dame leur répondit qu'elle n'en ferait rien avant que cent dames et cent chevaliers qui s'aimeraient tous par

amour ne viennent tous devant elle mains jointes à genoux lui crier pitié qu'elle lui pardonne et alors elle pardonnerait. La nouvelle parvint à Rigaut dont il fit la chanson qui dit

Atressi con l'orifanz . *que quant chai no-s pot levar* . je suis comme l'éléphant qui tombe et ne peut se relever *tro li autre ab lor cridar* . *de lor voz lo levon sus* . si les autres par le cri de leur voix ne le soulèvent *et eu voill segre aquel us* . *que mos mesfaitz es tan greus e pesanz* . et moi je veux suivre cet usage car mon méfait est si grave et si pesant que si la cour du Puy son faste et le droit Pretz des loyaux amants ne me relèvent jamais je ne me redresserai qu'ils daignent pour moi clamer Pitié *que deingnesson per mi clamar merce* . là où prière et supplications ne font rien

Et quand les dames et les chevaliers entendirent qu'il pouvait trouver pitié auprès de sa dame si cent dames et cent chevaliers qui s'aimeraient par amour allassent crier pitié à la dame de Rigaut pour qu'elle lui pardonne et elle lui pardonnerait les dames et les chevaliers s'assemblèrent tous et allèrent et crièrent pitié près d'elle pour Rigaut. Et la dame lui pardonna. »

La voix trobar, la canso, est soutenue par l'auditoire. Seule la compréhension du chant de l'amour qui l'inspire peut empêcher la poésie de tomber dans la poussière. Comme un intense champ magnétique permettant la fusion du plasma, la rumeur immatérielle des dames et amants enferme le chant du troubadour, soutient et protège la joie.

92. *Mezura*

L'équilibre du chant dans la canso est par essence difficile à atteindre. La raison n'est pas tellement la difficulté intrinsèque de la forme, qui est un art d'orfèvre, « cairel », de forgeron, « fabrecs ». Cet art s'apprend et se maîtrise. Mais c'est que l'amour qui l'inspire et l'informe est un feu que presque rien peut faire déborder de la chambre de la cobla et brûler tout.

Pour maîtriser le désir, pour éviter que sa violence dépasse la belle « folie d'amour » de Peire Vidal et devienne extravagance, jalousie, effort de possession absolue du corps et du cœur de la dame ; ou, pis encore, désir d'anéantissement, « amors du niens », du néant, c'est-à-dire mélancolie ; pour maintenir non pas balance égale mais tension surmontée entre joie et souffrance, peur et audace, espoir et « cossirier »... les troubadours ont inventé un concept, *mezura*.

Il n'y a guère de mot du « grand chant » qui se soit plus effacé, affaibli, affadi, dénaturé, que celui-ci. Il l'est devenu, il l'est déjà chez certains troubadours médiocres et tardifs, un élément du vocabulaire de la « bonne » éducation, une désignation de la tendance au compromis et à la tiédeur morale, un synonyme du « juste milieu ». Le sens que lui donne la canso est plus aigu.

La mezura est le seul rempart contre l'anarchie de l'éros, contre le versant destructif d'amors qu'exprime la figure de l'*éros mélancolique*.

Et, simultanément, mezura est aussi le concept central de la théorie médiévale du rythme, dans la musique et le vers : la *mesure* étant ce qui transforme en chant la force désordonnée de la langue voulant dire l'amour.

Cette invention, cette conflagration des registres séparés du mot, est au centre de l'art formel des troubadours.

Pour Bernart Marti, aimer est nécessaire et cette nécessité est conforme à mesure :

amar dei . que ben es mezura .
je dois aimer là est mesure

Le contraire de « mezura » est « desmezura », aussi haïssable que mezura est souhaitable. Le « desmesuré » est celui qui, fou, ne suit pas « mesure », fait une faute envers sa dame et l'amour. Aussi la dame, sortant sa main nue de son gant, fracture-t-elle la serrure du cœur et y installe-t-elle le gardien d'amour, mezura :

que quan trays la man de son gan . frays del cor la serradura . e-
i mes per gardar mezura .

Le désir excessif, l'amour sans contrôle de soi sont les compagnons de la démesure :

je combats en moi (dit Giraut de Bornelh) le trop aimer les longues envies le trop désirer *sobrevolers e sobramars e loncs desirs* .

D'ailleurs les surdémesurés risquent de devenir ennemis de l'amour même, en un mot *lauzengiers* :

fals lauzenjadors . fel et esqiu sobredesmezurat

dit un long hémistiche moral.

La démesure n'épargne pas la dame mais chez elle elle se traduit en un trop de cruauté. Cependant Peire Rogier est prêt à supporter cela d'elle, même cela :

amour veut de tels amoureux qui sachent supporter orgueil en paix et grande démesure

Et pourtant tout troubadour sait qu'il est non moins dangereux de supprimer, par démesure de mezura, la folie, le non-sens qui est au fond de tout amour. Aimeric de Belenoi aime sa dame « d'un doux désir plein de *desmezuransa* ». Les grands amoureux des temps passés, héroïques, des romans, n'ont jamais été assez tièdes pour ne pas connaître cette force qui mène au-delà de ce qu'il faudrait. Guilhem Ademar aime plus « sene mezura que no fetz Paris Elena » et Gaucelm Faidit prétend que le droit chemin d'amour mène inévitablement à cette région démesurée de l'outre-désir :

de fin amor sai segre-l drech viatge . si que tan am midons outra mesura .

Mais il prend soin d'enfermer cet axiome entre les « palis » de deux mesurés décasyllabes. D'ailleurs, si on ne peut vraiment mettre au compte de l'amour la poursuite de ses bienfaits, il reste que l'amour est feu et l'incendie va vite. Cependant le cœur doit être robuste.

Pourtant le corps de la dame avec sa fraîcheur sa pureté sa nouveauté sa nudité est une cause suffisante à elle seule de démesure :

je sais bien que je démesure (dit Aimeric de Peguilhan) mais son corps frais et pur devrait en être blâmé

Peut-être est-ce elle, sa beauté, qui est non mesurée :

mout es bell' outra mesura . genta fresca blanc' e lena . cill qe-m ten en sa cadena .

elle est belle outre mesure   celle qui me tient en sa chaîne

Bref, même si mezura est un bien et un devoir, l'amour n'en suppose pas moins et n'en veut pas moins son contraire.

Et c'est ainsi : mesure et démesure se combattent, se mêlent, s'exaltent l'une l'autre comme joie et douleur, sens et folie. Aimeric de Peguilhan :

mas anc no vi fin' amansa . ses alqes de follejar . ni joy d'amor ses pezar .
on n'a jamais vu pure aimance   sans quelque chose de folie   ni joie d'amour sans souffrance

Le plus sûr axiome de mezura, qui la définit comme signe, au sens que j'ai donné, entre amour et poésie, mais ici tourné vers joie, est de Marcabru :

les biens des amants (dit-il) leur *benananssa* c'est *jois sofrirs mezura*

93. Atressi

J'ai déroulé pour vous tout le trobar comme s'il s'agissait d'une canso unique, dont la dernière cobla aurait été composée au moment, 1230, que j'ai nommé *moment des troubadours* ; et ce qui viendrait ensuite une tornada, un écho. Je voudrais poursuivre encore un instant cette comparaison par homothétie : le trobar, je l'ai dit, ne connaît ni la nostalgie, ni l'appel au futur, à l'ombrage des arrière-neveux, à la durabilité surpassant celle du bronze. Il s'achève en plein présent. Il en est ainsi de chaque canso.

On a remarqué, pour en blâmer à l'occasion les troubadours, qu'il n'y a pas à proprement parler de fin naturelle à une canso parce qu'il n'y a aucune progression narrative ou logique de strophe à strophe. A un moment, la canso cesse, et se fait entendre en écho la tornada qui très souvent d'ailleurs appelle les auditeurs lointains de la canso. La seule chose qui soit marquée est le commencement, la strophe « printanière » initiale, dans toutes ses variations.

Le trobar commence toujours. Il commence avec évidence, il commence toujours neuf, et c'est cette impulsion initiale, celle que donne amors au chant qui, par mélodie et rimes, soutient la canso jusqu'à sa fin.

Il en a été ainsi du trobar lui-même. Avec la brusquerie d'un printemps sous le déguisement du premier des troubadours, Guillaume IX, la canso sortait toute neuve et déjà armée de son « atelier » totalement imprévisible mais semblant naturelle.

Le trobar a toujours dit *ieu*, comme chaque troubadour en chaque canso. La double exigence de la singularité et du pretz, la force qui pousse à l'imitation du chant, commande l'avance de la forme dans le champ des rimes, selon le joc et joi des rimes, jeu et joie de la poésie. Et c'est de cette façon qu'il est possible de faire réapparaître sinon le temps lui-même du moins un mouvement de la forme canso se dessinant à mesure que les générations de troubadours explorent les possibilités combinatoires et rythmiques offertes par le système de règles que l'amour leur a données. Puis tout s'arrête ; pas par épuisement ; en plein éclat. Je ferai quelques suppositions à ce sujet dans les prochains chapitres.

Avant de désigner le commencement dans le trobar par une canso joyeuse de Raimbaut d'Orange, deux remarques :

— Le trobar ne fait pas d'allégorie : amors, joi, pretz, merce ne sont pas des figures de pierre mais, comme le répète Pound avec insistance, des « personae » : choses-concepts dont le nom est propre mais qui reste déclinable dans la langue. Les troubadours ne sont pas attirés, comme certains de leurs successeurs, par la robotique amoureuse. Le phénomène allégorique, très bien décrit par Asimov dans *I, robot* ne les atteint pas.

— Mais en même temps, et pour des raisons, je crois, tout à fait similaires, ils sont allergiques à la métaphore. Leur figure préférée est, pour reprendre le titre remarquable d'un livre de poèmes de quelqu'un avec qui, par ailleurs, j'ai peu d'accord, est le « comme ». Plus précisément, dans la langue du trobar *atressi cum*. Ainsi commence le plus souvent Rigaut de Barbezieux, qui en fut sinon l'inventeur du moins le possesseur privilégié, donnant au trobar quelque chose qui lui est naturel, l'annexion du monde à soi :

Atressi con Persavaus . *el temps que vivia* . *que s'esbait d'esgardar* . Je suis comme Perlesvaus au temps où il vivait si ravi en son regard *tant qu'anc non saup demandar* . qu'il ne sut pas demander à qui servait la lance et le graal *de que servia* . *la lansa ni-l grazaus* . *et eu sui atretaus* . et moi je suis pareil à lui *Miels de dompna quan vei vostre cors gen* . *qu'eissamen* . Mieux-que-Dame voyant votre beau corps semblablement *m'oblit quan vos remir* . je m'oublie en vous regardant *e-us cug prejar e non fatz mais consir* . je veux vous prier ne le fais pas mais pense

Très savamment Rigaut de Barbezieux ramène à l'amour le Graal. Par l'*atressi* il soumet l'image de Perceval devant le cortège du Graal, son silence, sa non-question, à l'image amoureuse du silence, de l'ébahissement devant la beauté de la dame.

Le premier terme de l'atressi est au service du second qui est d'amour. Là est la différence avec la métaphore qui n'est qu'un « atressi » dissimulé, un atressi honteux. La stupeur, le silence, l'oubli de Perlesvaus sont comme celui de la lauzeta, celui de l'amoureux. Ils valent d'être cela : *comme*. Et d'ailleurs, par sa juxtaposition, Rigaut semble faire une lecture, corrigée dans le sens de l'amour du *Perceval* de Chrétien, puisque l'oubli, l'ébahissement devant le Graal est, par glissement, assimilé aux « pensées » de Perceval devant les gouttes de sang de l'oie sauvage sur la neige qui font pour lui surgir l'image de son aimée en son cœur.

Il y a plus : l'image de l'atressi, sa « figure » gouverne, ou s'éclaire, comme on veut, c'est une flèche réversible, de la division strophique elle-même : la cobla, divisible selon la formule (qui est un « unicum ») d'un modèle rare :

abccba a ddee

avec des « pedes » de base 3 ponctués (et la tornada confirme la diesis après « atretaus »), donne à l'amour la supériorité indiscutable du décasyllabe, qui est par excellence le vers du « grand chant ». Toute la première partie du frons est en vers courts, en vers qui sont « au service » des autres (octosyllabe et décasyllabe) et la cauda embrassée par les deux vers amoureux commence par le senhal de la dame en césure lyrique. On ne saurait mettre plus tranquillement et ostentatoirement (pour ceux qui « entendent ») le roman sur ses pieds.

Toute canso est une leçon.

94. Comensar

Enfin, commencer

Non chant per auzel ni per flor . ni per neu ni per gelada . ni neis per freich ni per calor . ni per reverdir de prada . je ne chante d'oiseaux ni de fleurs ni pour neige ni pour gelée ni même pour froid ou chaleur ou pour reverdir de pré ni pour nulle autre jouissance *Ni per nuill autr' esbaudimen . non chan ni non fui chantaire .* je ne chante et ne fus chanteur mais pour ma seigneur que je sers elle est la meilleure au monde *mas per midonz en cui m'enten . car es del mon la bellaire.*

Ar sui partitz de la pejor . c'anc fos vista ni trobada . je viens de quitter la pire qui fut jamais vue ni trouvée *et am del mon la bellazor . dompna e la plus prezada .* et j'aime du monde la meilleure dame et la plus célébrée *e farai ho al mieu viven .* je serai tel tant que je vivrai je ne veux rien aimer d'autre *que d'alres non sui amaire . car ieu cre q'ill a bon talen .* je crois qu'elle a du désir pour moi à ce qu'il me semble *ves mi segon mon vejaire .*

j'aurai dame le grand honneur si de vous m'est accordé *ben aurai dompna grand honor . si ja de vos m'es jutgada . honranssa que sotz cobertor . vos tenga nud'embrassada .* l'honneur que sous la couverture je vous tienne nue embrassée *car vos valetz las meillors cen .* vous valez les meilleures cent fois je ne suis pas outre vantard *q'ieu non sui sobregabaire . sol del pes ai mon cor gauzen .* la pensée seule fait jouir mon cœur plus que si j'étais empereur *plus que s'era emperaire .*

De midonz fatz dompn' e seignor . de midons je fais dame et seigneur *cals que sia-il destinada* . quelle que soit la destinée *car ieu begui de la amor* . puisque j'ai eu de la amour il me faut aimer en secret *ja-us dei amar a celada* . Tristan quand la lui donna Yseut la belle ne put rien faire et moi j'aime en telle façon ma seigneur rien ne m'en délace *Tristan qan la-il det Yseus gen* . *e bela no-n saup als faire* . *et ieu am per aital coven* . *midonz don no-m posc estraire.*

Sobre totz aurai gran valor . *s'aitals camisa m'es dada* . sur tous j'aurai grande valeur si la même chemise m'est donnée qu'Yseut donna à son amant jamais elle n'avait été portée *cum Yseus det a l'amador* . *que mais non era portada* . *Tristan mout presetz gent presen* . Tristan aima beaucoup ce présent *d'aital sui eu enquistaire* . le même je sollicite *si-l me dona cill cui m'enten* . si me le donne celle que je sers je ne t'envierai pas mon frère *no-us port enveja bels fraire* .

Vejatz dompna cum Dieus acor . voyez dame comme Dieu secourt *dompna que d'amar s'agrada* . dame qui se plaît d'aimer *q'Iseutz estet en gran paor* . Yseut était en grande peur *puois fon breumens conseillada* . mais elle fut vite conseillée *qu'il fetz a son marit crezen* . elle fit à son mari croire *c'anc hom que nasques de maire* . que jamais homme né d'une mère ne l'avait touchée aujourd'hui de même vous pouvez faire *non toques en lieis mantenan* . *atrestal podetz vos faire* .

Carestia esgauzimen . *m'aporta d'aicel repaire* . *on es midonz qe-m ten gauzen* . *plus qu'ieu eis non sai retraire* . Carême la jouissance apportez-moi de la demeure où est ma seigneur qui me tient en joie plus que je ne saurais dire

95. *Le jeu et joie de poésie*

Quand une canso commence dans le jeu et joie de poésie, toutes les cansos lui sont coprésentes. Dans une canso, le trobar tout entier est implicite.

On pourrait, commençant à peu près n'importe où, par proximité de vers, de rimes, parcourir ainsi le champ entier du trobar.

Je suis parti, dans un endroit un peu excentrique de la tradition, la *tenson du néant*, et j'ai, d'abord, mis en évidence le lien du « non re » avec le *no sai qui s'es* de Guillaume IX, le *no sai que s'es* de Raimbaut d'Orange, le *no sai on* de Bernart de Ventadour. Ce ne sont pas les seuls que la tenson du néant désigne par allusion, mais ce sont les fils les plus aisés à tirer du tissu d'échos qui constitue le trobar.

Le trobar entier apparaît comme tissé, lié, entrelacé de tels fils ; fils de l'amors et des rimes, formules décasyllabiques dans le registre du « grand chant ». Les manières de l'allusion, du passage d'une canso à une autre, représentent un des traits essentiels du jeu formel qu'est le trobar.

Dans le *no sai qui s'es* de Guillaume IX on peut voir une « parodie par anticipation » de la chanson de l'amour de loin de Jaufre Rudel. Dans cette extension de la chaîne, on ne s'éloigne pas arbitrairement de la tenson du néant, car il est dans la nature de l'amors d'être toujours « amour de loin » ; et ainsi l'ironie sur l'amor de lonh vise en fait l'amour lui-même. Si tout amour est amour de loin, tout amour est, aussi, néant.

La fragilité du trobar, sa proximité perpétuelle de sa propre dénégation, de son impossibilité, celle que marque le *non re*, est aussi imposée par l'imperfection de la langue, « langues imparfaites en cela que plusieurs ». Les troubadours ont toujours tendu à une langue *une*, aussi peu différenciée que possible dialectalement. L'unicité de la langue du trobar est nécessaire à l'unicité de l'amors, à l'unicité de sa forme, la canso. Ce que la tenson de Raimbaut de Vaqueiras et de la dame génoise marque : face à l'autre langue, le trobar est en danger de ridicule, donc de néant. Le trobar tout entier affirme l'unité de la langue contre la dissolution dans l'étranger ou le dialecte. Ce qui fait que le signe du chant, qui unit l'amour à la poésie dans un mouvement de découverte, est aussi un mouvement vers la langue. Le trobar est *amour de la langue*.

L'unité du trobar est sa réponse à la menace du néant. Toutes les impossibilités et contradictions de l'amour, l'amour de la langue comme l'amour de la dame, et l'amour des rimes, celles qui suscitent le ridicule, le silence de la *recréance*, la folie ou la mort, ont une source unique, la mélancolie, le pouvoir de dissolution de l'*éros mélancolique*. Or le même mot, *mezura*, désigne à la fois le concept clef de la résistance de l'amour à la force de destruction du « néant » et l'enfermement des mots et des rimes dans les unités proprement indestructibles du vers, de la cobla et de la canso. Sans aucun doute, il ne s'agit pas du même *sens* du mot (qui par ailleurs a aussi le sens érodé du centrisme moral dont nous avons hérité). Mais il suffit de se pencher un peu sur l'énorme passé philologique du mot avec ses résonances mathématiques et musicales (Pythagore), mathématiques et arithmétiques et géométriques (la préhistoire de la mathématique grecque, des Eléates jusqu'à son histoire proprement dite, Euclide et Diophante), philosophique (Aristote), théologique et cosmogonique (la Bible et saint Augustin), pour se rendre compe que la distance n'est nullement infranchissable entre les deux pôles du champ de sens du mot. La *mezura* est à la fois ce qui maintient l'amors entre les deux menaces extrêmes de sa destruction, l'insignifiance et l'insupportable, et ce qui fait se tenir ensemble les rimes et les mots dans la canso.

Et le chant ainsi est possible, jeu et joie.

Chapitre 8

La sextine d'Arnaut Daniel et les deux pôles du trobar

96. *Ongle et oncle*

Lo ferm voler qu'el cor m'intra . no-m pot jes becs escoissendre ni ongla . de lausengier qui pert per maldir s'arma . e car non l'aus batr' ab ram ni ab verga . sivals a frau lai on non aurai oncle . jauzirai joi en vergier o dinz cambra .

La ferme volonté qui au cœur m'entre ne peut ni langue la briser ni ongle de médisant qui perd à mal dire son âme n'osant le battre de rameau ni de verge sinon en fraude là où je n'ai nul oncle je jouirai de ma joie en verger ou chambre

Quan mi soven de la cambra . on a mon dan sai que nuills hom non intra . anz me son tuich plus que fraire ni oncle . non ai membre no-m fremisca neis l'ongla . aissi cum fai l'enfas denant la verga . tal paor ai no-l sia trop de l'arma .

Quand je me souviens de la chambre où pour mon mal je sais que nul homme n'entre mais tous me sont pires que frère ou qu'oncle tremblent tous mes membres jusqu'à l'ongle ainsi que fait l'enfant devant la verge tant j'ai peur de n'être assez sien dans mon âme

Del cors li fos non de l'arma . e cossentis m'a celat dinz sa cambra . que plus mi nafra-l cor que colps de verga . car lo sieus sers lai on ill es non intra . totz temps serai ab lieis cum carns et ongla . e non creirai chastic d'amic ni d'oncle .

Ah que je sois sien dans le corps non dans l'âme et qu'elle m'accueille en secret dans sa chambre plus me blesse le cœur que coup de verge d'être son serf qui là où elle est n'entre toujours je serai près d'elle comme chair et ongle n'écoutant aucun reproche d'ami ni oncle

Anc la seror de mon oncle . non amei plus ni tant per aqest' arma . c'aitant vezis cum es lo detz de l'ongla . s'a liei plagues volgr'esser de sa cambra . de mi pot far l'amors q'inz el cor m'intra . mieills a son vol c'om fortz de frevol verga .
Jamais la sœur de mon oncle je n'aimerai tant ou plus par mon âme aussi proche qu'est le doigt de l'ongle s'il lui plaisait je voudrais être de sa chambre il peut faire de moi l'amour qui en mon cœur entre à son gré comme homme fort de faible verge

Pois flori la seca verga . ni d'En Adam mogron nebot ni oncle . tant fin' amors cum cella q'el cor m'intra . non cuig fos anc en cors ni eis en arma . on q'ill estei fors en plaz' o dins cambra . mos cors no-is part de lieis tant cum ten l'ongla .
Depuis qu'a fleuri la sèche verge que du seigneur Adam sont nés neveu et oncle un amour comme celui qui dans mon cœur entre je ne crois qu'il a été en corps ni âme où qu'elle soit sur la place ou dans la chambre mon cœur sera moins loin que l'épaisseur d'un ongle

C'aissi s'empren e s'enongla . mos cors en lei com l'escorss' en la verga . q'ill m'es de joi tors e palaitz e cambra . e non am tant fraire paren ni oncle . q'en paradis n'aura doble joi m'arma . si ja nuill hom per ben amar lai intra .
Qu'ainsi s'enracine devienne ongle mon cœur en elle comme écorce en la verge elle m'est de joie tour et palais et chambre je n'aime tant frère parent ni oncle en paradis aura double joie mon âme si jamais homme d'avoir aimé y entre

Arnautz tramet sa chansson d'ongl'e e d'oncle . a grat de lieis que de sa verg'a l'arma . son Desirat cui pretz en cambra intra .
Arnaut envoie sa chanson d'ongle et d'oncle pour plaire à celle qui de sa verge a l'âme son Désiré son prix entre en sa chambre

97. *« Sextine »*

Mettons « sextine » entre guillemets, car la dénomination de cette canso comme appartenant à un genre spécial est un fait du futur. La lecture de Dante et de Pétrarque en sera responsable.

Istvan Frank, influencé par l'avenir du poème, la note *sextine* dans son *Répertoire*, ce qui est anachronique.

C'est comme une canso qu'elle apparaît dans les manuscrits, comme canso qu'elle est désignée par les *Leys d'amors*, approuvant la marque de début de strophe par un vers plus court, métriquement estramp : « [...] *par ysshemple la canso que fe Arnaud Daniel* [...] ».

Elle a été imitée trois fois par les troubadours : Bertolome Zorzi et Guilhem de San Gregori sur les mêmes rimes, Pons Fabre d'Uzès en octosyllabes sur six autres mots-rimes : *fran, frach, ferm, fort, pert, fer*.

Arnaut lui-même qui dit souvent « ieu » dans les tornades de ses cansos, comme en la plus célèbre

> *Ieu sui Arnautz qu'amas l'aura . e chatz la lebre ab lo bou . e nadi contra suberna .*
> Je suis Arnaut qui amasse le vent chasse le lièvre avec le bœuf et nage contre le ressac

la nomme sa « chanson d'ongle et d'oncle », deux mots que sépare à peine un ongle sonore.

La sextine a suscité une véritable effervescence d'interprétations qui auraient certainement enchanté Arnaut Daniel : le poème en effet les appelle, avec son petit air de « devinalh », d'énigme ; avec ses neveux, ses verges, ses âmes. Je me tiendrai prudemment en dehors.

Parmi les « lectures les plus récentes », celle de Jarnigan, qui nous met en clair toutes les interprétations sexuelles qu'on aurait préféré trouver tout seul ; et bien d'autres encore auxquelles on aurait préféré ne pas penser. Celle de Dragonetti, à laquelle je vous renvoie, préférant ne rien dire, tant elle est bizarre.

Je dirai seulement ceci, qui est bien connu : trois des mots clefs du poème : *arma, oncle* et *verga* désignent la partition ternaire de l'amour des créatures : l'amour divin, l'amour familial et l'amour amoureux qui dans l'interprétation commune de l'époque est le plus bas (l'ordre est hiérarchique). L'amors est le « menor tertz », comme dit Guiraut de Calanson dans sa canso théorique et allégorique.

Avec quelque ironie Arnaut pourrait bien commenter cette trinité et mettre le joi d'amour au plus haut rang, puisqu'au paradis la félicité de l'âme sera un « joi », si par hasard, dit-il, « d'avoir aimé jamais j'y entre ».

Dante le mettra tout près du paradis mais quand même pas dedans.

98. L'escargot

La sextine est une canso de six strophes sur six rimes. Mais les rimes ne sont pas vraiment des rimes, puisque ce sont des mots-rimes, toutes les six :

intra, ongla, arma, verga, oncle, cambra.

Toutes les rimes sont estramps. La formule de rimes est donc :

abcdef

La formule métrique, toutes les rimes étant féminines, est :

7'10'10'10'10'10'

Les mots-rimes ne riment pas entre eux mais « ongla » et « oncle » présentent une assonance renforcée d'une quasi-consonance ; « arma » et « cambra » une assonance renforcée de quelque consonance (la permutation r-m). Mais intra-verga n'assonancent pas. C'est un scandale qu'ils n'assonancent pas. D'autant plus que le provençal a, à côté d'*intrar*, le doublet *entrar*. C'est sans doute pourquoi le dernier en date des éditeurs de la sextine, Maurizio Perugi, met « entra », contre tous les manuscrits ; et il y en a plus de vingt.

Les mots-rimes étant présents dans toutes les strophes mais

pas à la même place, distinguons les places occupées par ces mots des mots eux-mêmes.

A la cobla I, on a :

1 : intra 2 : ongla 3 : arma 4 : verga 5 : oncle 6 : cambra

Le système d'assonance, s'il était complet, créerait ainsi une imbrication assonantique ternaire 1-4, 2-5, 3-6.

En fait, cette imbrication est assurée même avec les deux assonances sûres, sous la formule :

abc a'bc

Pons Fabre d'Uzès, dans sa propre sextine, fait quelque chose de semblable : les 6 mots qu'il emploie consonnent tous en -f; sauf le cinquième, qui est « pert », qui consonance pourtant avec « fort » mais par les dernières consonnes, pas la première.

Une dissonance dans les assonances peut très bien avoir appartenu au modèle d'Arnaut.

De même, la formule métrique a un vers métriquement estramp, le premier.

Et toutes les voyelles finales sont des *-a*, sauf une, la 5e, celle d'« oncle ».

Il y a une tornada de trois vers. Chaque vers de la tornada reprend deux des mots-rimes, et il faut comparer cette reprise à celle des places des mots de la strophe 6, puisque la tornada est écho de la dernière cobla de la canso.

Le vers 1 de la tornada a « ongla » et « oncle » c'est-à-dire, pour la cobla finale, le couple de places 1-4.

Le vers 2 de la tornada a « verga », « arma », soit le couple de places 2-5.

Le vers 3 a « arma », « intra », soit 3-6.

On voit que d'une part la cobla I, par assonances-consonances sur les mots-rimes, d'autre part la tornada, par ordre de présentation de ces mots, établissent de manière non standard (c'est-à-dire pas par rimes) une imbrication ternaire de « formule »

abcabc 1 : a-a 2 : b-b 3 : c-c

Un « remède » voilé à l'absence de division, et rimique et musicale directe, est ainsi mis en place. Je reviendrai plus loin sur ce que devient le système d'imbrication assonantique lors du déroulement de la canso.

La marque propre de la sextine, celle qui a tant frappé les contemporains, puis Dante et Pétrarque, puis Bembo, et dont la fascination s'est propagée jusqu'à aujourd'hui (comme en témoigne la recherche de Pierre Lartigue et son exposé au Cercle Polivanov : « La sextine est-elle un nautilus ? ») est ailleurs. Elle est dans le fait que les mots-rimes bougent de strophe en strophe mais pas n'importe comment. La nature de ce mouvement est le secret de la sextine.

Il existe diverses manières de se représenter cela. La plus simple consiste à dresser la liste des mots-rimes dans les 6 coblas, avec leurs ordres respectifs. Cela donne :

intra	ongla	arma	verga	oncle	cambra
cambra	intra	oncle	ongla	verga	arma
arma	cambra	verga	intra	ongla	oncle
oncle	arma	ongla	cambra	intra	verga
verga	oncle	intra	arma	cambra	ongla
ongla	verga	cambra	oncle	arma	intra

Le secret est que le déplacement des rimes de la cobla I à la cobla II, le mouvement, la permutation des mots-rimes, est *le même* que celui qui fait passer de la cobla II à la cobla III et ainsi de suite.

On représente le plus souvent ce mouvement par une spirale. Je choisirai une autre représentation, celle de l'*escargot*, qui n'en est pas très éloignée mais présente deux avantages :

— elle lie la permutation au poème plus fermement, l'escargot étant un animal pour qui chair et ongle sont particulièrement proches ;

— elle permet, il me semble, de mieux construire effectivement les listes ordonnées des mots-rimes pour les coblas 2 à 6.

Voici l'escargot (ou le nautilus, si vous préférez). Dans cette présentation la sextine est nautilus, pas seulement par son mystère, mais par construction.

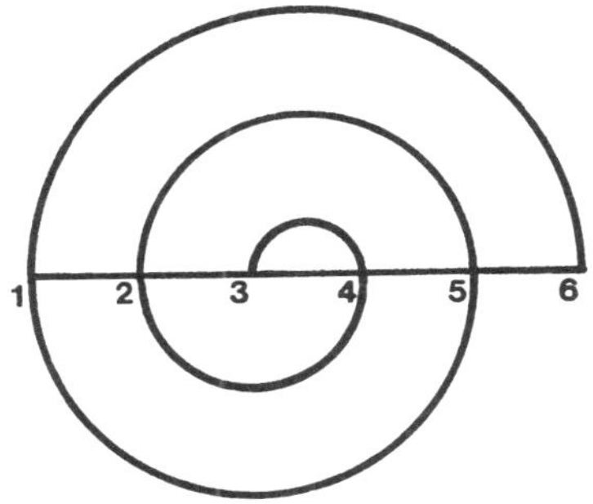

Et voilà le mode d'emploi : on dessine l'escargot avec les mots-rimes 1 à 6 selon l'ordre initial. Le tracé est ordonné dans le sens obligatoire en commençant par l'entrée «intrar» de l'escargot, et cela vous donne l'ordre des mots de la seconde cobla.

Il n'y a plus qu'à recommencer, en dessinant six beaux escargots.

L'effet de fascination de ce mouvement des mots clefs est grand.

> « Les rimes manquent dans la première strophe, remplacées par de légères assonances consonantiques et vocaliques : arma-cambra, oncle-ongla, intra-verga. Dans les strophes suivantes, le troubadour, tourmenté par certaines idées fixes représentées par les mots qui terminent les vers, les sent se retourner dans son esprit et peu à peu s'habitue (comme aussi le lecteur) à sentir l'harmonie latente des assonances spéciales à chaque strophe. Dans les trois vers de l'envoi, il parvient à réunir définitivement ces idées torturantes et à les assembler d'une manière perceptible à tous. Ainsi calme-t-il, tranquillise-t-il dans l'harmonie la douleur de son âme. [...] En reprenant au premier vers de la seconde strophe le dernier mot-rime de la première, il apaise soudain l'oreille ; mais quand le second vers répète le mot-rime du premier vers de la première strophe que l'auditeur a plus ou moins oublié, il le laisse comme perdu dans un vide sans harmonie que vient doucement combler le retour des rimes moins lointaines (Canello). »

Il peut être intéressant de suivre le mouvement de chaque

mot-rime individuellement. Je donne leur place dans les strophes successives

— intra : 124536
— ongla : 245361
— arma : 361245
— verga : 453612
— oncle : 536124
— cambra : 612453

On voit tout de suite que la suite des places occupées par le premier mot, « intra », peut permettre de placer toutes les autres, par permutation circulaire, ce qui peut suggérer un mode de remplissage de la grille des rimes, pour ceux qui désireraient s'initier à la composition des sextines.

99. Le désordre ordonné

La situation de la sextine entre les cansos unisonans et singulars est très particulière. L'absence totale de réponse rimique à l'intérieur même de la strophe fait reposer la cohésion entière de la canso sur ce mouvement perceptible indirectement sans être aucunement explicite et immédiatement identifiable comme le serait par exemple une de ces permutations circulaires chères à Guiraut Riquier dans ses « cansos redondas ».

Un désordre apparent gouverne la position des mots dans les strophes successives. Mais il s'agit d'un désordre rigoureusement ordonné.

Il importe de remarquer maintenant que le nombre de strophes est 6, comme le nombre des rimes, et cette égalité n'est pas fortuite. Elle est liée au choix de la permutation qui gouverne la canso. Elle met l'accent sur un lien entre les deux niveaux d'organisation de la sextine : la cobla et la canso tout entière. Cette homologie entre le micro et le macro est d'ailleurs un principe général gouvernant une foule de choix esthétiques et éthiques médiévaux (et a de nombreux rapports avec la question de la numérologie).

Pourquoi peut-on dire que le 6 est intimement lié à la permutation, au mouvement des rimes? Tout simplement parce que si on s'avisait de construire une nouvelle cobla selon le même mouvement, on retrouverait exactement l'ordre initial dont on était parti. Le choix de 6 comme nombre de strophes a donc un double but : assurer la cohésion de l'ensemble et en même temps dissimuler que le désordre est un ordre très strict.

Si je reviens maintenant comme Canello nous y invite, au système d'assonances, que devient-il à mesure que la canso se déroule? Je note la formule assonantique comme s'il s'agissait d'une formule de rimes

I : abcabc
II : abccba
III : aabbcc
IV : ababcc
V : abaccb
VI : abcacb

On peut dire que la permutation introduit un désordre qui va croissant de la deuxième à la cinquième strophe et qu'à la sixième on a affaire à une désintrication (culminant à la cobla III) suivie d'une réimbrication progressive. Toutes ces formules seront présentes dans la tradition du sonnet.

Le «désordre» peut se contempler encore d'un autre point de vue, très important dans la poésie rimée, celui de la *distance d'écho*, c'est-à-dire du nombre de vers qui sépare un mot de sa répétition.

Des écarts de 1 à 9 sont représentés

1 : cambra (I, 6-II, 1)
2 : ongla (I, 2-II, 4)
4 : oncle (I, 5-II, 3)
7 : verga (I, 4-II, 5)
9 : arma (I, 3-II, 6)

L'écart maximal, 9, est atteint par tous les mots sauf cambra.

Enfin, la permutation assure la division en strophes puisque les seules répétitions immédiates le sont par-dessus la frontière des coblas.

100. Oda continua

La musique de la sextine, conservée par un seul manuscrit, est très différente de celle de la chanson de l'amour de loin.

Elle ne contient aucune répétition mélodique nette coïncidant avec les divisions du texte, les vers. C'est une *oda continua*.

La formule musicale est ABCDEF, formule aussi « estramp » que celle des rimes. La cobla est donc doublement une *cobla dissoluta*.

Dante a fait l'éloge d'Arnaut sur ce point, lui attribuant la passion de l'oda continua. En ce qui concerne la sextine, le choix est judicieux qui n'introduit aucun obstacle de répétition au mouvement de nébuleuse spirale des timbres.

La lecture musicale rythmique utilise quelques marquages destinés à tenter de faire émerger un ordre latent de cette « dissolution » :

— répétition et changement des rimes mélodiques
— conduite mélodique (convexe ou sinueuse)
— ambitus de chaque vers comparé à l'ambitus moyen
— maxima et minima mélodiques
— ornementation
— aspects des ornements (la mélodie est très peu ornée)
— rupture de la continuité mélodique.

Les résultats pour les marquages musicaux, une fois ramenés à trois poids distinctifs, 0, 1, 2, sont nets. La formule globale est

101002

qui s'analyse comme résultante de deux mètres, avec une diesis en position 3 :

((001)(001))
((100)(001))
le deuxième mètre étant, au niveau le plus profond, un mètre syncopé du premier.

101. Squelette

La suite des poids obtenue à l'aide des six mêmes marquages que ceux utilisés pour l'analyse rythmique de la chanson de l'amour de loin donne une physionomie extrêmement nette à la cobla.

Je la représenterai par la formule parenthèsée
((abc)(abc))
la « diesis » est particulièrement marquée entre le troisième et le quatrième vers.

Cette analyse est en outre confirmée par la courbe des poids de la tornada.

On a, pour la canso tout entière, la suite de poids
11 1/2 16 18 1/2 12 1/2 16 1/2 22 1/2
et pour la tornada
1 3 1/2 5

La tornada a donc la même formule que la seconde partie de la strophe, sa cauda, conformément à ce qu'on pourrait attendre.

La recherche des rapports entre le squelette rythmique du texte et la formule rimique doit être conduite évidemment de manière assez différente de celle adoptée pour la chanson de Jaufre Rudel, pour la simple raison que la formule de rimes
abcdef
est « sans structure », une oda continua de rimes.

Cependant le système d'assonances, reconnu dans la cobla I, est en accord avec la *formule de poids* telle qu'elle vient d'être montrée.

Là encore une confirmation est obtenue par la tornada puisqu'elle reprend les mots-rimes dans l'ordre de la cobla VI en assurant encore les équivalences :

1-4, 2-5, 3-6.

C'est une légère consolation.

On peut en fait établir un lien étroit entre la formule de poids et la disposition des mots si on tient compte du fait que le vers 6 y est particulièrement marqué, ayant un poids plus élevé que le vers 3 alors que les vers 1 et 4, 2 et 5 respectivement ont des poids pratiquement équivalents. J'indiquerai ce fait en disant que la formule de « niveau 2 » des poids, obtenue en considérant chaque groupement avant et après la diesis comme un événement unique est :

0 1

Ceci étant examinons la *permutation de Daniel*, ce mouvement que nous avons reconnu gouverner le changement de rimes de cobla en cobla de la canso ;

— intra, le mot-rime initial, à la place 1, vient à la place 2
— ongla vient à la place 4, partant de la place 2
— arma passe de la place 3 à la place 6
— verga recule de la place 4 à la place 3
— oncle de la place 5 à la place 2
— cambra, enfin, qui était en position 6 vient en 1.

J'examine ce mouvement des rimes d'un point de vue *différent* de celui qui était le mien précédemment. Initialement, j'ai regardé la distance de deux vers de même fin dans deux strophes consécutives, c'est-à-dire la canso, en somme, comme une cobla unique. La figure d'imbrication réalisée par la permutation en résultait.

Mais l'effet architectural de la permutation doit être aussi vu comme si toutes les coblas étaient les mêmes, selon le principe d'invariance des formules qui fait partie de la définition même de la *forme canso*. La formule est abcdef et la permutation maintient cette formule en changeant les timbres de place.

Je note alors de *combien de rangs* chaque rime a été déplacée et c'est un *invariant* de la canso, puisque le même mouvement opère pour le passage de chaque cobla à la suivante.

On trouve, pour ce marquage fort particulier, mais point mystérieux, si on veut bien y réfléchir (il s'agit de rimes), la courbe de poids (réduite proportionnellement) :

1 2 3 1 2 5

Ce résultat est très fortement compatible avec la formule de poids que donne le squelette rythmique du texte.

En outre un raisonnement assez simple, que je vous épargnerai, montre que la permutation de Daniel est *la seule permutation* qui donne naissance à une hiérarchie de déplacements compatible avec la hiérarchie des poids (du moins parmi celles qui déplacent effectivement toutes les rimes, condition qui correspond bien à la nature de cette canso).

On en conclura ceci, assez important il me semble : tout se passe comme si, dans la sextine, c'était le *mouvement des rimes* et non leur disposition fixe (ici vide de toute structure) qui tenait lieu de formule de rime, puisque celle-ci est absente en fait.

102. La convenance dans la sextine

La « convenance » c'est-à-dire l'étude des rapports qui lient entre eux les trois structures constitutives de la canso :

— formule des poids (le texte)
— formule mélodique (la musique)
— formule de rimes

s'examine, dans la méthode lussonienne, en regardant et en classant par « familles » les marquages et les parenthésages déduits qui « vont ensemble ».

On trouve deux telles familles, conformément à la structure musicale qui commande, étant donné le rôle de mètre de la musique, invariant strict de toutes les coblas

— première famille : les marquages compatibles avec le mètre anapestique

((001)(001))

— deuxième famille : les marquages compatibles avec le mètre plus complexe

((100)(001))

qui est un transformé rythmique du précédent.

Il réalise une structure trochaïque des « pedes » par renversement du premier groupement, ce qui est une manière très répandue d'organisation d'un niveau par transformation des niveaux inférieurs.

(La théorie du rythme de Lusson désigne un tel mètre, de complexité supérieure à celle du bon mètre anapestique, un *shadow-mètre* du mètre premier, qui est le mètre fondamental.)

Si on effectue alors la somme de tous les poids des marquages musicaux et poétiques pour les 6 coblas (et la tornada considérée comme deuxième moitié de cobla finale), en ajustant les données de manière à fournir à la musique un poids total équivalent à celui du texte (on se soumet à une thèse sur la nature de la forme canso), on obtient la *formule métrique globale*

((101)(002))

qui est l'exacte superposition du mètre fondamental (anapestique) et de son shadow-mètre, syncopé en début. Ici encore la musique fournit bien le socle sur lequel rythmiquement varie le texte, sans le contredire.

La formule du texte, quand on la réduit à trois poids distinctifs, est

((012)(012))

C'est ce qu'on appelle un *raffinement*, par extension du nombre des événements élémentaires de 2 à 3, du mètre anapestique. Le mètre anapestique peut être considéré comme le mètre de base de la sextine.

Si je reviens alors à la formule des *poids de déplacement de rimes* dues à la permutation de Daniel, je vois qu'elle est aussi compatible avec le mètre anapestique, et que la séparation des groupements, la diesis, est marquée en outre par le fait que les rimes antérieures à la diesis *avancent* dans le déplacement, alors que les autres reculent. C'est-à-dire que la suite des poids de ce marquage peut aussi s'écrire :

$$+1 \quad +2 \quad +3 \qquad -1 \quad -2 \quad -5$$

le niveau des « pedes » se signalant par l'alternance ± c'est-à-dire l'opposition des signes.

Enfin si je retiens la shadow-formule de rime des assonances, elle est aussi compatible avec le mètre fondamental.

La musique encore (ou plutôt d'ailleurs certains aspects de la musique ; il faudrait voir de plus près lesquels) agit comme fond de régularité sur lequel se détachent des variations rythmiques qui ne sont jamais telles qu'elles nient totalement le mètre musical.

Telle la « convenance », très subtile, de la canso d'Arnaut Daniel.

103. Enchaînement

(i) La place de la sextine est singulière : isolée par Dante et Pétrarque, elle deviendra *forme* et, comme telle, elle a survécu à la canso jusque dans le XXe siècle. Je voudrais ici atténuer cette singularité, situer la *sextine* dans un mouvement propre du trobar explorant son *champ de rimes*.

Trois caractéristiques essentielles de la rime, frontière de vers, interviennent : la rime est un segment sonore *répété* et *non signifiant*. Ce n'est pas une *assonance*.

(ii) Eprouver la rime, explorer son caractère d'élément répété d'écho, est pour les troubadours s'éloigner le plus possible de l'insistance monorime des origines. A la différence des trouvères, tentés de jouer avec un nombre minimal de rimes et un nombre minimal d'écarts, les troubadours en viennent très vite à retarder l'écho, la résolution de l'accord sonore, à étendre beaucoup l'intervalle qui sépare deux vers rimant ensemble. Dans la chanson *no m'alegra chans ni critz* de Gaucelm Faidit, bâtie sur la formule de rimes abbbccddaa, huit vers séparent la première rime *a* de la deuxième.

Mais la distance de rimes apparaîtra plus grande encore, même si elle ne l'est pas absolument si l'écart se produit par franchissement de la frontière de strophe. Laisser dans la cobla une rime en suspens, un vers sans rime à l'intérieur de ce champ clos qu'est la *stantia* ; introduisant entre les deux éléments sonores correspondants la distance, d'un tout autre « poids » (on peut quantifier cela par un *marquage*), qu'est l'intervalle fictif entre deux strophes.

Ainsi la rime *estramp*, dans son isolement, qui rompt l'autonomie, l'unité de la cobla, assure du même coup (car l'écho est, toujours, présent plus loin, les troubadours n'ayant pas de « vers sans rime ») son appartenance à l'unité d'ordre supérieur qu'est la canso. Le recours à la rime estramp est un trait différentiel majeur du champ des rimes des troubadours. Près de six cents textes (presque le quart du total) ont une formule qui comporte des estramps.

Le mouvement de *singularité*, l'un des axiomes de constitution du champ de rimes tel que je l'ai décrit, va tendre à accentuer ce trait. Autrement dit, la multiplication des estramps, l'envahissement de la formule par des timbres sans résolution interne est une voie dans le renouvellement des formules. Peut-être aussi ancienne que la canso elle-même, la rime estramp atteint, déjà chez Marcabru (c'est-à-dire au cours de la deuxième génération fictive du trobar), toute la cobla : c'est la *cobla dissoluta*, forme limite où la strophe, seule, ne rime plus, est non rimée : c'est la canso qui rime.

(iii) Le support de la rime est, dans son fonctionnement normal, non signifiant. Si le son qui est rime atteint un mot (si ce mot est court, si la rime est riche), répondre par un autre mot, ou groupe signifiant de syllabes, est donc un jeu (rimes équivoques...) que les troubadours ont peu pratiqué (et surtout tardivement). Mais ils proscrivent la *rime identique*, c'est-à-dire la reprise du même mot comme support de deux occurrences distinctes d'une même rime, parce que c'est une négation de ce trait constitutif de la rime, de n'être pas, en elle-même, signifiante. C'est la négation de cette négation qu'est le *mot-refrain* qui, répété dans toutes les strophes, crée une liaison de sens dans la canso, en violation de l'exigence de l'abstraction de la rime, mais en satisfaisant, à la lettre, à l'homophonie. Cette non-rime qu'est le mot-refrain est prise pour non-non-rime, donc comme assimilable de nouveau à une rime pourvu qu'elle soit cela : répétée dans *toutes les strophes*. Multiplier les mots-refrains dans la strophe, c'est troubler le fonctionnement naturel de la rime, pour lui substituer un autre jeu où se répondent à distance des mots porteurs de sens, et choisis le plus souvent dans le vocabulaire marqué du « grand chant ». Particulièrement si, comme la rime estramp, ils se répondent par-dessus la frontière de strophe.

(iv) Historiquement, enfin, la rime supplante l'assonance, sa rivale dans les mêmes fonctions, lui laissant (dans la lyrique d'oïl surtout) le rôle inférieur et séparant de caractéristique du *registre popularisant*. Elle est pratiquement absente de la canso. C'est donc encore une négation de la rime d'introduire, comme Raimon Jordan, des rapports d'assonance entre les mots-rimes estramps de la strophe d'une de ses cansos, donnant un moment à l'oreille l'illusion de la négligence.

(v) La sextine, dans ce contexte, apparaît comme triplement *maximale*, puisqu'elle offre, seule, les trois caractères décrits : six vers dans la cobla, six rimes estramps, six mots-refrains, qui assonancent.

104. L'enchaînement (suite)

(i) Les rimes estramps, si elles envahissent toute la strophe déplacent entièrement l'équilibre de la canso : le lien entre coblas apparaît comme le lien unique. C'est l'*enchaînement* qui domine. La rime estramp est un moyen d'enchaînement, l'attente de la résolution de l'écho ; le mot-refrain aussi, de manière différente car il n'apparaît comme mot-refrain, donc comme lien, qu'une fois quitté le champ de la strophe. C'est un écho révélé après coup comme écho attendu. Les troubadours, qui font reposer l'essentiel de leur effort sur le jeu combinatoire des rimes, ont préféré, à la différence des trouvères, le mot-refrain au refrain lui-même ; le jeu des mots-refrains entre en résonance en effet de manière directe et antinomique avec celui de la rime estramp, et tout, encore, repose sur la rime. La sextine porte ce jeu à l'extrême puisque les rimes estramps et les mots-refrains sont portés par les mêmes vers. Le jeu d'assonance, lui, tend au même but, car le mouvement des mots-rimes dans les strophes suivantes détruit la formule d'assonance, ombre d'une formule de rimes que présentait la première strophe, la laissant, encore, suspendue.

(ii) Ceci amène au point essentiel, celui par lequel la sextine s'inscrit naturellement dans le champ de la recherche formelle des troubadours : le jeu combinatoire de l'enchaînement des strophes.

Au lieu de porter sur la disposition des rimes elle-même, la formule, comme dans la cobla, le jeu de l'enchaînement se manifeste par des transformations de la mélodie de rimes, non la formule mais ses timbres. Le but étant d'insérer la cobla dans l'unité supérieure qu'est la canso. Dans la grande majorité des cansos, cette recherche particulière n'intervient pas (elle n'appartient pas comme axiome obligatoire dans la définition de la forme) mais le champ des rimes tout entier est organisé de façon à la rendre possible, c'est-à-dire discernable quand elle se produit.

(iii) De manière précise on distingue, on le sait, trois grands types usuels de cansos, entre lesquels se répartissent les poèmes.

Dans le premier type, dit *unissonans*, toutes les strophes de la canso sont bâties sur les mêmes rimes, c'est-à-dire qu'il n'y a pas seulement invariance de la formule mais aussi de la mélodie de rimes (les mêmes timbres).

Dans le deuxième, le type *singulars*, les rimes, au contraire, sont renouvelées strictement de strophe en strophe.

Le troisième type, mixte, présente diverses combinaisons des deux systèmes précédents : les rimes des strophes peuvent être *unissonantes* par groupes de deux ou de trois, ou encore, dans les cansos *alternées* les strophes impaires sont unisonantes de même que les strophes paires, mais celles-ci sur d'autres rimes.

On voit que le jeu combinatoire porte ici sur la distinction entre formule et mélodie : la formule de rimes restant fixe, la mélodie varie et il apparaît une *macroformule*, les cansos unisonantes ayant une macroformule « monorime » AAAAA... les cansos singulars une macroformule estramp, les *coblas doblas* une macroformule plate AABBCC... et les cansos alternées faisant apparaître la macroformule ABAB...

Le champ est ainsi organisé pour l'apparition de la combinatoire des formules à un niveau supérieur d'organisation.

Dans les chansons unissonantes il n'y a, bien entendu, aucune variation possible entre les strophes. C'est donc dans les autres types et surtout dans les cansos singulars qu'il faut chercher les témoignages du travail combinatoire sur les timbres.

Or c'est par un *jeu de constantes et de variables* (selon l'expression de Dragonetti) que cet effort se manifeste : certaines des rimes d'une strophe sont reprises dans d'autres strophes à la même place, ou déplacées, d'autres rimes étant renouvelées. Il est clair que si ce jeu doit être poétiquement significatif, si le mouvement des sons doit atteindre les oreilles de l'auditoire, les intentions du créateur apparaître ou être efficaces, il ne faut pas que, dans une chanson non unissonante, les rimes d'une strophe réapparaissent de manière aléatoire, sous peine de voir se confondre, ailleurs, dans d'autres cansos, ce qui est voulu et ce qui est dû au hasard. Pour être effectif le jeu des constantes et variables doit s'appuyer sur l'absence de répétition intentionnelle là où il ne se produit pas.

Je dirai qu'une canso singulars est pure si elle satisfait à la règle suivante, *règle de pureté singulars* : toute rime d'une strophe n'apparaît que dans cette strophe. Les cansos singulars devraient être, dans leur grande majorité, « pures ». Et en fait on constate, qu'à l'exception de quelques rares textes longs, négligés, ou corrompus dans leur tradition manuscrite (et ce sont surtout des sirventes) toute réapparition d'une rime employée au cours d'une strophe précédente doit être considérée comme intentionnelle, et interprétée comme une occurrence du jeu combinatoire des rimes. Le respect, presque parfait, de cette règle implicite nous rend perceptible le jeu, non brouillé par la confusion qu'introduirait une répétition non réfléchie de timbres.

105. La permutation

(i) La règle de pureté étant supposée vérifiée, comment enchaîner les strophes par des récurrences de timbres ?

(ii) On peut, c'est le plus simple, fixer pour toute la canso une rime autour de laquelle pivotent les autres rimes, qui sont changeantes. On peut en fixer deux, ou même trois.

(iii) Mais le jeu le plus significatif, qui est une originalité je crois absolue des troubadours, est celui où la succession des strophes est liée à des *déplacements de rimes* : une rime de la strophe initiale est reprise dans une ou plusieurs autres, mais à une autre place dans la formule. L'ensemble des cansos où apparaît ce jeu constitue le début d'une exploration, jamais poursuivie depuis, à ma connaissance, du moins dans les jeux de langage, et à vrai dire surprenante en l'absence apparente de tout appareil conceptuel capable de les manipuler, des propriétés combinatoires de la notion mathématique de *permutation d'un ensemble fini*.

(iv) Le mouvement de rimes le plus élémentaire place la dernière rime d'une strophe à la fin du premier vers de la suivante. Ce sont les *coblas capcaudadas*. Ainsi, une chanson de Guilhem de Cabestanh, de formule aababbc, présente dans ses strophes successives, le tableau de rimes suivant :

a : oncs, or, ust, onh, ops, or, ès
b : ims itz ist, ins, ils, ics, ius
c : or, ust, onh, ops, or, ès, ais.

On y reconnaît, entre les rimes a et c, la liaison « capcaudée ».

Une chanson de Raimbaut d'Orange, de formule aaaaab, a les rimes suivantes :

a : *ei*, ems, etz, ilh, ès, ors, itz, olh
b : ems, etz, ilh, ès, ors, itz, olh, *ei*

C'est aussi une chanson capcaudée mais, à la différence de la première, la fin de l'enchaînement est marquée par la reprise, à la dernière strophe, comme rime b de la première rime de la première, *ei*. La canso, ainsi, se *referme*.

(v) Le mouvement « capcaudé » peut porter sur d'autres rimes, ou encore, selon un schéma encore utilisé par le Catalan Jordi de Sant Jordi au XVe siècle, faire intervenir les deux dernières rimes de la formule, reprises dans l'ordre inverse au début de la strophe suivante.

(vi) Ainsi, combinant la mobilité et le retour de certaines rimes, la fixité d'une ou de plusieurs autres, pendant que les dernières rimes sont renouvelées de strophe en strophe, on tend à un état où les rimes bougent dans toute la canso, échangeant leurs places et leurs rencontres de timbres. Mais le mouvement que subissent celles qui sont déplacées, qui modifie la mélodie sans en changer les sons, n'est pas arbitraire : il obéit à des règles complexes qu'on peut cependant découvrir à l'examen. On peut donner aux cansos où ce jeu se produit le nom, emprunté à Guiraut Riquier qui en a beaucoup composé, de *canso redonda*.

(vii) Le mécanisme de la canso redonda, que permet de décrire rigoureusement le vocabulaire et la terminologie de la théorie des groupes de permutations, repose sur le principe suivant, pratiquement respecté dans tous les exemples : les rimes qui bougent (et j'inclus dans cette notion de mouvement l'immobilité, c'est-à-dire la reprise d'une même rime à la même place dans la cobla) subissent une *permutation*, et cette permutation caractérise la canso : c'est le même mouvement qui fait passer de la strophe 1 à la strophe 2 puis de la strophe 2 à la strophe 3, et ainsi de suite.

La permutation est un invariant de la canso.

(viii) En dehors des coblas capcaudadas et de leurs variantes, les exemples les plus fréquents sont ceux où la permutation opère sur *toutes les rimes de la formule* (et par conséquent sur elles seulement, puisque la formule est invariante). Le poème est alors construit uniquement sur les rimes de la strophe 1, il est donc unissonans en ce sens, et c'est le cas de la sextine.

106. La sextine, cristal du trobar

(i) Les troubadours ont utilisé un peu plus de trente permutations (en une centaine de cansos) où interviennent de deux à dix rimes.

La permutation la plus simple est celle d'une canso construite sur deux rimes seulement, et qui les échange.

(ii) En recensant et examinant toutes les permutations utilisées, on peut ordonner le *champ de la permutation des rimes*, comme je l'ai fait plus haut pour le champ des formules, en établissant une hiérarchie de la complexité des mouvements que les permutations représentent. Une telle hiérarchie de la « subtilité combinatoire » a certainement existé, au moins inconsciemment, dans l'esprit des troubadours et de leurs disciples et successeurs et joue certainement un rôle dans le « succès » exceptionnel rencontré par la sextine dans la poésie italienne.

(iii) Le problème d'une hiérarchisation de la complexité combinatoire d'une permutation n'est pas simple. Il se pose pour les troubadours et il se pose aussi, quoique d'une manière plus limitée, pour le sonnet (il porte alors sur la question du passage d'une formule de rimes de tercets à une autre). Pour tenter un tel classement il ne faut pas oublier que le mouvement des rimes est maîtrisé de manière tout empirique dans le trobar : la mélodie de rimes est conservée en mémoire et soumise à des variations. La difficulté de ces variations, donc finalement de la canso elle-même, dépendra de plusieurs facteurs, le *nombre* des rimes mises en jeu n'étant pas nécessairement le plus important. La discussion de cette organisation des permutations par complexité excède le cadre de cet essai. J'introduirai seulement la notion, nécessaire pour l'examen de la sextine (cf. les paragraphes précédents), d'*ordre* d'une permutation.

(iv) Supposons une canso sur quatre rimes 1 2 3 4, soumises à la permutation p suivante, notée :

1 2 3 4
3 4 2 1

c'est la permutation qui amène la troisième rime à la première place, la quatrième à la seconde place... L'ordre des rimes de la seconde strophe sera donc 3 4 2 1. Si on respecte le principe d'invariance de la permutation (principe respecté par la sextine) l'ordre des rimes dans la troisième strophe sera 2 1 4 3, celui de la quatrième, 4 3 1 2. Si on construit une cinquième strophe on retrouve l'ordre initial. 4 est l'*ordre de la permutation*. Une classe fort intéressante de permutations, à laquelle appartient la sextine est celle des permutations dont l'*ordre coïncide avec le nombre de rimes*. La permutation d'échange de deux rimes, la permutation « circulaire » sur trois rimes, en sont des exemples.

(v) Si on examine alors la sextine dans tous les aspects qui viennent d'être évoqués : estramps, mot-refrain, formule d'assonances, permutation examinée du point de vue du nombre de rimes, de l'ordre et de la complexité, on voit que selon tous ces critères la sextine représente un exemple de *subtilité combinatoire maximale*, qu'elle se situe très évidemment sinon *au* sommet, du moins à l'un des sommets d'un graphe des poids de complexité combinatoire des cansos dans le champ des rimes.

(vi) La sextine peut être considérée comme un *point d'aboutissement* de la recherche, immense, des troubadours. C'est un chef-d'œuvre du trobar, un *cristal du trobar*.

(vii) Je choisis, selon la suggestion de Pierre Lusson, cette image du *cristal*, car elle implique que dans la transmission ultérieure de la sextine, *forme mémoire* du trobar, la forme sera figée. Détachée du milieu en évolution qui l'a vue apparaître, elle sera prise par les successeurs *telle quelle* sans possibilité réelle de variation créatrice, les seules modifications, du moins tant que d'autres considérations, de nature purement combinatoire, n'interviendront — et cela ne se produira que très récemment, avec la généralisation de Queneau-Tavera —, étant des moments dans un processus d'incompréhension, donc de destruction.

(viii) De la description rythmique de la sextine et du processus de son engendrement dans le trobar, je vais passer maintenant, dans le reste de ce chapitre, à la tentative de situer la sextine, aussi, par rapport au *sens* du trobar. La sextine n'est pas seulement l'aboutissement d'une recherche combinatoire, elle est aussi un exemple, privilégié, d'une conception du trobar, l'une des deux principales possibles, en lutte, mais inséparables pendant toute l'histoire des troubadours.

107. Les deux voies

Raimbaut d'Orange reçoit Giraut de Bornelh :

Era-m platz Giraut de Bornelh . que sapcha per c'anatz blasman . trobar clus ni per cal semblan . aisso-m diatz . si tan prezatz . so que vas totz es comunal . car a donc tuch seran egal .
Il me plairait maintenant Giraut de Bornelh savoir pourquoi vous allez blâmant le *trobar clus* et pour quelle raison dites-moi si vous appréciez tant ce qui est à tous commun qu'ainsi nous serons tous égaux

Senher Linhaure no-m corelh . si quecs se trob'a so talan . mas me eis volh jutjar d'aitan . qu'es mais amatz . chans e prezatz . qui-l fai levet e venansal . e vos no m'o tornetz a mal .
Seigneur Linhaure je ne me plains pas si chacun compose selon son désir mais je juge en ce qui me concerne qu'est mieux aimé chant et estimé si on le fait compréhensible et humble et ne le prenez pas en mauvaise part

Giraut no volh qu'en tal trepelh . torn mos trobars quez om am tan . l'avol co-l bon e-l pauc co-l gran . ja per los fatz . non er lauzatz . car no conoisson ni lor chal . so que plus char es ni mais val .
Giraut je ne veux pas qu'en confusion se change mon *trobar* que l'aiment autant le mauvais le bon le petit et le grand par les sots il ne sera loué ils ne distinguent et ils s'en moquent ce qui est précieux et vaut plus

Linhaure si per aisso velh . ni mo sojorn torn en afan . sembla que-m dopte de mazan . a que trobatz . si no vos platz . c'ades o sapchon tal e cal . que chans no port' altre chaptal .
Linhaure si pour cela je veille mon divertissement change en angoisse cela montre que j'ai peur de la renommée pourquoi «trouvez-vous» si ne vous plaît qu'aussitôt le sachent tel et quel le chant n'a pas d'autre récompense

Giraut sol que-l melhs aparelh . e di' ades e trai' enan . me no chal si tan no s'espan . c'anc grans viltatz . no fo denhtatz . per so prez' om mais aur que sal . e de chan es tot atretal .
Giraut si le mieux je prépare aussitôt je le dis je le mets en

avant   que me fait qu'il ne se répande   jamais grande vulgarité   ne fut chose digne   on apprécie plus l'or que le sel   et pour le chant c'est pareil [...]

108. Trobar clus, trobar leu

Il y a deux lignes du trobar. Cela ressort avec évidence de nombreux textes, dont la tenson que vous venez d'entendre (en partie). Le style difficile est appelé le plus souvent *clus* ; son opposé, généralement, *leu*. Clus signifie clos, fermé. Leu, léger, aisé.

S'il ne s'agissait que d'une opposition, banale, résurgente dans la pensée de médias de toutes les époques, entre poésie difficile et poésie compréhensible, entre poésie pour tous et poésie pour quelques-uns, on pourrait se contenter de recopier quelques arguments polémiques employés par les troubadours ; on n'en a guère inventé de nouveaux. Ainsi ce bel éloge de la poésie « claire » par Giraut de Bornelh :

> j'aime entendre chanter mes mélodies   à voix rauque et claire   les entendre porter à la fontaine   *a la fons portar*

c'est-à-dire dans la bouche des porteuses d'eau, jouant le rôle occupé génériquement dans un autre contexte par « Billancourt ». C'est un beau programme et un bel espoir.

On n'a pas manqué, par mauvais esprit sans doute, de remarquer que le trobar de Giraut de Bornelh ne se signale pas par une transparence absolue à tous moments ; et aussi que Raimbaut d'Orange, son adversaire dans la tenson du paragraphe précédent, a composé quelques cansos qui nous semblent d'un « leu » très apparent. Si une ligne de partage de ce type existe, elle passe apparemment à l'intérieur de chaque troubadour. Elle signalerait plutôt une différence de registre, chaque registre ayant sa propre lisibilité relative : pour beaucoup ; pour moins.

D'autre part les implications sociales, pour ne pas employer de plus gros mots, de certains des échanges de Raimbaut et Giraut qui par ailleurs rabroue vertement le roi d'Aragon dans une autre tenson non moins célèbre, où il lui demande de faire la preuve que les grands de ce monde sont capables d'aimer, c'est-à-dire d'être grands en trobar, ont conduit à tenter de déchiffrer des luttes dont l'idée nous est également familière depuis notre jeunesse, du moins en ce qui concerne ma propre génération.

Or, Marcabru, le premier défenseur du trobar clus, dont les textes sont d'une telle complexité allusive (contextuelle), lexicale, grammaticale (plus que rythmique ou rimique), d'un tel hermétisme recherché qu'on attend toujours la grande édition critique entreprise par Aurelio Roncaglia et promise depuis si longtemps par les « Classiques d'Oc » aux éditions Nizet (auxquelles je rends hommage), Marcabru donc, un « soudadier », attaque violemment l'aristocratie, et il ne faut pas nous pousser beaucoup pour voir, dans les paroles qu'il met dans la bouche de sa « pastourelle » la « toza allegreta e sana », qu'il met en scène, la voix du peuple. Et la voix du peuple, on le sait, parle volontiers par proverbes, par dictons, par jeux de paroles qui se comprennent entre gens de même village, de même quartier, de même métier, mais devient très vite incompréhensible si on s'éloigne un tant soit peu dans l'espace (de Carcassonne à Narbonne, par exemple, ou de Digne à Draguignan) ou dans le temps (de 1950 à 1980 par exemple). Ce qui a inspiré à Robert Lafont, filmé dans une émission de télévision de Jean-Pierre Prévost et moi-même il y a quelques années devant le château de Beaucaire, un des hauts lieux de la résistance occitane à l'invasion des croisés français, cette belle formule qui vient quelque peu troubler la présentation reçue, au sni principalement et dans les journaux, des rapports entre poésie difficile et non :

« La parole claire a toujours été aristocratique. »

Je ne prendrai pas parti dans cette discussion. La position de Lafont me paraît évidemment beaucoup plus juste que l'autre ; on pourrait l'assaisonner d'un peu de Gramsci, si on voulait.

Il reste qu'en ce qui concerne le trobar, et examiné du point de vue qui est ici le mien, celui de la forme-canso et de son devenir, il faut, il me semble, adopter la position, devenue celle de beaucoup de spécialistes depuis la grande discussion des années quarante et cinquante, notamment dans les pages de la revue *Cultura néolatina* et exprimée de la manière la plus lucide par Roncaglia soi-même dans un fameux article : le « trobar clus » de Marcabru est un hermétisme polémique d'inspiration principalement religieuse, catholique, contre les conceptions de l'amors telles que le trobar est en train (on est à la seconde ou troisième génération des troubadours) de les fixer. L'emploi du parler « populaire » est une arme de clerc (Marcabru est pétri de Bible) qui tourne le langage cuit de manière tordue, imprécatoire, dissimulée et féroce, pour faire apparaître ce que l'amors a d'amoral et de décadent ; cela aussi, ma foi, on l'a vu souvent. Le fond de la conclusion de la « petite », la « toza », refusant de céder au chevalier, de « prendre le nom de pute », est : la courtoise avec le courtois, le vilain avec la vilaine, « comme disent les vieilles gens ». Les vaches seront certes mieux gardées mais il ne s'agit pas là nécessairement d'une position révolutionnaire.

Le trobar clus de Marcabru est un trobar anti-amors. Le vieux biographe ne s'y est pas trompé.

> Marcabru fut de Gascogne fils d'une pauvre femme qui avait nom Marcabruna comme il le dit en son chanter [...] il fut un des premiers troubadours dont on se souvient. Misérables « vers » il fit et misérables « sirventes » il fit et il dit du mal des femmes et de l'amour.

Mais la ligne de Marcabru a échoué. Elle aurait d'ailleurs vraisemblablement mis fin au trobar. S'il en est resté quelque chose dans les chansonniers c'est que l'ambiguïté même du discours obscur fait qu'il peut être interprété selon la direction irrésistible du trobar tout au long de son histoire « dans le sens de l'amour ». Ainsi Marcabru, qui voulait vraisemblablement parler de l'amour divin, a pu contribuer par quelques axiomes essentiels à la théorie de l'amour. J'en ai cité quelques-uns.

Donc si le trobar clus ne disparaît pas c'est qu'il se transforme en la deuxième ligne du trobar, qui utilise les découvertes marcabruniennes pour la création du trobar antagoniste du trobar leu. On l'a parfois appelé *ric* pour le distinguer de *clus* mais je pense qu'il ne le faut pas : à la fois pour préserver ce beau mot mais aussi parce que ce qui compte pour l'interprétation d'ensemble du trobar n'est pas la polémique idéologique des débuts mais l'appropriation par le trobar de l'essence formelle du clus pour la création d'une « voie de poésie » qui peut être retrouvée ailleurs, de manière assez universelle.

109. Entrebescar

Ne cherchons pas une définition ou une description stylistique du *trobar clus* en ce deuxième sens. Le « trobar clus » après Marcabru et ses disciples immédiats ne dit pas autre chose que le « trobar leu », que ce que dit tout le trobar : il dit l'amour. Les moyens du trobar sont ceux de tous. Bien sûr, il a recours plus volontiers aux mots, aux sons et aux rimes hirsutes, aux estramps, aux formules métriques complexes et autres cuisines savantes, « confitures exquises aux bons poètes ». Mais cela, qu'une chromatographie analogue à celle que j'ai tentée pour les mots clefs du « grand chant » permettrait de mettre à plat, ne suffit pas. Je reconnaîtrai, pour m'en tenir à ce qui me semble être l'essentiel du style « clus » (et en cela il sera généralisable à d'autres moments de la poésie), un concept esthétique central, et une stratégie qui le met en œuvre. Je les examinerai tour à tour.

Le concept clef de la manière « clus » est l'*entrebescar* :

cars bruns e tenhz . *motz entrebesc* . *pensiuz pensanz* .
précieux sombres et teints mots j'entrelace pensif pensant

dit Raimbaut d'Orange, l'inventeur de la variété de trobar clus que je décris et donc pour moi, avec son disciple direct Arnaut Daniel, le plus grand des troubadours, un modèle.

Comment comprendre « entrebescar » ? La meilleure approximation est « entrelacer ».

On désignera ainsi à la fois le mouvement qui mélange en apparence les fils de différentes couleurs, « précieux » « sombres et colorés », et le résultat, le dessin qui surgit de la masse des fils ; masse ordonnée séquentiellement mais également plongée dans des dimensions supplémentaires par la voix ou, plus tard, la page. On peut envisager l'image d'une forme dans un espace à plusieurs dimensions, disposée en lignes privilégiées, une sorte d'hyper-étoffe. Le mot, l'image proposée par le mot, font s'approcher en effet l'étoffe, la tapisserie et aussi l'enluminure celte, les enchevêtrements peints du *Livre de Kells*, de l'art médiéval irlandais.

L'*entrebescar*, alors, apparaît comme la réalisation poétique, par le vers, la rime, la mélodie, d'un principe esthétique qui est à l'œuvre ailleurs, dans l'art et l'écriture médiévaux, comme l'a bien montré Eugène Vinaver.

La manifestation romanesque de l'entrebescar, l'entrelacement qui est moteur du *Lancelot en prose*, par exemple, éclaire la source de leur esthétique commune : une esthétique de la *mémoire*.

Les embranchements forestiers de la Matière de Bretagne supposent, pour être perçus, la capacité de suivre, sur des milliers de grandes pages de prose, des fils narratifs nombreux, entrelacés, dont les couleurs sont celles de noms, ceux des chevaliers et des dames. Et il arrive souvent que le croisement de ces fils s'effectue, au sens strict de la narration, dans quelque clairière du pays de Logres. La séquentialité brouillée qui en résulte, encore à l'œuvre dans le *Roland Furieux* de l'Arioste ou le *Roland Amoureux* de Boiardo (« il faut, dit l'Arioste, beaucoup de fils pour tisser la grande toile à laquelle je travaille»), le désordre illusoire dont un ordre émerge enfin, comme une totalité, tel est le but de l'entrebescar, et il s'agit enfin de mémoire en un sens plus étendu, comme méthode formelle duale de celle de la disposition rythmique, et comme moteur de la mélancolie que tente de saisir la méditation.

La sextine est essentielle à la compréhension de l'entrebescar. Donnons en effet à chaque mot-rime une couleur, plaçons chaque mot-rime sur un fil de cette couleur et la canso se trouvera entrelacée en lignes qui ne seront ni horizontales ni verticales, mais créerons le dessin abstrait des sons que seule la totalité de la canso déroulée à l'exécution permet de saisir, par la résolution cyclique, le retour à l'ordre initial étant laissé, et telle est l'essence de l'art clus, implicite, dans le prolongement virtuel de la voix, continuant à chanter intérieurement dans le silence qui suit la fin de la tornada.

La méthode de l'entrebescar a ainsi deux conséquences, qu'on peut interpréter à partir de la notion de *jeu de langage* dans sa généralisation esthétique, le *jeu de la mémoire*, mais que je ne prends ici qu'en son acception courante :

— la première est l'*inachèvement*

— la seconde, qui en un sens est la même, est la *non-répétition immédiate*.

Pour m'en tenir à la situation du trobar, donc à la rime, l'événement de la formule que représente une rime ne doit pas être envisagé comme un événement ponctuel, mais comme un mouvement, un vecteur si on veut, *a* «flèche». Un autre *a*, venant après, est mémoire de *a*, c'est-à-dire aussi «*a* flèche», mais flèche orientée dans l'autre sens. Or une répétition immédiate annule l'effet de deux mouvements contradictoires dans leur direction et de même valeur (poids). Une répétition immédiate n'est rien, est une immobilité.

La théorie du rythme connaît ce fait sous la forme suivante : le mètre qui est répétition du «même» à un certain niveau est négation du rythme, mort du rythme, arrêt rythmique. Si je regarde l'intrication, qui est mémoire, je dirai qu'il ne peut y avoir mémoire de *a* que si entre deux occurrences de *a* il y a quelque chose d'autre. Si on pense à l'acception courante du mot mémoire, cette interprétation n'est pas invraisemblable : c'est une maladie bien connue de la mémoire de saisir toute répétition immédiate comme une mémoire, c'est-à-dire venant de plus loin. Dans sa logique spatiale bizarre, G. Spencer-Brown exprime une idée voisine, sa loi du franchissement : pour toute frontière, traverser est un changement, mais retraverser c'est ne pas avoir traversé, même si on n'est pas au même point.

Dans la sextine, l'unique répétition immédiate de rime est là précisément pour marquer une frontière non franchissable (en un sens), celle de la strophe. L'entrebescar, et son effet de mémoire, joue fondamentalement dans la sextine. Ce fait était encore très clair pour le cardinal Bembo au début du XVIe siècle : revenant à plusieurs reprises sur l'éloge d'Arnaut Daniel (qu'il connaissait peut-être directement, collectionneur de « chansonniers » de troubadours ; il le connaissait au moins par Dante et Pétrarque, surtout Pétrarque), il écrit dans les *Prose della volgar lingue* :

> *Ritorno a dirvi che più grave suono rendon le rime più lontane. Perché gravissimo suono da questa parte è quello delle sestine, in quanto maravigliosa gravità porge il dimorare a sentirsi che alle rime si risponda primieramente per li sei versi primieri, poi quando per alcun meno e per alcun più, ordinatissimamente la legge e la natura de la canzone variandonegli. Senza che il fornire le rime sempre con quelle medesime voci genera dignità e grandezza ; quasi pensiamo, sdegnando la mendicazione delle rime in altre voci, con quelle voci, che una volta prese si sono per noi, alteremente perseverando lo incominciato lavoro menare a fine. Le quali parti de gravità, perché fossero con alcuna piacevolezza mescolate, ordino colui che primieramente a questa maniera di versi diede forma, che dove le stanze si toccano nelle fine dell'una e incominciamento dell'altra, la rima fosse vicina in due versi. Ma questa medesima piacevolezza tutavia è grave ; in quanto il riposo cha alla fine di ciascuna stanza è richiesto, prima che all'altra si passi, framette tra la continuata rima alquanto spazio, en men vicina ne la fa essere, che se ella in una stanza medesima si continuasse.*

Je reviens à ce que je vous disais que plus grave [plus solennel] son rendent les rimes qui sont les plus éloignées. Et c'est pourquoi gravissime son de ce point de vue est celui de la sextine, en ce que merveilleuse « gravità » y présente le devoir attendre à sentir [à percevoir] tout d'abord qu'il y a réponse aux rimes pendant les six premiers vers, et puis soit par quelque peu de moins, soit par quelque peu de plus [c'est-à-dire différentiellement ; J.R.] [ce n'est pas seulement la distance qui est soulignée mais la distance, différente selon les rimes de la réponse, de l'écho], de la manière la plus absolument ordonnée, « ordinatissimamente », la loi et la nature de la canzone les variant, cependant que le fournir les rimes toujours avec ces mêmes mots [vocables : « voix » pour « mots »] engendre dignité et grandeur ; presque comme si nous pensions la réparation [remédier au défaut, angl. « mend »] des rimes à l'aide d'autres mots, avec ces mêmes voix, vocables, que, une fois qu'elles se sont prises [emprisonnées] en nous, avec hauteur, altièrement elles persévèrent le travail commencé mener à fin. Ces rôles de donner la gravità où elles seraient, mêlée de quelque légèreté [agrément] l'ordonna celui qui premièrement à cette manière de vers donna forme [en imposant] que là où les strophes se touchent à la fin de l'une et commencement de l'autre, la rime fut voisine en deux vers. Mais cette facilité cependant est grave ; en ce que le repos qui à la fin de chacune strophe est requis, avant qu'à la suivante on passe, interpose à l'intérieur de la rime continuée quelque quantité d'espace, et moins voisine la fait paraître que si elle en la même strophe se continuait.

Et un peu plus loin, il explique :

percio che le rime in loro sempre si respondono con quelle medesime voci, se elle più vicine fossero, senza fallo genererebbono fastidio, quanto ora fanno dignità e grandezza.

parce que les rimes parce qu'elles se répondent toujours dans les mêmes mots, si elles étaient plus voisines, sans faute elles engendreraient de l'ennui, alors qu'ainsi elles créent dignité et grandeur

La règle de la mémoire apparaît à l'état pur quand les rimes sont des mots-rimes : le « même » y est plus absolument « même ».

(i) Peut apparaître maintenant le dernier fil laissé en suspens dans la tenson du néant. Je rappelle les quatre premiers vers de la dernière cobla avant les tornadas, la cobla VI :

> *N'Aimerics d'entrecimamen . sabetz e fai vos hom lauzor . si no-us entendon li pluzor . ni vos mezeus zo es parven .*
> Seigneur Aimeric l'entrelacement vous savez et on vous en fait louange la plupart ne vous comprennent pas ni vous-même comme il apparaît

L'image de l'*entrecimamen* et le commentaire qu'en fait Albertet de Sisteron appellent bien évidemment le trobar clus, sa réputation d'obscurité (« on ne vous comprend pas », « vous ne vous comprenez pas vous-mêmes ») et l'emploi de l'*entrebescar* de l'« entrelacement » comme méthode privilégiée, comme signature de la poésie fermée, du style *clus*.

Mais le mot lui-même, *entrecimamen*, un « hapax » dans le vocabulaire des troubadours (et Albertet renvoie à Aimeric son propre goût des mots longs et rares, en imposants échafaudages morphologiques savants), évoque, lui, Arnaut Daniel, dont une canso contient, à son début, un mot voisin :

> *Quan chai la fuelha . dels aussors entresims . e-l freg s'erguelha . don seca-l vais e-l vims . dels dous refrins . au sordezir la bruelha . mais ieu soi prims . d'amor qui que s'en tuelha .*
> Quand tombe la feuille des hautes branches entrelacées et le froid s'orgueille qui sèche coudrier osier du doux refrain j'entends le bois devenir muet mais moi je suis au printemps d'amour que d'autres s'en éloignent

(Ces « refrains » d'oiseaux, doux, qu'Arnaut *entend* disparaître, comme un sourire laissé par le Cheshire Cat de Lewis Carroll sont une marque évidente du style clus dans sa variante « ric », la ligne de Raimbaut d'Orange).

Arnaut Daniel emploie encore une autre fois *entrecim* :

et el verdier la flors trembla . *sus el entrecim on poma* .
au verger la fleur tremble devenant fruit en haut entrelacé

Un autre exemple est dans Gavaudan, un maître du trobar clus :

sella qu'ab dos s'entressima . *greu er del ters no-s tressim* .
celle qui s'entrelace avec deux il est peu probable qu'elle ne le fasse pas avec trois

On retrouve là, le mot « entressima » étant lié au style « clus », la désignation « basse » de l'entrelacement.

Mistral, dans son dictionnaire, a *tressimaci* : mic-mac, chose inextricable, trafic, agencement.

Le mot appartient à la même famille que *tressar* (vieux fr. : tresse). Dans l'emploi d'Arnaut Daniel, « entrecim » désigne « le sommet de l'arbre où s'entrelacent [les branches], l'*entre*-croisement (*entre*...), sur le même arbre ou d'un arbre à l'autre, des rameaux épanouis au sommet (*cim*) ».

Et « entrecimamen », donc, désigne « l'entrecroisement, l'enchevêtrement obscur des mots dans une poésie » (Lavaud).

(ii) Par ce mot, et l'évocation d'Arnaut Daniel et de Gavaudan qu'on peut en tirer, Albertet de Sisteron a superbement marqué l'entreprise d'Aimeric de Peguilhan, la tenson du néant, comme sous le signe du style obscur, avec l'implication polémique évidente : le trobar clus, lui-même, est un non re, un néant.

(iii) Mais s'il y a dans le trobar deux lignes, deux styles, le style clus et le style leu, antagonistes, comment peut-on, comme je l'ai fait de manière insistante dans tout cet essai, affirmer l'unité du trobar. Avant de répondre, je vais essayer de faciliter ma réponse par une tentative d'interprétation des deux lignes opposées comme expression de deux mouvements contradictoires, à l'œuvre dans le trobar depuis son origine.

(iv) Je crois en effet que le trobar est tendu entre deux pôles, que je noterai L et C (L pour « leu », C pour « clus ») et que je caractériserai, sommairement, ainsi :

(v) Le mouvement L est un mouvement de désignation, de nomination, de multiplication des distinctions claires, péremptoires, tranchées : affirmer. Affirmer dans les termes les plus lumineux, les plus doux, les plus harmonieux possibles, tous les possibles de la théorie de l'amour telle qu'elle se découvre avec ses couples d'antonymes inséparés : joi e dolors, folie et sens...

Mais aussi, et dans le même mouvement, canso et sirventes, poésie et prose...

Le mouvement L est un mouvement de partition qui ne cesse de multiplier les oppositions et distinctions en conservant à l'amour, à la canso la place première et pure sans mélange qui est la sienne : oda continua contre mélodie divisible ; formules à diesis et formules sans diesis ; formules à pedes et cauda à voltes mais aussi formules sans pedes...

Le branchement dichotomique continue à l'intérieur de chaque couple d'oppositions une fois apparu. A la canso où le troubadour dit ieu, s'oppose la tenso où deux troubadours chantent ieu en s'opposant ; et dans le partimen ils s'opposent en partageant en deux une thèse sur l'amour.

Tout le champ des rimes, tout le champ de l'amors peut être ainsi croisé et recroisé par ce mouvement : aux mots peignés opposer les mots hirsutes, à la règle de conformité des formules des coblas opposer un genre contradictoire, le *descort*, à la rime opposer la rime estramp, ou encore le mot-rime...

(vi) Le mouvement C, *au contraire*, tente de rendre impraticables, impossibles à soutenir les distinctions de L, mais *sans les effacer*. Il affirme, lui, l'indissolubilité du chant de la poésie et de l'amour ; mais qu'en même temps tout le joi est douleur, que toute canso est sirventes, le printemps hiver, le chant des oiseaux silence, que les mots les plus hirsutes peuvent donner la douceur au cœur ; il affirme que tout tient ensemble en opposant tout, intérieurement aux vers, aux rimes, aux axiomes d'amour. Il dit que tout est *mezura*. Que le gel est fleur.

(vii) La méthode du leu est la clarté de l'axiome-vers.
La méthode, la stratégie du clus est l'entrebescar.

(viii) Pour comprendre, admettre alors l'unité de trobar dans ses deux styles, stratégies discordantes de ses deux mouvements contradictoires, je crois qu'il faut faire appel au troisième mouvement absent, hors le trobar, qui s'oppose autant au leu qu'au clus parce qu'il s'oppose à l'amour et au chant.

C'est le mouvement N, pour « néant », l'éros mélancolique, pour lequel rien n'est parce que tout est obscur, impossible, mélangé à la mort.

(ix) Si on regarde vers ce qui nie le trobar dans son ensemble, on peut saisir, je pense,en quoi les deux styles du leu et du clus ont partie liée, en quoi l'un ne se soutient pas sans l'autre, et pourquoi la préférence du poète peut aller au trobar clus.

La grandeur des troubadours, malgré la tendance naturelle de leur public vers le style clair,a été de ne pas avoir réussi, de ne pas avoir même tenté d'effacer, de supprimer complètement le style clus, d'avoir jusqu'au bout maintenu vivants les deux pôles.

111. De Li non Aliud

(i) Le troisième terme, donc, exclu de la diochotomie du C(lus) et du L(eu), mis en scène au chapitre 1, le niens, le N(éant) fait plus que nier les distinctions offertes par L ; à la différence de C, il les efface. Il les disperse, il les mêle. C'est l'*entremesclar*, le « mélange » de la mort et du néant. C'est la dissolution de l'amors « oltra misura », dans la mélancolie, dans l'éros mélancolique : « sale vie, sale vie mélangée à la mort », dit Tristan Tzara, magnifique version surréaliste-dadaïste de tout cela.

(ii) *Néant de l'amour de n'être pas nommable, néant de l'amour de n'être que nomination.*

Tel est le dilemme où la force de N tente de plonger le trobar (et le troubadour). A quoi bon l'amour, à quoi bon le chant, s'il y a la douleur, la mort, la mort par amour, s'il y a la possession impossible, la jalousie, la folie, s'il y a la prose, s'il y a les autres, s'il y a d'autres langues que la langue du chant, à quoi bon ?

(iii) L et C ne s'opposent pas seulement comme mouvement de chant, de poésie ; ils apportent deux réponses antagonistes à N :

— La réponse du L est réponse d'apparence positive : il y a l'amour ; il y a le *joi* ; et c'est bien ; l'amour existe. Il est possible d'aimer, d'être aimé, de le chanter. Les « éternités différentes » de l'amour et du non-amour, du chant et du silence, du joi et du sofrirs ne se rencontrent pas, ne se mélangent pas. Le « printemps est évident ». Le chant est vrai.

— La stratégie du C est très différente. Et pour la désigner mieux j'aurai recours, de manière anachronique mais justifiée dans la mesure où cette réponse me semble de durée plus grande que celle du trobar seul, à Nicolas de Cuse, un des représentants moyens (au sens où on dit « moyen-français », « moyen-anglais ») de la *via negativa*.

(iv) Il s'agit de son ouvrage, le *De Li non Aliud*. Comment traduire le titre ? par *De Pas-Autre*, Li étant un article de nature spéciale qui réalise la nominalisation de quelque chose qui n'est pas un nom propre.

Dans son *De Pas-Autre*, le Cusain approche l'idée de Dieu en montrant qu'il est plus que non non x pour tout x (x propriété quelconque) : non non x étant différent de x.

Est-il le ciel ? il n'est pas pas le ciel, et il est plus que cela qui n'est pas le ciel. Et ainsi de suite. On pourrait dire qu'il se place dans une algèbre de Heyting de propriétés et que Dieu est la borne supérieure, le sup de tous les non non a associés à tous les a, chacun de ces non non a n'étant pas a.

Le Dieu du *De Li non Aliud* est un dieu intuitionniste.

(v) Ainsi, de la canso à la tenso, distinction formelle née du paradoxe du « ieu », on vient, par C à la tenson fictive où un ieu dédoublé chante.

La sextine est tout entière « créée » par ce mouvement du « non non A » : cobla où aucune rime ne rime, rimant de cobla en cobla par des mots-rimes qui sont des antonymes de rimes ; cobla non divisible que le mouvement de la permutation de Daniel tend à organiser autour d'une diesis fictive par ailleurs soulignée par une autre « non-rime », l'assonance ; et j'en passe.

(vi) Telle est selon moi la stratégie du C(lus) : le non non A. L'amour existe non parce qu'il est ceci ou cela mais parce qu'il est plus que tout ce qui n'est pas le contraire de ceci ou cela.

C'est pourquoi, à toute découverte polarisante du trobar leu, mû par l'axiome de singularité et l'axiome du pretz que j'ai décrit dans l'analyse de la forme formelle de la canso, conduisant à la fois à une nomination (tenso, puis dans la tenso le partimen, par exemple) et à une caractérisation formelle de cela qui est nommé sortant de l'indistinction, le clus tend à nier cette négation mais sans revenir au point de départ, c'est-à-dire sans résoudre l'antinomie logique, en lui gardant donc son caractère paradoxal.

112. La fleur inverse

Er resplan la flors enversa . pels trencans rancx e pels tertres . quals flors neus gels e conglapis . que cotz e destrenh e trenca . don vey morz quils critz brays siscles . pels fuels pels rams e pels giscles . mas mi te vert e jauzen joys . er quan vey secx los dolens croys .

Alors brille la fleur inverse   entre falaises tranchantes et collines   quelle fleur neige gel et glace   qui coupe et tourmente et tranche   dont meurent appels cris chants sifflets   en feuilles en rameaux en branches   mais me tient vert la joyeuse joie   et secs et douloureux les corbeaux

Quar enaissi o enverse . que-l bel plan mi semblon tertre . e tenc per flor lo conglapi . e-l cautz m'es vis que-l freit trenque . e-l tro mi son chant e siscle . e paro-m fulhat li giscle . aissi-m suy ferms lassatz en joy . que re non vey que-m sia croy .
Ainsi toutes choses j'inverse belles plaines pour moi collines et la fleur pour moi est glace pour moi la chaleur le froid tranche et le tonnerre chante et siffle se couvrent de feuilles les branches ainsi ferme enlacé de joie je ne vois plus rien des corbeaux

Mas una gen fad' enversa . cum s'eron noirit en tertres . que-m fan pro pieigz que conglapis . q'us quecx ab sa lengua trenca . e-n parla bas et ab siscles . e no-y val bastos ni giscles . ni menassas ans lur es joys . quan fan so don hom los clam croys .
Mais l'espèce des *fadas* inverses qui furent élevés en collines me font plus de mal que la glace ils parlent bas et bas sifflent rien n'y fait ni bâtons ni branches ni menaces c'est leur joie de faire ce qui les fait corbeaux

Quar en baizan no-us enverse . no m'o tolon plan ni tertre . dona ni gel ni conglapi . mas non poder trop m'en trenque . dona per cuy chant e siscle . vostre belh huelh mi son giscle . que-m castion si-l cor ab joy . qu'ieu non aus aver talan croy .
Vous embrassant je vous renverse dame ni plaine ni collines ne m'en empêchent gel ni glace mais le non-pouvoir m'en retranche dame pour qui je chante et siffle vos yeux beaux sont pour moi branches qui me fouettent si je dis ma joie et je n'ose mes désirs corbeaux

Anat ai cum cauz' enversa . lonc temps sercan vals e tertres . marritz cum selh que conglapis . cocha e mazelh'e trenca . que no-m conquis chans ni siscles . plus que folhs clercx conquer giscles . mas ar Dieu lau m'alberga joys . mal grat dels fals lauzengiers croys .
J'ai fouillé comme chose inverse moi crevasses val et collines tourmenté comme un que la glace bouscule torture et tranche ne me vainquent chants ni sifflets plus qu'écolier battu de branches enfin par Dieu m'héberge joie malgré les mauvaises langues corbeaux

Mos vers an qu'aissi l'enverse . que no-l tenhon bosc ni tertre . lai on hom non sen conglapi . ni a freitz poder que-y trenque . a midons lo chant e-l siscle . clar que-l cor l'en intro-l giscle . selh que sap gen chantar ab joy . que no tanh a chantador croy .

Qu'aillent mes vers qu'ainsi j'inverse   que ne les tiennent bois ni collines   là où nul ne ressent la glace   où nul pouvoir du froid ne tranche   à ma dame qui chante et siffle   si clair qu'au cœur entre la branche   celui qui sait chanter la joie   mon chant ne veut pas d'un corbeau

Doussa dona amors e joys . nos ajosten malgrat dels croys .
Douce dame amour et joie   nous joignent malgré les corbeaux

Joglar gran ren ai menhs de joy . quar no-us vey e-n fas semblan croy .
« Joglar » j'ai bien moins de joie   sans vous voir mon visage est corbeau (Raimbaut d'Orange)

Pas-Autre que fleur : *Amors*

113. Définition de la poésie

par Bernart Marti, lo Pintor (le peintre)

l'esparviers ab bel semblant . va del lueg ves leis volant . la longua trencada . pren lai sa volada .
l'épervier de belle allure   va du mont vers elle volant   la longe tranchée   il prend son envol

en breu m'es com fils de lana . lo fortz fres e la capsana . qui que-s grei . so-us autrei . tota-l rengua ab correi . c'aisi vauc entrebescant . los motz e-l so afinant . lengu'entrebescada . es en la baizada .
en un instant comme fil de laine   je brise le frein et le licou   même si cela déplaît   je vous l'assure   et la bride et la courroie   ainsi je vais enlaçant   les mots et rendant purs les sons   comme la langue s'enlace   à la langue dans le baiser

Comme la langue s'enlace   à la langue dans le baiser.

Chapitre 9

Passé présent

114. Marche du temps

Il est de peu d'intérêt de parler de « décadence ».

Mais il se passe ceci : le temps se remet, ou se met, en marche. Le *moment des troubadours* cesse.

La raison la plus évidente : la disparition du support, le milieu de cours et d'auditeurs qui fait la vie du trobar, matérielle et artistique.

La raison en est claire : la croisade des albigeois, l'invasion française, l'instauration de l'Inquisition. L'Inquisition combat les cathares mais, peu à peu, les idées de l'amors même deviennent indéfendables, puis sont explicitement condamnées.

On peut suivre tout cela, indirectement, chez trois grands troubadours du XIIIe siècle :

— Peire Cardenal ne chante pas l'amour. Il ne compose que des sirventes, contre l'Église et les Français.

— Guilhem de Montanhagol corrige l'amour dans le sens d'une conformité à la morale reçue. Il est l'auteur de cet axiome

d'amor mou castitatz
d'amour procède chasteté

— Guiraut Riquier chante d'amour la Vierge.

Il y a une diaspora des troubadours : ils fuient pour retrouver ailleurs, en Italie, au Portugal, un lieu où se faire entendre encore. Le trobar y survivra une génération, mais les oreilles étrangères cesseront vite d'entendre le provençal.

D'autres troubadours se replient dans de petites cours provinciales, comme celle de Rodez. C'est le moment du trobar comme survivance.

Une de ces survivances est bien connue : c'est celle qui, à Toulouse, donne naissance aux Jeux floraux et nous lègue un traité, les *Leys d'amors* , le premier traité de « seconde rhétorique », c'est-à-dire de versification. Les *Leys d'amors* légifèrent du trobar comme s'il existait encore.

Il n'a pas, pourtant, disparu vraiment. En un lieu, malgré tout, il se prolonge encore plus d'un siècle : la Catalogne. Les raisons de langue sont évidentes. Les raisons de pouvoir aussi. Ce sont les siècles de la grande Catalogne méditerranéenne. De Cerveri de Girona à Jordi de Sant Jordi et Andreu Febrer, le trobar catalan semble suspendre le temps, ou plutôt lui donner une marche plus naturelle, où la forme canso et le sirventes demeurent, où le jeu de rimes continue à être compris.

Ce qui frappe, par contraste, en Occitanie, c'est l'étendue et l'intensité du silence, l'absolu de la destruction. Le moment des troubadours nous apparaît sous des traits d'autant plus nets et contrastés que la dispersion du deuxième XIIIe siècle ne conduit pas, hors la Catalogne (et la Catalogne elle-même connaît une éclipse dès le début du XVIe siècle), à autre chose, à une suite du trobar, à une reprise du trobar par d'autres générations de poètes dans la même langue.

La « gloire de la langue » est perdue.

115. Les vers estramps de Jordi de Sant Jordi

Jus lo front port vostra bella semblança . de que mon cors nit e jorn fa gran festa . que remiran la molt bella figura . de vostra ffaç m'es romassa l'empremta . que ja per mort no se-n partra la forma . ans quant seray del tot fores d'est segle . çels qui lo cors portaran al sepulcre . sobre ma faç veuran lo vostre signe .

Sur le front porte votre belle semblance de quoi mon cœur nuit et jour fait grand fête que regardant la très belle figure de votre face m'est restée l'empreinte que même mort n'en partira la forme mais quand je serai tout entier mort au monde ceux qui mon corps porteront au sépulcre sur mon visage verront le vôtre signe

Si com l'infants quant mira lo retaula . e contemplant la pintur'ab himatges . ab son net cor no lo-n poden gens partre . tant ha plasser del aur qui-ll environa . atressi-m pren devan l'amoros sercle . de vostre cors que de tants bens s'enrama . que mentre-l vey mas que Deu lo contemple . tant hay de joy per amor qui-m penetra .

Comme l'enfant regardant le retable et contemplant la peinture en images dans son pur cœur ne peut s'en séparer tant a plaisir de l'or qui l'environne ainsi je suis devant l'amoureux cercle de votre corps qui de tels biens s'embranche quand je le vois plus que Dieu le contemple tant j'ai de joie d'amour qui me pénètre

Axi-m te pres e liatz en son carçre . amors ardents com si stes en hun coffre . tancat jus claus e tot mon cors fos dintre . on no pusques mover per null encontre . car tant es grans l'amor que-us ay e ferma . que lo meu cor no-s part punt per angoxa . bella de vos ans es say ferm com torres . e sol amar a vos blanxa colomba .

Ainsi me tient pris et lié en sa chartre amour brûlant comme si j'étais en coffre tenu fermé et tout mon corps dedans où je ne peux bouger d'aucune sorte il est si grand l'amour que j'ai et ferme que le cœur mien n'en bouge par angoisse belle de vous mais reste comme tour et seule aime que vous blanche colombe

Bella sens par ab la pressensa noble . vostre bel cors bell fech Deu sobre totas . gays e donos lluu pus que fina pedra . amoros bels plus penetrans que stella . d'on quant vos vey ab les autres en flota . jes jusmetetz si com fay lo carvoncles . que de virtuts les finas pedres passa . vos etz sus ley com l'astors sus l'esmirle

Belle sans pair à la présence noble votre beau corps fit Dieu bien mieux que toutes gai généreux plus fin que fine poudre amoureux beau plus pénétrant qu'étoile donc quand vous voit brillant parmi les autres les soumettez comme fait l'escarboucle qui de vertus les pierres fines passe et vous plus qu'elles comme aigle que milan

L'amors que-us hay en totes les parts m'ascla . quar non amech pus

coralment nuls homens . tant fort amor com sesta que-l cor m'obre . no fonch jamays en nul cors d'om ne arma . mas suy torbats que no fonch Aristotills . d'amors qui-m art e mos sinch senys desferma . co-l monjos bos que no-s part de la setla . no-s part mon cors de vos tant com dits d'ungla .

L'amour que j'ai de partout m'envahit car non aima plus coralment nul homme tant forte amour comme celle qui le cœur m'ouvre ne fut jamais en cœur d'homme ni âme plus fut troublé que ne fut Aristote d'amour qui me brûle et mes cinq sens disjoint comme le moine qui ne quitte la haire mon cœur n'est loin de vous plus que doigt d'ongle

Ho cors donos net de frau e delicte . prenetz de me pietats bela dona . e no suffrats quez aman vos peresca . pus qu'eu vos am may que nulls homs afferma . per que-us suppley a vos quetz le bells arbres . de tots bos fruyts hon valor grans pren s'ombre . que-m retenyats en vostra valent cambra . pus vostre suy e seray tant com visque.

O corps donneur pur de fraude et délit prenez de moi pitié belle dame et ne souffrez que l'amant vous périsse puisque je vous aime plus que ne fait nul homme je vous supplie à vous qui êtes le bel arbre de tous bons fruits où valeur prend son ombre retenez-moi en votre riche chambre car je suis vôtre et serai tant que vivre

Mos Rics Balays cert vos portats le timbre . sus quantes son e-l mundanal registre . car tots jorns naix en vos cors e revida . bondats virtuts mes qu'en Pantasilea .

Mon Beau Rubis oui vous avez la gloire plus que toutes celles du mondain registre car toujours naît dans votre cœur pour revivre bonté vertu plus qu'en Penthésilée.

116. La destruction de la forme

La situation historique propre du trobar, de la société occitane après la Croisade est sans doute suffisante pour expliquer le gouffre de silence dans lequel il est tombé. Il ne s'agit pas d'ailleurs d'une explication mais d'une constatation de caractère « énorme » : il ne pouvait tout simplement plus en être autrement. Une sorte de bombe atomique est tombée sur le « grand chant ».

On peut cependant penser que, même si la destruction n'avait pas été, même si le sort des armes avait mis l'Occitanie sous l'influence catalane par exemple, le moment des troubadours aurait de toute façon cessé. La poésie lyrique des trouvères, sans les mêmes circonstances de tragédie, s'est elle-même dissoute, l'alliance des « mots et sons », qui caractérise la forme canso et ses descendantes, s'est rompue, pour ne plus se retrouver après son dernier grand exemple, Guillaume de Machault (et déjà, chez lui, l'équilibre tend à se rompre au profit de la musique, d'une musique autonome).

On peut penser à une raison formelle à cela : la canso, même si on la saisit dans son grand moment unitaire, n'est pas, en tant que forme, immobile. Les axiomes du pretz et du renouvellement qui agissent simultanément et contradictoirement sur elle tendent, à la longue, à la rendre instable.

Il y a, en effet, un mouvement d'allongement des formules, qui tend à un *encombrement du poème*, en nombre de vers et de rimes et la canso est menacée de gigantisme. Dans son mode d'existence oral, on peut penser que les dimensions de la canzone italienne, essentiellement écrite, auraient été insupportables pour le public des troubadours.

Dans ces conditions, le mouvement du style clus a tendu à avancer dans la direction, nécessaire selon la forme, du « nouveau », du *singulars* par une complexification croissante des formules, permettant d'en multiplier le poids, la densité, l'originalité, en un encombrement limité en nombre de syllabes : le jeu des rimes internes ou des sous-coblas existant par recomposition virtuelle de vers, les estramps, les mots-refrains, les enchaînements de permutations complexes des timbres, tout cela mène à une canso *chargée de sens formel*, dans une grande mesure abstraite, fondée sur la mémoire du trobar d'une façon de plus en plus elliptique, allusive. La forme canso, pour rester elle-même, c'est-à-dire bougeant sans cesse, était donc prise dans une double nécessité contradictoire : ou bien devenir difficilement audible par longueur ; ou bien devenir difficilement audible par complexité. On peut penser que, comme le virus de la grippe face aux vaccins ou aux résistances acquises des populations, la forme de la canso ne serait de toute façon pas restée telle, aurait subi une mutation par désassemblage de ses composantes, et cela indépendamment des bouleversements sous-jacents de la situation politique et culturelle. Mais d'une décomposition préparatoire à une recomposition différente des éléments de la canso, on ne peut voir que la destruction.

Un des traits, essentiels pour la suite, de cette décomposition de la forme est l'apparition chez les troubadours, dès la fin du « moment », de la *cobla isolée*. On n'a plus une canso, ou un sirventes mais une cobla seule, ou un échange de coblas. Un tel développement est comparable à l'apparition du vers libre par perte de rimes et de mesures imposées. La cobla isolée est une cobla qui ne rime plus avec d'autres dans une canso.

117. L'art du chansonnier

Une dimension essentielle du moment des troubadours manque : c'est celle de son mode de transmission jusqu'à nous.

La préservation du « moment », entreprise, autant qu'on puisse juger, de manière assez systématique pendant les années mêmes où il commence à disparaître, a une cause qui paraît évidente : la préservation, la mise en mémoire à l'« état monumentaire » de ce qui semble à la fois précieux et menacé.

Les grands *chansonniers* conservés, qu'ils soient languedociens ou italiens, représentent comme l'ébauche d'une *grande forme* dont la canso aurait été l'élément constitutif. Ce sont des livres à la gloire du trobar, de l'amour, dans sa forme unique, la canso.

On ne peut pas oublier que, très vite, les troubadours n'ont été connus que par les chansonniers. Si on met ensemble tous les éléments qui se trouvent, à des degrés divers, dans les chansonniers conservés, on peut faire le portrait idéal de ce qu'aurait pu être la forme aboutie d'un *art du chansonnier* :

— un choix de chaque grand troubadour, une sorte de petit chansonnier propre à un troubadour, avec la miniature le représentant, la musique de ses cansos notées, une vida, des razos des cansos les plus fameuses ou les plus suggestives pour le commentaire et l'invention romanesque ;

— une indication, organisée, de toutes les variétés du trobar ;

— un principe de progression, chronologique ou géographique ou thématique, faisant du chansonnier un tout.

Chacun de ces traits est en germe dans les chansonniers existants. Ils n'ont, il est vrai, pas été suffisamment étudiés comme des œuvres en eux-mêmes. Mais ils sont suffisamment proches d'une œuvre, réfléchie et concertée pour que leur simple fréquentation à l'état de monuments d'un passé de gloire de la poésie soit, je crois, suffisante, pour susciter l'idée de *canzoniere*, ou celle de la *vita nova*.

118. Formes mémoires

La canso ne disparaît pas au XIIIe siècle. Ou du moins, si elle disparaît comme forme vivante autonome, dans une langue, qui est l'oc, elle laisse trace. D'autres formes poétiques procèdent d'elle, héritent d'elle. Je les appellerai des formes mémoires : elles tiennent de la canso non seulement certaines caractéristiques descriptives mais aussi un sens, la théorie de l'amour dans le jeu des rimes. Formes mémoires, elles constituent une théorie de la forme canso, en même temps que sa trace.

La canzone. La canzone est la fille la plus évidente de la canso. La filiation est directe, à la fois dans la désignation, dans les principes d'organisation en strophes de même formule de rimes et de mètres. L'axiome de renouvellement règne en maître ; chaque canzone est dans l'ombre de la canso. L'effort d'émulation l'installe, très vite, dans le registre élevé et solennel. Séparée de la musique et de la circulation par les oreilles, elle tend au gigantisme et de gigantisme elle mourra. La variation métrique tend à devenir à la fois obligatoire et limitée aux deux mètres principaux de l'italien, le mètre royal étant l'hendécasyllabe. L'organisation de la strophe, la *stanza*, marque la canzone comme forme mémoire de la canso (c'est une raison, fort différente dans son principe de la première, de son « encombrement » plus grand) : la formule de base modèle du « frons » est maintenant à quatre vers et non deux, représente un *redoublement* de la formule élémentaire qui constitue la canso, redoublement qui est mise en mémoire.

La chanson, et après. La chanson des trouvères procède directement, elle, de la canso. C'est plus une forme « cousine » qu'une forme mémoire. Mais on peut, à travers la fortune tardive de la chanson dans la poésie française, reconnaître un chemin possible de ce qu'aurait pu devenir la canso, une descendante indirecte : à travers les formes de la ballade et du Chant-Royal, surtout, jusqu'à l'*épigramme* de Marot et le dizain décasyllabique de la *Délie*, formes inabouties qui seront détruites par la Pléiade et supplantées, essentiellement, par le sonnet, puis la stance.

J'en viens alors aux formes mémoires les plus originales et durables apparues dans le champ de la poésie italienne.

La première est la *sextine.*

La création de la sextine comme forme est d'abord une donnée d'histoire des formes. Dans la stratégie de Dante, choisissant la figure d'Arnaut Daniel comme machine de guerre contre ses rivaux italiens, ennemis ou amis, la sextine joue un rôle et Dante emprunte (sans le dire) son esprit et sa disposition dans un de ses plus beaux poèmes, la première « sextine » italienne, un des poèmes du cycle obscur, où la dame n'est pas Béatrice, mais la « dame de pierre ». La création de la forme est en germe dans cette imitation, dont la matrice formelle entre en contradiction évidente avec les points communs aux canzone du « stil novo » (et des autres poètes italiens du duecento) : monométrique (significativement la première, légère innovation de Dante par rapport à Arnaut Daniel est de supprimer le marquage du début de strophe par un heptasyllabe, au profit d'une régularité hendécasyllabique parfaite), monométrique donc et sur six vers seulement, de formule indivisible, sans oublier les estramps et les mots-rimes, la sextine est en position d'hétérogénéité formelle absolue par rapport aux autres canzone (ce qu'elle n'est pas, comme je l'ai montré, dans le champ des rimes des troubadours) accompagnée, chez Dante, d'une hétérodoxie amoureuse qui n'est pas indépendante (le « stil aspro »). Mais elle reste encore, bien qu'excentrique, une canzone. C'est Pétrarque qui fait le pas décisif dans le canzoniere, en composant neuf sextines. Parce qu'il y a neuf sextines (dont une double), il y a désormais des sextines. Le pétrarquisme en produira des centaines et la dispersera dans l'Europe de la Renaissance et du Baroque. Et la sextine existe encore aujourd'hui comme forme vivante, grâce à Ezra Pound et Raymond Queneau.

La sextine est une forme mémoire de la canso : c'est une *mémoire interne*, car sa forme, pratiquement immobile à partir du moment où elle est « décidée » par Dante et Pétrarque et n'appartient plus vraiment au champ de la canzone, n'a d'environnement non abstrait compréhensible que dans le développement propre de la canso où elle est un aboutissement, un cristal du trobar. C'est pourquoi on peut, dans son histoire, suivre à la fois une fidélité exacerbée au champ lexical et conceptuel de l'amors, et une détérioration presque inévitable de la forme, les seules innovations (avant celle de Queneau qui lui donnera une définition abstraite susceptible de généralisation) étant des modifications qui montrent une incompréhension du « pourquoi » de son mécanisme.

Le *sonnet*. La forme mémoire par excellence de la canso, c'est le sonnet. Je ne ferai pas ici la démonstration de ce fait, que le sonnet, invention (réelle) des Siciliens vers 1230, est une forme mémoire de la canso. Plus évidemment encore que la sextine, le sonnet, dans son exemple historique décisif, le canzoniere de Pétrarque, dont presque tous les autres sonnets composés procèdent, transporte la doctrine de l'amour et du « grand chant » et il est impossible de comprendre à la fois la fascination qu'il n'a cessé d'exercer et son irréductibilité d'essence à l'influence antique poétique ou philosophique sans cette hypothèse : que le sonnet est mémoire de la canso.

Mémoire externe du trobar, car la forme même de ce qui initialement peut apparaître comme cobla d'une canso, cobla même d'une tenson, peut-être, garde son autonomie et sa faculté d'évolution, *n'étant pas une disposition attestée dans le champ des rimes du trobar*. Les caractéristiques formelles du premier sonnet, celui qui s'achève et se réalise dans le canzoniere, ne se comprennent, dans leur aspect historique, non purement combinatoire, que comme *miroir de la canso*, ce qui fait qu'à la différence de la sextine le sonnet n'est pas une canso mais s'approprie une partie de sa définition formelle, essentiellement son mode de renouvellement. L'immensité de la population des sonnets est difficile à imaginer (au moins 40 000 dans la France des XVIe et XVIIe siècles et c'est peu à côté de la population probable des sonnets italiens des mêmes siècles) et plus encore sa faculté à survivre aux siècles, de Shakespeare à Mallarmé, de Gongora à Nerval et Hopkins, jusqu'à Rilke et Zanzotto.

Tous les sonnets sont des sonnets de Pétrarque et tous les sonnets de Pétrarque sont des mémoires de la canso.

119. Présents, absents

Le spectre des troubadours hante la poésie.

Le paradoxe de leur présence-absence tient à la *question de la langue* : presque morte et pas morte, presque tuée, la langue d'oc, le provençal, le « lemozi » s'entend encore, rarement, dans sa terre d'origine et se devine dans la Catalogne d'Espriu, de Foix ou de Brossa.

Or la poésie du trobar, dans cette langue au futur précaire, langue sans nation, langue sans postérité ininterrompue malgré les éclats baroques et les reconnaissances volontaires depuis Mistral, est la première poésie moderne en Europe après la chute de l'empire romain. Et par première je ne veux pas dire seulement d'une priorité chronologique. C'est la poésie dont toutes les autres procèdent, la française et l'italienne tout particulièrement.

La *langue perdue* crée une distance exceptionnelle. Comme nulle part ailleurs l'amour de la langue, s'il tente de s'approprier cette poésie, dont le moteur unique est l'amour, se trouve devant elle comme devant un *amour de loin*. De là le mélange étrange de gêne, d'ignorance, de travestissements, d'agressivité et de fascination qu'elle suscite, depuis près de deux siècles et sa redécouverte dans le sillage de la passion romantique pour les âges médiévaux.

Certains, dont je suis, sont devant le trobar comme devant un âge d'or, une Arcadie, l'Italie de Keats et Shelley, la Grèce des philosophes et de Hölderlin, la Grèce encore des mathématiciens.

Mais si l'on admet que les thèses soutenues ici ne sont pas invraisemblables, que la poésie a affaire à l'amour de la langue et en même temps à l'amour, que la forme de la poésie d'amour la plus tenace, prodigieuse et durable, est celle du sonnet, que la forme sonnet est celle à travers laquelle le « grand chant » est venu jusqu'à nous, on reconnaîtra que la présence et absence de la poésie des troubadours est une question qui dépasse la nostalgie.

La poésie, si elle est un art formel de la langue, une mémoire de la langue, ne peut complètement oublier le trobar. Dans le champ des rimes, dans la théorie de l'amors a été éprouvé pour la première fois le lien, qui n'est pas près de cesser d'agir sur les poètes, de la mélancolie à la mémoire, l'impossibilité de dire et l'impossibilité de ne pas dire qui désignent la tension de la poésie entre forme et néant.

Aujourd'hui, où la chute libératrice de la *rime* qui a fait la splendeur et le vertige du mouvement moderniste en poésie se trouve avoir précipité une crise qui n'est pas près de finir, les troubadours, poètes *mangés de rimes*, réapparaissent,

> « au silence enroulés avec ironie ».

morceau de ligne du *Coup de dés* par quoi cet essai se retrouve à son début.

Lectures et références

Cet essai n'est pas un livre d'érudition. Sa seule raison d'être est de tenter de donner une description unitaire de l'art des troubadours, considéré comme art formel, comme le premier et sans doute le plus grand art de poésie de notre tradition.

Les textes cités le sont le plus souvent en langue originale et les traductions ne sont là que pour permettre de suivre les textes dans leur langue.

Je dispose ici quelques lectures et références utiles soit pour avoir accès aux poèmes des troubadours soit pour éclaircir le contexte des idées et thèses présentées dans ce livre.

La meilleure anthologie de troubadours, par l'ampleur du choix, la sûreté philologique et historique, et la clarté de la présentation est celle due au grand médiéviste catalan Martin de Riquer :

MARTIN de RIQUER, *Los Trovadores*, éd. Planeta, Barcelone, 1975.

On pourra consulter :

GIORGIO AGAMBEN, *Stanze*, Einaudi, 1977 (trad. fr. éd. Bourgois).

GIORGIO AGAMBEN, *Il linguaggio e la morte*, Einaudi, 1982.

PIERRE BEC, *Anthologie des troubadours*, éd. 10/18, 1979.

PIERRE BEC, *Burlesque et obscénité chez les troubadours*, Stock, 1984.

J. BOUTIÈRE, A.H. SCHUTZ, I.M. CLUZEL, *Biographies des troubadours*, Nizet, Les Classiques d'Oc, 1973.

NICOLAS de CUSE, *On God as Not-Other*, ed. and transl. by Jasper Hopkins, University of Minnesota Press, 1979.

ROGER DRAGONETTI, *La Technique poétique des trouvères dans la chanson courtoise*, 1960 (Slatkine Reprint, 1983).

ISTRAN FRANK, *Répertoire métrique des troubadours*, 2 vol., Champion, 1957.

MARC FUMAROLI, *L'Age de l'éloquence*, Droz, 1980.
ALFRED JEANROY, *Anthologie des troubadours XIIe et XIIIe siècle*, Nizet, Les Classiques d'Oc, 1974.
ERICH KÖHLER, « Observations historiques et sociologiques sur la poésie des troubadours », *Cahiers de civilisation médiévale*, VII, 1964, pp. 27-51.
ERICH KÖHLER, « No sai qui s'es no sai que s'es », *Cultura neolatina*, XXVIII, 1968, pp. 147-164.
ROBERT LAFONT, *Trobar*, Centre d'études occitanes de l'université de Montpellier, 1972.
LYNNE LAWNER, « Tot es niens », *Cultura neolatina*, XXXI, 1971, pp. 155-170.
CHARLES MÉLA, *La Reine et le Graal*, Seuil, 1984.
JEAN-CLAUDE MILNER, *L'Amour de la langue*, Seuil, 1978.
JEAN-CLAUDE MILNER, *Les Noms indistincts*, Seuil, 1983.
RENÉ NELLI et RENÉ LAVAUD, *Les Troubadours* (vol. I), Desclée de Brouwer, 1966.
RENÉ NELLI, *Ecrivains anticonformistes du Moyen Age occitan*, 2 vol., Phébus, 1977.
EUGÈNE VINAVER, *A la recherche d'une poétique médiévale*, Nizet, 1970.
LUDWIG WITTGENSTEIN, *Philosophical Investigations*, Blackwell, 1953.
FRANCES YATES, *The Art of Memory*, 1964 (trad. fr. *L'Art de la mémoire*, Gallimard).

Pour la théorie du rythme de Pierre Lusson, on se reportera à :

J. ROUBAUD, *La Vieillesse d'Alexandre*, Maspero, 1978.
P. LUSSON, « Une méthode d'analyse des rapports texte/musique, application d'une théorie générale du rythme », *Revue de musicologie*, 1985.

Les lectures rythmiques de la chanson de l'amour de loin et de la sextine ont été faites avec P. LUSSON et GÉRARD LE VOT :

« La *Chanson de l'amour de loin* de Jaufre Rudel, essai de lecture rythmique », *Mezura*, 3, 1979, pp. 3-92.
« La sextine d'Arnaut Daniel, essai de lecture rythmique » in *Musique, littérature et société au Moyen Age*, actes du colloque du Centre d'études médiévales de l'université de Picardie, 1980, pp. 123-157.

Postface

La disparition d'une maison d'édition a souvent pour effet de faire également disparaître de la circulation les livres qui se trouvaient à son catalogue. C'est là un effet secondaire du fait que les écrits sont considérés, par la société, et par la loi qui la maintient, dans une telle situation, essentiellement comme marchandises ; et c'est un effet secondaire généralement considéré comme négligeable. La disparition récente des éditions Ramsay a donc eu pour contre-coup, en ce qui me concerne, l'invisibilité de ce livre, en tant qu'objet achetable avant que d'être lisible dans les lieux où les livres sont exposés pour la vente, les librairies. Ce qui restait de l'édition de 1986 a été pilonné ; le papier imprimé des volumes à été rendu à l'état de papier pour de nouveaux et plus heureux usages, dans le meilleur des cas.

C'est pour cette raison que je tiens en commençant à remercier les éditions *Les Belles Lettres* d'avoir bien voulu accueillir, à la demande de Francis Lalanne, et dans la collection qu'il dirige, *Architecture du Verbe*, une nouvelle édition de ce livre.

Le but de cette collection, tel qu'il me l'a expliqué au moment où nous avons discuté du projet de cette réédition est de présenter au public des livres consacrés à un examen historique, anthologique, et technique de différentes formes poétiques qui ont eu et peuvent avoir encore aujourd'hui un intérêt pour les amateurs, lecteurs et compositeurs de poésie. J'ai été convaincu par ses arguments ; et je pense comme lui qu'une présentation de l'*art du trobar*, qui est en même temps une étude sur la *forme-canso* inventée par les Troubadours, a sa place en ce lieu éditorial, dans cette perspective.

Je n'ai pas modifié substantiellement le texte. Il n'a été l'objet que de quelques corrections mineures. Je veux seulement, dans cette courte note additive, le situer dans le contexte nouveau où il réapparaît aujourd'hui, quelques années après son achèvement.

Le § 118 du texte dans le chapitre 9, évoque brièvement ce que je désigne comme des *formes-mémoires* de la forme-canso, qui héritent, prolongent et en même temps ensevelissent en se substituant à lui l'héritage, du Trobar, son sens formel (étant entendu que par *sens formel* je ne vise pas le simple fonctionnement mécanique des consignes de composition mais l'indissoluble lien entre tous les aspects de la création poétique, que le jeu de la forme, qui est à la fois jeu de la langue, jeu de poésie et forme de vie, implique nécessairement). Je cite principalement la *canzone* italienne, la *chanson* des Trouvères, la *sextine* et le *sonnet*.

Mon intention était d'indiquer non seulement que le trobar et sa forme majeure, la *forme-canso*, avaient eu une postérité considérable dans la poésie de la plupart des langues européennes, et ce jusqu'à nos jours, mais aussi qu'il me paraissait envisageable de prolonger l'étude que je venais d'achever de façon à éclairer ces formes elles-mêmes du triple point de vue dont j'ai parlé plus haut (historique, anthologique, technique). J'indiquerai seulement ici quelques travaux qui ont été menés à bien dans cette direction.

La sextine — le premier ouvrage de la collection *Architecture du verbe*, dont l'auteur est Pierre Lartigue, s'intitule *L'Hélice d'écrire* et son sous-titre est *La Sextine*. On y trouve une histoire et un éloge de la forme, une description de ses mutations de langue à langue de siècle à siècle ; le parcours du livre la suit depuis son premier exemple, la sextine originelle d'Arnaut Daniel (avec une traduction qui remplacera avantageusement pour le lecteur la version informative que je donne ici au chapitre 8, § 96) (on y trouve aussi celles de deux des trois imitateurs occitans d'Arnaut, Bertolome Zorzi et Pons Fabre d'Uzes) ; il va jusqu'aux sextines du vingtième siècle, qui prouvent la vitalité non démentie de la forme, et présente les grands exemples de Dante, Pétrarque, Bembo, Camoens ou Lope de Vega.

Une des caractéristiques du vingtième siècle (et du vingtième siècle récent) est l'apparition de nombreuses transformations des formes poétiques traditionnelles (il s'agit presque d'une explosion) ; ces transformations sont à la fois des variations du modèle, des bouleversements(formes de décomposition parfois ironiques), des détournements, des pastiches, des inventions par analogie, des généralisations, des transpositions de langue à langue, d'auteur à auteur, de siècle à siècle. La *forme-sextine* n'a pas échappé à ce mouvement, parallèle au mouvement axiomatique en mathématiques, et parallèle aussi (mais allant à contre-courant) à celui qui vise à la destruction et à l'oubli de toutes les formes sanctionnées par les traditions. On pourrait même dire qu'elle a été particulièrement touchée par ce phénomène.

Une généralisation du modèle initial, qui avait franchi presque inchangé (dans ses caractéristiques, purement mécaniques, s'entend), due à Raymond Queneau, la *N-ine*, a fait l'objet de nombreuses recherches et expérimentations. Le livre de Pierre Lartigue s'achève, significativement par un tour de force de cet auteur, qui est une dix-huit-ine, au titre lewis-carrolien évocateur à la fois de ce qui s'y trouve dit et de ce que dit sa forme : *ce que je vous dis trois fois est vrai*. On pourra consulter à ce sujet les publications énumérées ici en annexe.

La canso, la chanson (au sens où les Trouvères emploient ce mot), la canzone et leurs variétés.

— La forme-canso elle-même et ses héritières directes comme ses formes dérivées ou voisines (le *sirventes*, la *tenson*, le *partimen*, le *jeu-parti*, l'*alba*, le *descort*, le *lai*, le *pastourelle*, ...) n'ont pas fait l'objet de recherches et d'études dans la perspective à la fois historique et contemporaine (méta-historique), à la fois descriptive et prescriptive (présentation de modèles et de consignes pour ceux qui veulent écrire selon eux) qui est celle que j'évoque ici et dont *L'Hélice d'écrire* est un excellent exemple (peut-être le premier d'un genre). Elles entreraient tout naturellement dans un programme d'exploration des formes poétiques susceptibles d'être remises en jeu.

— Je signalerai dans cet ordre d'idées que la sextine représente un cas particulier de forme poétique reposant sur la combinatoire des permutations. Or les Troubadours ont utilisé d'autres permutations que celle choisie par Arnaut Daniel (qui est certes la plus fascinante). Une étude de la poésie permutationnelle en général serait donc un prolongement naturel de celle de la sextine.

— La forme-canso, ainsi que la *forme-chanson* des Trouvères (et la *forme-cantiga* des Gallego-Portugais) nous offrent en particulier (je l'étudie de façon assez détaillée, en ce qui concerne les deux premières, dans ce livre) une organisation d'ensemble originale d'un champ de rimes, c'est-à-dire d'un ensemble de dispositions strophiques pris à l'intérieur de tous les assemblages strophiques rimés envisageables. Les dispositions possibles de rimes pour des strophes ayant un nombre donné de vers sont, on le sait (et on peut le calculer) extrêmement nombreuses. D'autres champs de rimes pourraient être pris en considération.

Quelques données bibliographiques additionnelles

Gérard Le Vot, *Vocabulaire de la Musique Médiévale*, éd. Minerve, 1993.

Robert Lafont, *Le chevalier et son désir*, éd. KJME, 1992.

Pierre Bec, *Écrits sur les troubadours et la lyrique médiévale*, éd. Paradigme, 1992.

Giuseppe Tavani, *Repertorio Metrico della Lirica Galego-Portoghese*, éd. dell' Ateneo, Rome, 1967.

Ulrich Mölk & Friedrich Wolfzettel, *Répertoire métrique de la poésie lyrique française des origines à 1350*, éd. Wilhem Fink, Munich, 1972.

Henry Deluy, *Troubadours Galégo-Portugais. Une anthologie*, éd. P.O.L., 1987.

Oulipo, Atlas de littérature potentielle, Gallimard, 1981.

Table

Chapitre 5 : *Le champ des rimes*

DEUXIÈME PARTIE

Chapitre 6 : *Le champ des rimes*

Chapitre 7 : *L'amour le chant la poésie*

Du même auteur (suite)

Impressions de France, Hatier, 1991.
La pluralité des mondes de Lewis, Gallimard, 1991.
La Boucle, Seuil, coll. Fiction & Cie, 1993.
L'invention du fils de Léoprépès, éd. Circé, 1993.
Sphère de la mémoire, éd. Circé, 1993.
Mr Goodman rêve de chats, Gallimard, Folio cadets, poésie, 1994.
Oulipo, N-ines, autrement dit quenines, Bibliothèque Oulipienne, n° 65.
N-ines, autrement dit quenines (encore), Bibliothèque Oulipienne, n° 66.
Le voyage d'hier, Bibliothèque Oulipienne, n° 53.

En collaboration

Avec Georges Perec et Pierre Lusson, *Petit traité destiné aux amateurs désirant s'initier à l'art subtil du go*, Bourgois, 1969.
Avec Octavio Paz, Eduardo Sanguineti, Charles Tomlinson, *Renga*, Gallimard, 1971, poésie.
Avec Florence Delay, *Graal Théâtre : Gauvain et le chevalier vert ; Lancelot du Lac ; Perceval le Gallois ; l'enlèvement de Guenièvre*, Gallimard, 1977, théâtre.
Oulipo (ouvrage collectif) : *La littérature potentielle*, Gallimard/idées poche, 1973.
Avec Paul Fournel, *L'hôtel des Sens*, Bibliothèque oulipienne n° 10, 1979.
Avec Michel Deguy, *Vingt poètes américains*, Gallimard, 1980, anthologie.
Oulipo (ouvrage collectif) : *Atlas de littérature potentielle*, Gallimard/idées, 1981.
Avec Florence Delay, *Graal Théâtre : Joseph d'Arimathie et Merlin l'Enchanteur*, Gallimard, 1981.
Avec Florence Delay, *Partition rouge*, Seuil, coll. Fiction & Cie, 1988.
Avec Michel Chaillou, Michel Deguy, Florence Delay, Natacha Michel, Denis Roche, *L'Hexameron*, Seuil, Fiction & Cie, 1990.
Avec Pierre Getzler, *Matériaux pour une base de données du sonnet français. 1 : Une liste de sonnets composés avant 1630*, Mezura 23, 1990 (tirage révisé et augmenté à paraître en 1994).

DANS LA MÊME COLLECTION

PIERRE BEC
Le Siècle d'or de la poésie gasconne (1550-1650).
La Joute poétique. De la tenson médiévale aux débats chantés traditionnels.

DOMINIQUE BUISSET, *D'estoc et d'intailles. L'Épigramme.*

ALAIN CHEVRIER
Le Sexe des rimes.
La Syllabe et l'écho. Histoire de la contrainte monosyllabique.

MAURICE COYAUD
Haïku, Renga, Tanka : le triangle magique.
Anthologie de la poésie chinoise classique.

FRANÇOIS-RENÉ DAILLIE, *La Lune et les étoiles. Le Pantoum malais.*

CLAUDE DURIX
Le Potier de Kyôto, Kawaï Kanjiro.
Écrire l'éternité. L'art de la calligraphie chinoise et japonaise.
L'Âme poétique du Japon. Yamato Uta... Le chant du Yamato.

PATRIZIA GATTACECA, *A paglia è u focu. La Paille et le feu.*

JACQUES JOUET, *Échelle et papillons. Le Pantoum.*

PIERRE LARTIGUE
L'Hélice d'écrire. La Sextine.
Une Cantine de comptines.

JACQUES ROUBAUD
La Fleur inverse. L'art des troubadours.
La Ballade et le chant royal.

À paraître

MAURICE COYAUD, *Chants des saisons. Anthologie de la poésie coréenne.*

KIRIL KADIISKI, *Poèmes & Poems.*

FRANCIS LALANNE, *Le Chant de l'aronde, rondel et rondeaux.*

Cet ouvrage,
le deuxième
de la collection
« Architecture du verbe »
publié
aux éditions Les Belles Lettres,
a été achevé d'imprimer
en mars 2009
sur les presses
de l'imprimerie Barnéoud
53960 Bonchamp-lès-Laval

N° d'éditeur : 6850
N° d'imprimeur : 903068
Dépôt légal : avril 2009